문예신서
209

자유의 순간

루소에서 푸코에 이르는 프랑스적 자유의 전통

폴 M. 코헨

최하영 옮김

東文選

자유의 순간

Paul M. Cohen

FREEDOM'S MOMENT
An Essay on the French Idea of Liberty from Rousseau to Foucault

머리말

　이 책에 실린 글이 모든 출판사와 비평가 · 독자들에게 한결같은 동의와 찬사를 받아낸 것은 아니다. 실제로 대형 출판사의 한 편집인은 이 책에서 펼쳐질 주장, 즉 루소 · 스탕달 · 사르트르 · 푸코 등이 같은 주제의 같은 이야기를 서로 다른 방식으로 말했을 뿐이라는 주장에 말 그대로 크게 웃음을 터뜨렸다. 한 선배 학자는 이 책이 프랑스의 급진적 전통과 그 지도자들을 과대평가하는 것을 경계하면서, 저자가 '의기양양해' 있다고 비난하였다. 반대로 프랑스의 급진적 지식인──그 중에서도 특히 푸코──을 숭배하는 사람들은 노골적으로 나에게 이 책이 그들의 영웅에게 끼치게 될 지나친 단순화와 부당한 평가, 명백한 폭력에 대하여 경고해 왔다. 요약하면, 자신이 의도했든 아니든 현대 프랑스 지성계의 민감한 지뢰밭을 탐사하고자 하는 역사가는 폭발의 위험을 무릅써야 한다.

　그런 점에서 나는 이 책에 처음부터 적극적인 지지──도덕적으로나 지적으로, 혹은 그밖의 방법으로──를 보여 주신 분들에게 마음으로부터의 깊은 감사를 드린다. 무엇보다도 블리스 코헨에게 감사를 전한다. 그는 《자유의 순간》의 초안 원고를 한 자 한 자 읽어 주었을 뿐만 아니라 그만의 유머와 침착함으로 저자의 고락을 함께 해주었다. 화학자인 내 아내는 바라지도 않았는데 프랑스 지식인과 그들의 사상에 대해서 자세히 알게 되었다. 확실히 나의 화학 지식보다는 아내의 이 분야 지식이 많을 것이다. 이 책이 비전공자들에게도 비교적 쉽게 읽힐 수 있다면 그것은 전적으로 아내의 신뢰할 수 있는 부드러운 비평과 날카로우면서도 상식에 기초한 읽기 때문이다. 아내가 읽어서 즉

각 이해하지 못하는 부분에 대해서 나는 의무감을 가지고 다시 집필하였다.

좋은 동료이자 친구인 수잔 로자 교수에게도 고마움을 전한다. 그녀는 집필 초기부터 나를 격려해 주었으며, 거의 모든 장의 초고를 읽어 주었다. 그녀는 열정적 격려로 글쓰기의 의욕을 북돋워 주었으며, 정곡을 찌르는 질문으로 나를 자극하여 주었다. 뿐만 아니라, 나의 전공 분야가 아닌 근대 이전의 프랑스 사상과 문학에 대하여 전문가로서의 조언을 제공하였다. 그녀의 교정과 조언——문헌이나 사실·개념을 포함하여——은 그 시대에 대한 나의 잘못된 이해를 바로잡아 주었을 뿐만 아니라 지식을 더욱 심화시켜 주었다고 믿는다. 그럼에도 불구하고 남아 있는 오류들은 당연히 그녀가 아니라 나의 것이다.

이 책이 물심양면에서 빚지고 있는 세 사람이 더 있다. 마크 포스터 교수는 이 책의 초안 원고에 긍정적 평가를 해서 출판을 용이하게 해 주었고, 비록 저자의 의견에 동의하지는 않았지만 완성된 원고에 공정한 평가를 해줌으로써 《자유의 순간》이 더 좋은 책이 되도록 힘써 주었다. 제레미 폽킨 교수는 너그러운 공감과 통찰력으로 초안의 중대한 오류를 교정해 주었으며, 더불어 이 책이 어떻게 읽혔으면 하는지에 대한 나의 기대를 충족시켜 주었다. 마지막으로 편집자인 더그 미첼은 무명의 저자가 쓴 다소는 이단아적인 지성사 해석의 장점을 처음으로 알아보아 주고 인정해 주었다. 그후에도 상당한 인내심을 가지고 저자와 한마음이 되어 위로하고 격려하면서 출판까지의 고생스러운 과정을 함께 해주었다.

제2장의 초안을 읽고 평을 해준 데이비드 조든과 배실 가이에게는 그들의 조언으로 내용이 명확하고 풍부해진 것도 감사하지만, 동시에 그들이 미처 알지도 못하는 신진의 학자에게 시간과 에너지를 할애해 준 그 관대함에 더욱 감사를 드린다. 제1장의 초안을 읽고서 처음부터 따뜻한 평과 지지를 보여 준 나의 은사이자 친구인 조지 빌리어스 선

생님에게도 감사를 드린다. 이 책을 쓰기 위해서는 많은 격려가 필요했는데, 그런 점에서 프랭크 도링어 · 폴 매즈개즈 · 비니 데이터 · 데이비드 라이트 · 존 헬먼 · 데이비드 샐크 · 데일 반 클리 · 래리 셰어와 시카고 뉴베리도서관에 있는 친구들, 특히 루스 해밀턴 · 하비 마르코비츠 · 빌 스클라 · 베스 뉴먼 · 브루스 레비에게 감사를 전한다. 격려의 진원지가 되어 준 마술과도 같았던 학술 공동체에도 그 못지 않은 감사를 표한다. '격려의 마술 공동체'의 거명을 끝내기 전에 소문난 '코헨 가족 특유의 떠들썩함'으로 어려움 속에서도 견뎌낼 수 있도록 도와 준 아버지 · 어머니, 동생인 조디 · 캐롤 · 웬디 부부의 사랑에 감사를 드린다.

내가 일하고 있는 로렌스대학교에는 실제로 빚을 진 기분이다. 학교 측에서 제공한 1년 동안의 안식년과 여행 · 서적이 없었다면 이 책의 출판은 불가능하거나 상당히 늦어졌을 것이다. 로렌스대학교의 학생들——특히 알렉시스 스토크스 · 우바 후세인 · 사라 호퍼 · 제프 캠벨 · 지니 마르크스——에게도 고마움을 전한다. 〈프랑스의 자유 사상〉이라는 수업에서 그들이 보여 주었던 성실하고도 열정적인 참여가 이 책의 원동력이 되었다. 천부적인 기억력과 뛰어난 기술 · 지식 · 상상력을 발휘하여 원고의 다양한 내용——특히 주와 참고 문헌——을 가능하게 해준 비키 케슬에게도 누구 못지 않은 고마움을 전한다. 색인 작업을 도와 준 흐러시트 바트, 민활하면서도 신중한 솜씨로 원고 정리를 해준 루이스 캐머런 메이나드에게도 감사를 표한다.

이 책이 가장 직접적인 영향을 받은 저서는, 시카고대학교 대학원 과정중에 읽고서 감명을 받은 은사 고 레오나르드 크리거 교수의 고전 《독일의 자유 사상》이다. 그러나 가장 심원하고도 지속적인 영향은 이 책이 헌정하고 있는 바, 클라크대학교의 폴 루카스 교수에게 돌려져야 할 것이다. 루카스 교수는 처음으로 나에게 '지성인——구체적으로는 루소——의 삶'에 눈을 돌리게 해주었다. 그는 또한 내가 지금껏 역사

탐구의 진정한 목적이요 정신이라고 믿고 있는 것을 처음으로 깨우쳐 준 사람이었다. 그것은 '타자성'이라는 개념을 진정으로 이해하고 평가할 수 있어야 한다는 것이다. 이 책이 역사적 상상력·성실성·명확성에 대한 그의 엄정한 기준——루카스 교수는 제1장의 초고를 보더니 명확한 판단력으로 원점부터 다시 시작하라고 했다. 그것은 결과적으로 옳은 결정이 되었다——에 도달하기를 바라는 것은 지나친 바람이겠지만 적어도 한 가지 면에서는 기준에 충실하고 있음을 확신한다. 그는 항상 역사가는 사료와 자기 자신에 대해 철저하고 면밀한 조사를 마쳤다면 '도약'할 수 있는 용기를 가져야 한다고 말했다. 그 결과물이 바로 이것이다.

＊이 책에 나오는 프랑스어 문헌의 번역은 모두 저자가 한 것이지만, 해당 문헌에 이미 표준적인 번역이 있을 경우에는 그것을 참고하였음을 밝혀둔다. 참조된 영역 서적은 해당하는 프랑스어 문헌과 병기하여 참고 문헌에 수록하였다.

차 례

1

서 론

1. 자유와 '프랑스의 문제'

근대 서구에는 '자유' 개념에 대하여 대개 세 갈래의 사상 조류가 있다. 현재 가장 유력한 지위의 첫번째 사상은 주로 영미 학자들의 것으로, 존 로크·애덤 스미스·존 스튜어트 밀의 지적 계보에서 탄생하였다. 이 조류의 특징은 이사야 벌린의 널리 알려진 명명인 '소극적 자유(negative liberty)'라는 용어에서 알 수 있듯이, 자유를 '외적인 장애가 없는 상태(the absence of external obstacles)'로 정의한다는 것이다. 국가와 교회 기구의 억압으로부터 법적으로 자유로운 개인 영역을 추구하는 과정에서 자유방임 경제를 체제의 기본 가치로 하는 고전자유주의의 도덕적 토대가 형성되었다. 정치·사회·경제적 구속으로부터의 개인, 그 중에서도 특히 '이성적인' 중산 계급의 독립을 강조함으로써, 이 학파는 유형/무형의 재화가 거래되는 공개시장에서의 자유로운 사적 이익의 추구를 찬양하는 특징을 가지게 되었다. 완전히 민주적인 정부보다는 덜 민주적인 정부와 어울리지만, 역사적으로는 대의제와 보통선거제——즉 자유민주주의——를 주장해왔다.[1]

두번째 조류는 주로 훔볼트·칸트·헤겔 등의 독일 인문주의 계보와 연결되는 것으로서 벌린이 명명한 '적극적 자유(positive liberty),' 즉 개인적 차원에서든 사회적 차원에서든 '자기 절제(self-mastery)'의 성취를 주장한다. 이 조류에서 자유는 국가와 교회 등의 사회 제도로부터 벗어나는 것을 뜻하기보다는 오히려 국가의 힘을 이용하여 '자기 실현' —— '더 높은 자아'의 획득——을 이룸을 뜻한다. 이러한 '적극적 자유'의 모습은 독일적 변수와 합쳐져 20세기에 들어와 나치 독일과 전체주의 국가의 모습으로 나타나기도 했다. 레오나르드 크리거는 역작 《독일의 자유 사상》에서 '독일의 문제,' 즉 독일이 '서구적 의미의 자유민주주의'에 도달하지 못한 사실은 '자유주의에 대한 보수주의의 승리'를 보여 주는 동시에 '자유에 대한 독일 특유의 태도'를 보여 준다고 정확히 지적한 바 있다. 독일의 자유주의 전통에서 '개인의 자유'가 인식되지 않았던 것은 아니었지만, '국가의 도덕적 힘'에 흡수되어 버렸다는 것이다.[2]

학자들은 통상적으로 근대 프랑스가 자유에 관한 세번째 조류를 이룬다고 분류해 왔지만, 그 중 몽테스키외·볼테르·콩도르세·콩스탕·스탈 부인과 같은 프랑스인 또는 프랑스어를 사용하는 학자들은 고전적 자유주의자들로 규정되어 이 그룹에서 제외되었다. 대신 이 조류는 스위스 태생의 장 자크 루소의 정치철학과 프랑스 혁명 그 자체——특히 1793-94년 사이의 급진 자코뱅 시대——에 뿌리를 두고, 자유는 '외적인 장애가 없는 상태'도 아니고 개인이나 사회 차원에서의 '자기 실현'도 아닌, 정치철학자 머퀴어의 표현을 따를진대, 시민 개개인과 시민 사회 전체의 민주적인 '자율(self rule)' 상태라고 생각했다. 따라서 그들은 군주의 개별 의지를 '인민의 일반 의지'로 대체시켜 국가의 기능을 시민 사회 모든 일원들의 '자율적인 개성'을 보장하는 데 사용하도록 재편할 것을 주장하였다. '급진적 학파'라고 불릴 수 있는 이 학파는 사회적 자유를 위한 국가의 역할을 강조한다는 점에서 일견 독일 인문주의자들의 전통을 반영하고 있는 것으로 보인다. 그러나 이 학파는, 국가의 권력이 '더 높은 자아'를 만들어 내기 위하여 부여된 것이기보다는 모든 시민이 '일반 의지'에 지속적

으로 참여함으로써 얻을 수 있는 자율성을 보장하기 위하여 부여되었다고 본다.[3]

　프랑스 급진파가 논란의 여지없이 프랑스적인 여타의 뛰어난 자유주의 이론가를 배척하고, 루소와 1793-94년에 걸친 자코뱅의 공포정치 시대와 결합했다는 사실은 이후에 근대 프랑스가 '프랑스의 문제'라고 명명한 문제의 성격을 예고해 준다. 그 문제는 프랑스가 자유민주주의의 성취에는 성공하지만 그 유지에는 언제나 실패한다는 것이다. 혁명 이후 주기적인 정치 변동을 겪으면서 프랑스의 정치 체제는 역사학자 데일 반 클리가 표현한 바 '질서와 자유' 사이의 진자운동을 계속하였다.[4]—'질서'의 편에는 1793-94년의 자코뱅 독재, 1804년과 1852년의 보나파르트 왕정, 비시 정부의 '국가 혁명(National Revolution)'이 위치하고, '자유'의 편에는 1789년의 입헌군주제, 1830년의 7월 왕정, 1871년의 제3공화국 등이 위치한다. 적지 않은 수의 학자들이 급진적 자유파를 프랑스 정치 문화에서 나타나는 특이한 형태의 독재 전통과 동일시했으며, 나아가 현대의 '전체주의적 민주주의'의 출현과 연결시켰다.[5] 국가 권력을 통해 개인과 사회의 '자율'을 획득하려는 급진파의 열망은, 벌린의 용어를 빌려 설명하면, 소극적 자유보다는 적극적 자유의 변형에 가까워 보인다. 벌린의 설명에 따르면, 루소적인 자유는 '정해진 영역' 안에서 보장되는 간섭으로부터의 '소극적' 자유가 아니라, '모든 시민의 삶의 모든 영역에 개입할 권리를 부여받은 공적인 힘'에 사회의 모든 구성원들이 참여하는 것을 의미한다. 벌린은 프랑스 혁명——특히 자코뱅 시기——자체가 "프랑스라는 거대한 집합체가 가지고 있는 사회적 자기 주장(self-assertion)이라는 '적극적' 자유의 열망이 폭발한 것이다"라고 주장한다.[6]

　현대 학자들이 제기한 바 '프랑스의 문제'는 다음과 같은 질문으로 요약될 수 있다: 과연 루소와 혁명 시기의 자코뱅파에서 연원하는 프랑스만의 특별한 자유 개념이 존재하는가? 존재한다면, 그것은 근대 프랑스 정치의 극심한 불안정성과 자유민주주의를 확립된 정부 형태로 받아들이기를 거부했던 역사와는 어떠한 관계가 있는가? 마지막으로, 그러한 정신 구조가 20세기 전체주의의 출현의 맹아가 되는가 하는 질문이다.

이 책은 첫번째 질문에 대하여 긍정으로 대답한다. 즉 근대 프랑스의 정치 전통에 있어 고유하고도 필수불가결하게 '과격한' 혹은 루소적인 전통이 존재한다고 믿는다. 그러한 가정 아래 이 책은 근대 프랑스의 정치적 변덕, 즉 자유민주주의와 명백히 모순되는 태도들을 고찰해 나갈 것이다. 루소와 혁명 당시로부터 현재에 이르는 프랑스 지식인들 중 문화적으로 중요한 7명의 전기와 주요 저서들을 분석하여 프랑스 정치 문화와 전체주의 사이의 잠정적 고리를 규명할 것이다. 7명의 명단은 다음과 같다: 막시밀리앵 로베스피에르(1758-94), 왕정복고 시대의 소설가 스탕달(1783-1842),* 반종교적인 역사가 쥘 미슐레(1798-1874), 철학적 활력론자 앙리 베르그송(1859-1941), 문필가로서 가톨릭 개종자 샤를 페기(1882-1914), 좌익 실존주의자 장폴 사르트르(1905-80), 포스트구조주의의 선구자 미셸 푸코(1926-84)이다.

2. 성별(聖別)된 이단자

언뜻 보기에, 루소와 7명의 사상가들은 지적인 면에서나 정치적인 면에서 단일한 문화적 전통을 형성하는 것처럼 보이지 않는다. 유일

---

* 앞으로의 기술에 의해 드러나겠지만, 스탕달은 특별한 경우에 해당한다. 그의 걸작 소설 《적과 흑 Le Rouge et le noir》과 그의 유명한 주인공 쥘리앵 소렐은 창작자와 반대 경향을 띤다. pp.30-31을 참조.

하게 정치적 권력을 실제로 행사했던 로베스피에르를 제외하면, 그들은 모두 근대 프랑스 문화에서 일정한 장점과 독창성을 지닌 저작을 생산해 낸 '문인'이며 '지식인'들이었다. 그러나 이들 7명의 저작은 문학적으로 극과 극에 걸쳐 있다. 루소와 사르트르는 정치 이론뿐만 아니라 소설과 철학 분야에서 뛰어난 저술을 남겼다. 미슐레와 푸코는 주로 역사와 역사 비평 분야의 저서로 알려져 있다. 스탕달의 명성은 거의 전적으로 문학 분야의 저작에 의존하고 있는데, 그 중에서도 특히 뒤에서 설명될 소설 《적과 흑》이 절대적이다. 반면 베르그송의 명성은 철학자로서의 업적에 기반한다. 페기는 시인으로서도 다소 알려졌지만, 제1차 세계대전 전의 10여 년 동안 써낸 프랑스 정치·문화·종교에 대한 일련의 비평으로 주된 명성을 얻었다.

이들 8명은 정치적 견해에 있어서도 색깔을 달리한다. 페기·사르트르·푸코가 그들 시대에서 직접적으로 정치적 참여를 한 사람들이었다면, 베르그송의 경우 혁명 좌익에서 파시스트 우익에 걸쳐 많은 지지자들이 있었음에도 불구하고 자신은 어떤 종류의 정파에도 참여하기를 단호히 거부했다. 한 걸음 양보하여 8명 중의 대개가 이데올로기나 정치적으로 '좌파'로 분류될 수 있다고 하더라도, 분명히 어떤 단일한 당파를 형성하지는 않는다. 예를 들어 로베스피에르와 미슐레는 둘 다 열렬한 공화주의자이자 프랑스 민족주의자였지만, 미슐레는 그의 저서 《프랑스 혁명사》(1847-53)에서 1793-94년의 자코뱅파와 로베스피에르를 신랄하게 비난한다. 또한 알려진 대로 사르트르가 1960년대와 70년대에 마르크스주의자들의 국제동맹과 혁명사회주의를 옹호한 데 비해, 한때 자신을 '좌파의 무정부주의자(an anar-chist of the left)'[7]라고 불렀던 푸코는 1970년대와 80년대의 마르크스주의와 그것의 사르트르적 실현을 전적으로 거부했다. 마지막으로 종교에 있어서도 이들 사이에 어떤 확고한 일치는 발견되지 않는다. 루소·스탕달·미슐레·사르트르·푸코가 가톨릭 교회에 대한 악명 높은 비판자였던 반면, 페기는 세기말 베르그송의 철학에서 가톨릭의 믿음으로 돌아가는 길을 찾은 지식인 무리 가운데 한 사람이었다.*

이렇듯 예측을 불허하는 다양함 속에서도 이들 8명의 사상가들은 현대 프랑스의 정치 문화 속에서 단일한 방식은 아니지만 하나의 입지를 공유한다. 그것은 각자가 그들 시대의 '기성 질서'와 그 가치를 부인함으로써 대중의 환호를 받았다는 점이다. 그들의 문화적 저항은 그 당시의 프랑스 대중에게 직접적으로 흡수되었는지와 상관없이 그들 시대에 있어 독특한 의미를 형성하였다. '선천적 자유(natural liberty)' · '사회 계약(social contract)' · '일반 의지(general will)'와 같이 잘 알려진 루소의 용어들은 다소 문제가 있기는 하지만, '인민'의 '천부적 도덕'과 '일반 의지'를 극단적으로 지지한 로베스피에르의 혁명 담론에 강한 영향력을 미쳤다. 같은 예로서 왕정복고 시대가 배경인 스탕달의 《적과 흑》(1830)의 주인공인 쥘리앵 소렐은 혁명 후의 문화적 영웅이자 호전적인 인습타파주의자에게 소설적, 심지어는 신화적인 생명력을 불어넣었다. 미슐레는 7월 왕정의 쇠약한 시대에 '인민'과 프랑스 혁명에 대한 걸출한 헌사를 통해 다가올 1848년 혁명의 지적 기반을 제공하였다. 베르그송 역시 유명한 철학적 주제인 '순수 지속(pure duration/la durée)'과 '생명의 약동(vital force/élan vital)'을 통해 세기말 프랑스가 실증철학과 정치적 자유주의에 맞서 지적 반란을 꾀할 수 있도록 영감을 제공하였다. 페기는 근대 프랑스의 신성한 '미스티크(mystique)'와 그것을 타락시키는 냉혹한 '폴리티크(poli-tique)'라는 1910년의 유명한 구분을 통해 익히 알려진 바 제3공화국 비판의 틀을 마련했을 뿐 아니라 궁극적으로는 비시 정부와 레지스탕

---

* 실제로 페기는 서로 대립하는 곤혹스러운 정치적 관계를 홀로 포용해 나간 것으로 보인다. 세기말에는 드레퓌스의 열렬한 지지자였으며, 그후에는 자신을 공화주의자요 사회주의자라고 공언했으며, 또한 그 와중에도 가톨릭을 신봉하였다. 동시에 외국인을 혐오하는 프랑스 민족주의자이기도 하였다.

스에 대한 정치적 담론도 가능하게 하였다.[8] 마지막으로 사르트르는 '나쁜 믿음(bad faith)'·'진정성(authenticity)'·'참여(commitment/engagement)'와 같이 널리 유포되어 있는 개념을 통해 전후 프랑스에서 문화적 저항의 문법을 마련했고, 푸코는 근대의 '패놉티시즘(panopticism; 원형 감옥)'과 그것을 생산하는 억압적인 '정상화의 사회'에 대한 유명한 비판을 통해 그 이후의 세대들에게 사르트르와 같은 역할을 담당하였다. 요약하자면 인물들 각자가 근대 프랑스 정치 문화에서 특별히 고양되고 권위를 가진 인물을 체계화해서——스탕달의 경우에는 소설을 통해——보여 주고 있다. 사회학자 피에르 부르디외 특유의 역설적 표현을 인용하면 '성별된 이단자'들인 것이다.[9]

물론 부르디외가 근대 프랑스 지식인의 위치에 대해 처음 관심을 가진 사람은 아니다. 근대 프랑스 지성사 기술에는 그들이 존대를 받든지 천대를 받든지간에 비판적이고 독립적이며, 때로는 귀족적인 당당함을 갖추고 있는 지식인들의 모습이 항상 거론되었다. '새로운 사상의 숭고한 배포자'라고 불리는 동시에, '영원한 반대자'라는 '저항적 지식인'의 역할을 담당하는 이들은 대체로 '진실한 신념에 복무하는 전도사'였고, 필요하면 '증거자와 순교자'가 되기도 하였다. 그——근대의 당당한 지식인은 한결같이 남성적 성격*을 나타낸다——는 '모든 종류의 순응주의에 대항하는 비판 정신의 체화'라고 일컬어진다. 현대의 한 학자의 표현에 따르면, 프랑스 지식인은 "신념의 자발적 개척자로서 모든 타협을 거부하는 불굴의 정신이 무엇인지를 세계에 보여 준다." 이렇게 표현한 학자도 있다: 그는 "권력을 행사하며 자신을 더럽히기보다는 저항 속에서 더 행복해한다."[10]

그러나 부르디외는 이러한 모든 표현에서 한 걸음 더 나아간다. 그는 이러한 문화적 '이단자'들이 현대 프랑스 제도의 틀 안에서 문자 그대로 '성별'되었다고 주장한다. 다시 말하면, 이단자들의 사상을 현대 프랑스의 시민이라면 유명·무명을 막론하고 거쳐야 하는 초등

학교 · 고등학교 · 대학교라는 중앙집권적 제도 속에 확고히 위치시킨다. 그러나 동시에 부르디외는 학문 피라미드의 공식 정점(頂點)에 위치하고 있는 지식인들——예를 들어 소르본이나 프랑스의 전문직 엘리트들을 양성하는 입학 조건이 까다로운 그랑제콜의 교수직을 차지하고 있는 '철학의 대제사장들'——과 그들을 구별한다. 그들은 한때 그 '학문의 제국'에서 훈련을 받았지만, 지금은 그 제국의 경계 혹은 변방에 위치한다. 부르디외는 그들이 개인적으로 '전위적인 견해'에 많이 끌렸음을 언급하면서도 한편으로는 성별된 이단자들이 즐겨 제휴했던, 파리 라틴 지구(카르티에라탱으로 불리며, 학생과 예술가가 모여 사는 곳이다)의 중심에 있는 두 엘리트 기관을 강조해 보여 준다. 하나는 그들 중 대부분이 학창 시절을 보낸 에콜 노르말 쉬페리외르(고등사범학교)이고, 다른 하나는 부르디외에 따르면, 그들에게 높은 사회적 영예를 안겨 준 공식적인 대학 제도가 아닌 '주변부 기관' 중

---

* 근대 프랑스 지성사, 그 중에서도 특히 성별된 이단자의 무리에서 여성이 어느 정도의 역할을 감당하였는가, 혹은 전혀 감당하지 않았는가의 문제는 최근에 와서 물꼬가 터지기 시작한 중요한 역사적 질문이다. 역사학자 모나 오주프의 저서 《여성의 말 Les Mots des femmes》(Paris: Fayard, 1995)은 그 출발에서 중요한 부분을 담당하고 있다. 18세기의 데팡과 샤리에르로부터 19세기와 20세기의 선각자들인 스탈·조르주 상드·시몬 베유·시몬 드 보부아르 등 10명의 여성작가들을 개관하면서 오주프는 그녀가 명명한 바, 근대 프랑스 여성들만의 '특성'을 밝혀내고자 하고 있다. 그들은 대개 프랑스 문화에 집중했으며, 영미에서 일어났던 호전적인 페미니즘 운동에는 '소극적' 태도를 취했다. 그녀의 주장에 따르면, 프랑스 여성들은 계몽주의 시대의 살롱으로 대표되는 품위 있고 지적인 담론의 세계에서 남성과 실제적으로 동등하게 참여하기도 했지만, 한편으로는 '두 시몬'과 같은 여성이 지식인 이단자에는 못 미치는, 공적으로 '성별(聖別)'되는 일도 20세기가 되어서야 가능했다. 그때가 되어서야 여성은 국가 교육 제도 내에서 남성과 완전히 동등한 인정을 받을 수 있었다. 그러나 20세기에 들어와서도 프랑스의 여성 지식인들은 그들의 페미니즘을 손상시켜 가면서까지 루소와 자코뱅과 같은 남성 급진파의 담론에 자신들을 일치시키는 경향이 있다고 오주프는 주장한다. 그 결과 현대 프랑스 여성들은 자신을 억압받고 있는 그룹의 일원으로 생각하기보다는 일반적으로 자신을 '자유롭고 평등한 최초·최선의 개인'으로 여긴다. 그리하여 심지어는 페미니스트의 상징적 인물인 보부아르조차도 여성 해방을 그들이 '궁극의 혁명'으로 여기는 인간 해방의 부분적 조건으로 생각했다.(《여성의 말》, 11, 371, 383, 392-93 참조) 오주프의 작업은 지적으로 충실하고 자극적이지만, 앞으로 펼쳐질 중요한 역사적 탐구에 비하면 작은 서곡에 지나지 않을 것이다.

최상의 선택이었던 콜레주 드 프랑스이다.[11]

에콜 노르말——부르디외는 '거대한 속인의 신학교'라는 신랄한 이름을 붙이기도 했다——은 원래 혁명 기간중 수도원에 거주하지 않는 성직자 교사를 양성하기 위해 1795년에 설립되었다. 그후에 나폴레옹의 후원을 받아 제정 시대에 계몽된 엘리트 관료를 교육하는, 앞서 언급한 그랑제콜의 하나가 되었다. 에콜 노르말은 제1제정 시대와 제2제정 시대를 지나서까지 존속하였으며, 불후의 고전주의와 자신의 근원인 계몽주의의 비판 정신을 함께 반영하면서 정치적 자유주의와 학문의 독립성으로 명예를 쌓아갔다. 1848년이 되었을 때 에콜 노르말의 교수와 졸업생들은 7월 왕정의 가장 유명한 후원자와 정치가가 되어 있었다. 철학자 빅토르 쿠쟁, 역사학자이며 수상을 지낸 프랑수아 기조가 그 대표적 예이다. 1903년 소르본에 합병된 후에도 에콜 노르말은 프랑스 정계와 학계의 엘리트의 산실로서 이름을 떨쳤다. 장 조레스 · 레옹 블룸 · 조르주 퐁피두 등의 정치가와 수상, 로맹 롤랑 · 클로드 레비 스트로스 등의 작가와 사상가를 배출해 냈다. 젤딘은 "프랑스는 유럽 국가들 중에서 유일하게 철학을 직업으로 삼을 수 있도록 충분한 봉급을 제공하였으며, 그 결과 많은 철학자가 전국에 고루 분포되어 사회적으로나 학문적으로 강력한 집단을 형성할 수 있게 되었다"라고 요약한다.[12]

콜레주 드 프랑스도 비슷한 발전 과정을 거쳤다. 1530년에 '인문학과 르네상스 정신을 고양'하려는 목적으로 설립된 이후, 우리 시대의 한 작가가 표현했듯이 프랑스 교육 체계 내에서는 '거룩한 곳 중에서도 거룩한 곳(the holy of holies)'의 상징이 되었다. 학문 연구를 위하여 국가가 설립한 기관이지만 대학 기관과는 완전히 분리되어 있어 교수들은 완전한 학문의 자유를 보장받는다. 교수의 임용도 교수들이 하게 되어 있어 부르디외의 말을 인용하면, '권력과 일반 교수들의 책임'으로부터 '거의 완전할 정도로 자유로운' 상태이다. 교수에게 학위는 필수 조건이 아니며, 학생들에게도 학위를 수여하지 않는다. 그러나 교수는 1년에 한 번 자신이 정한 주제에 대하여 일반 대중을 상대로 강좌를 열어야 한다. 콜레주 드 프랑스의 교수직은 근대 프랑스만의 독특한 지위이며 비교할 수 없는 권위를 지니고 있다. 그는 현자로 기름부음 받은 자로서 국가로부터 지원받고 오직 대중에게만 책임을 진다. 그러므로 그는 자신이 원한다면 자유롭게 기성 질서를 비판할 수 있다. 이와 같이 주기적으로 콜레주 드 프랑스는 권력의 중심부에서 기성 질서를 붕괴시키는 이단자들의 전설적인 활동 무대가 되었다.[13]

　이러한 제도들을 통하여 성인이 된 이단자들은 근대 프랑스 정치 문화 내의 양면적인 위치――한때 자신도 몸담았고, 자신을 성별해 준 국가 지원의 엘리트적인 기성 학문의 질서를 공개적으로 조롱하고 거부하는――를 창조하고 강화시켰다고 부르디외는 말한다. 그 결과 이단자들은 '학문적 인간(homo academicus)의 경직된 근엄함'이 아닌 '예술가의 자유로움과 과감한 태도'로 대중 앞에 나설 수 있었다. 부르디외는 결론 맺기를 '그들 사이에 존재하는 여러 차이점과 다양성, 나아가 상반되는 점들에도 불구하고' 그들간에는 '반골 기질(anti-institutional mood)'(부르디외의 강조)이라는 공통점이 존재한다. 이 공통점이 그들이 '해당 학문 분야의 선구자들보다 더 높은 명성'을 획득하는 이유이기도 하다. 그들은 학문적으로 가장 찬란한 인정을 받으며, 일반 대중은 그들을 신성시한다.[14] 부르디외의 '성별된 이단자'라는 명칭은 이들의 문화적 양면성과 다중적이며 역설적인 위치를 잘 표현해 준다. 종교적 용어의 의도적 채용을 통해 그들이 한편으로는 '성인으로 구별' 받았으나(세속 '교회'의 정점에 위치하는 내부자), 동시에 '이단자'(성인과 대척점에 위치)임을 나타내었다.

　앞서 지명한 8명 중에서도 근대 프랑스의 학문 위계가 자리를 잡은 이후에 나타난 미슐레·베르그송·페기·사르트르·푸코는 자신들의 분야에서 부르디외가 설정한 양면적 성격을 전형적으로 보여 준다. 5명 모두 교수나 학생 혹은 그 둘 다의 자격으로 에콜 노르말 쉬 페리외르와 관련이 있었으며, 그 중 3명(미슐레·베르그송·푸코)은 콜레주 드 프랑스의 교수로 임명되어 대중적 인기를 누렸다. 상술하면, 미슐레는 에콜 노르말의 역사학 교수였다가 1838년에 콜레주 드 프랑스의 교수로 임명되었다. 그뒤 그는 기성 권위를 타파하는 베스트셀러——예를 들어 과격한 교회 비판서인 《사제·여성, 그리고 가정》(1845)·《민중》(1846), 앞서 언급한 《프랑스 혁명사》(1847)의 처음 1·2권이 그것이다——들을 써내며 '위험'하지만 사람들의 열광을 받는 일련의 강좌들을 콜레주에서 열었다. 미슐레의 강좌는 1848년의 혁명 전야에 정부에 의해 갑자기 중지되었다. 베르그송의 경우도 비슷하다. 베르그송은 에콜 노르말에 입학하여, 모교에서 철학을 가르쳤으며, 1900년에 콜레주 드 프랑스의 교수가 됨으로써 명성을 얻었다. 《창조적 진화》(1907)와 같은 베스트셀러와 콜레주에서의 이름난 공개 강의를 통해 파리 시민을 사로잡는 한편 제3공화국의 기초를 예리하게 비판했다. 푸코도 역시 같은 패턴을 밟았다. 에콜 노르말의 학생이었다가 교수가 되었으며, 1970년에 콜레주 드 프랑스의 교수로 임명됨으로써 최상의 영예를 얻었다. 그후 그는 《감시와 처벌》 (1975)·《지식에의 의지》(1976) 등의 이단적 내용의 베스트셀러를 저술했으며, 콜레주에서의 정기 강의를 통해 베르그송이나 미슐레에 못지 않은 인기를 파리 시민으로부터 얻었다. 부르디외는 특별히 푸코가 현대 사회의 성별된 이단자의 모습을 '가장 잘 체현'해 보여 준다고 말한다. 그는 '전문 분야를 가지고 있지는 않지만' 그가 얻은 최상급의 명성으로 인해 '문화 생산의 전분야에 막강한 영향력을 행사'할 수 있었다.[15]

페기와 사르트르는 콜레주 드 프랑스의 교수직을 맡지 않았음에도 불구하고 그들 못지 않게 성별된 이단자의 틀에 잘 들어맞는다. 에콜 노르말에서 베르그송의 제자였던 페기는 1898년에 학교를 떠났다.

이유는 당시의 드레퓌스 논쟁에서 그를 옹호하고 제3공화국에 저항하기 위해서였다. 2년 후에 그는 《카이에 드 라 캥젠》이라는 잡지를 발간하여 부르디외가 표현한 바 '전위적인 견해'의 전형을 보여 주었다. 한때 드레퓌스의 열렬한 옹호자였던 페기는 독립적이고 학문적으로는 변방에 위치한 이 매체를 발사대로 삼아, 드레퓌스의 승리 이후 세력을 얻은 '교권 반대파'와 '신(新)소르본 인(人)'을 향해 비평의 직격탄을 날렸다. 그 직격탄 중 가장 잘 알려진 것은 1910년에 발표한 《우리들의 청춘》이다. 사르트르는 한 걸음 더 나아가 《구토》(1938)·《파리떼》(1943)·《닫힌 방》(1944)·《자유에의 길》(1945-49)과 같은 소설이나 《존재와 무》(1943) 같은 전복적 철학서를 통해 또 한 사람의 노르말 출신 이단자로서 입지를 세워나가는 한편, 《현대》지를 창간하여(1944) 자기 자신만의 배교자 상을 세워나가며 기성 사회에의 정기 공격을 시작하였다. 1949년에 그는 콜레주 드 프랑스의 교수 임명을 거절하였다. 사르트르는 근대 프랑스에서 학문의 자율성과 일탈성을 제도적으로 보장하는 기구와의 제휴를 거절함으로써 명실공히 성별된 이단자로서의 위치를 공고히 하였다.[16]

3. 루소와 제도화된 반제도

근대 프랑스에서 푸코·사르트르·페기와 같은 대중 지식인의 경우가 나타내는 학문적 이단의 제도적 성별은 18세기 중엽의 루소에서 비롯된다. 이 시기의 프랑스 문단이야말로 17세기의 왕족과 귀족의 지배에서 벗어나 학자와 문인들이 지금까지 내려오는 권력에 대한 구심력과 원심력 사이의 교묘한 균형을 이루어 낸 시초이기 때문이다.[17]

18세기 문인들의 수직적 계층 상승은 절대왕정하 구체제의 위기가 확대되고 있음을 보여 주었다. 토크빌에 의해 잘 알려진 대로, 오랜 기간에 걸친 중앙집권화로 특권 집단이 많아져 프랑스의 대부분을 차지하는 평민 계층은 굶주리고 많은 부담을 지게 되어 국왕의 권위가 오히려 훼손되는 지경에 이르렀다. 드디어 18세기 중엽에는 파산 직전의 상태까지 이르렀다. 이러한 위기는 기존 체제로는 수용할 수 없었기에 국왕은 1750년대와 1760년대에 걸쳐 불만을 유출할 수 있는 논쟁의 새로운 영역을 허락할 수밖에 없었고, '여론'이 공개되는 이 자리에서 문인과 철학자들이 논객의 역할을 자임하며 자신들의 영역을 구축해 갔다. 사실 그들은 귀족과 파리의 부르주아들의 제한된 영역에서 폭포처럼 쏟아지는 논문·사설·문학작품을 읽어 줄 독자를 찾고 있었음에도 불구하고 '민중'이나 '국가' 전체를 대변하고 있다고 주장했다. 키스 베이커에 따르면, 점차로 그들은 '독재적 권위'가 깨어진 후 형성된 '새로운 여론 공간'을 적절히 사용할 수 있게 되었다.[18] 베이커는 몇몇 학자들과 함께 프랑스 혁명 자체가 왕정의 권위가 무너진 혼란한 세계에서 '언어의 권위'를 주장한 계몽주의 시대의 여러 다양한 '혁명 담론'의 결과물이었음을 주장한다.[19]

문인들의 토론은 왕립 아카데미 내에서 시작되었으나 1750년대가 되자 여전히 상류 사회이기는 하지만 사회적으로는 좀더 평등한 파리의 살롱으로 옮겨갔다. 하버마스의 표현을 빌리자면, 그곳은 "공작과 백작의 아들들이 시계공과 상인의 아들들과 서로 교우"가 되는 장소였다. 그러한 문인 집단의 학문적 기지는 시골 칼장수의 아들인 드니 디드로와 귀족의 사생아인 장 달랑베르가 주축을 이루어 1751년에서 1772년 사이에 발간하였던 《백과전서》였다. 디드로는 《백과전서》가 '예술과 과학의 체계적이고 보편적인 사전'으로서 '지식의 통일체'를 지향하며, '단어의 정의'를 확립하여 '사람들의 구태의연한 사고방식을 변혁할 힘'을 소유하게 될 것이라고 예언하였다. 디드로에게 그 '힘'은 구체제하의 프랑스 사회, 특히 교회와 국가에 대한 실제적이고도 과학적인 비판의 힘을 의미하였다. 디드로는 《백과전서》가

"오류를 드러내고, 선입관을 해체하여, 아무도 드러내 놓고 반대하지 못하는 터무니없이 불합리한 의견들을 타파하고 전복"할 것이라고 선언하였다. 그렇게 '국가의 정신'을 개혁시켜 나갈 때 세속적인 '행복과 미덕'을 목표로 삼고 있는 인류에게 '인류 보편의 교육'을 제공할 수 있다는 것이다. 디드로가 보기에 아카데미 프랑세즈와 그외의 왕립 아카데미들은 그러한 교육을 담당하기에는 지나치게 전문적이고 독립성도 없었고, 그곳의 귀족들은 경박하기까지 하였다. 그는 이 책무에 '문인 집단과 숙련 노동 계층'이 알맞다고 생각하였다. 또한 이 교육은 '권력'과 연루되어서는 절대로 안 되었다. '왕이 명령한 일'을 수행하는 데 따르는 '더러운 이기심'에 물들어 있지 않은 자율적인 '문인 집단'이라면 **'인류 지복의 책무에 온전히 헌신'**(디드로의 강조)할 수 있을 것이다.[20]

장 달랑베르는 1753년의 〈문인과 귀족 사회에 대한 시론〉에서 디드로의 주장을 좀더 세련된 형태로 반복하였다. 그는 루이 14세 이후 고양된 문인의 사회적 지위에 대하여 귀족들(les grands)에게 아이러니한 감사를 표하는 것으로 말문을 연 후, '생각할 수 있는 한 가장 유용하고 고귀한 존재인 문인들'에게로 주제를 돌린다. 달랑베르의 주장은 '국가의 이익'은 구성원의 사회적 지위나 재산에 좌우되는 것이 아니라 그들의 재능에 달려 있으며, '문인'들이야말로 그러한 '고결함과 재능'을 풍성히 소유하고 있다는 것이다. '국가의 경영' 다음으로 '인간의 책무 가운데 가장 고결한 임무인 인간 교육과 계몽'을 담당하는 문인들은 사회에 익숙해질 필요가 있는 동시에, 그와 거리를 두어야 할 필요가 있다고 달랑베르는 주장한다. '학문·앎·언어의 탐구를 위하여 태어난' 이들은 '철학과 심미안의 문제들을 결정하여 다른 사람들에게 알려 주는' 고유의 임무를 위하여 적당한 독립성을 지니는 동시에 '결합된 삶'을 살아야 한다. 한 걸음 더 나아가 그는 자신이 그러한 소임에 알맞은 사람인 것을 주장하면서, "나의 글과 견해는 가족도, 연고도, 후원자도 없는, 고로 아무런 기대도 가지고 있지 않은 사람의 것이다. 그러므로 글을 씀에 있어 걱정하는 바도, 바라는 바도 없다"라고 말한다. 요약하자면, 《백과전서》의 창설자들은 언어와 의미의 문제를 '다른 사람들에게 결정하여 알려 주기 위하여' 새로이 구성된 '문인 공화국'의 권위를 천명했을 뿐 아니라 구체제의 질서와 기득권에 대하여 취해야 할 거리와 독립성, 공익을 위하여 기득권을 비판할 수 있는 권리와 의무를 선언하였다.[21]

새로이 형성된 이 '문인 집단'은 볼테르의 절묘한 표현대로, 권력의 핵심과 그 적대자라는 영원한 경계에서 구체제에 '비판의 지배(Reign of Critique)'를 행사했다. 왜냐하면 그것은 권력 내부에 역설적이라고 할 수는 없으나 기묘한 제도적 영역을 마련했기 때문이다. 문인들은 왕실의 검열을 받으며 박해를 받는 동시에 정부의 보호를 받았다. 위기에 둘러싸인 정부는 그들의 비판을 억압하는 한편, 지지를 보내기도 했다. 예를 들어 디드로는 그의 글로 인하여 수차례 구속되고, 볼테르는 끝내 추방되기도 하였지만, 동시에 정부 관료들의 은밀한 후원을 받았다. 1774년 왕정의 최고위직 관료로 임명되기 전까지 《백과사전》의 익명의 기고자였던 튀르고는 정부의 일원인 동시에 문인 집단의 구성원이었다. 따라서 그들은 라인하르트 코젤레크가 표현한 바, 명백히 '정치적인' 주장을 하면서도 '초당파적'이라거나 '정치를 초월'한다고 말할 수 있었다. 국외자의 모습으로 피난처를 구하면서도 권력과 근접해 있기에, 이 새로운 '문인 집단'은 국가에 대한 '전방위 비판'을 사회에 대한 사심 없는 봉사로 여길 수 있었다. 실제로 그들은 '비판을 극한까지 밀고 감으로써' 그들의 청중에 대하여 '왕 중의 왕, 진정한 지배자'로서 자신을 자리매김할 수 있었다.[22]

이렇듯 프랑스 문인들은 불변하는 민중의 정신에 기반하여 기성 질서 대항의 언어로 이루어진 그림자 내각을 건설하였다. 즉 진정한 반제도의 제도화가 이루어진 것이다. 그러면서 그들은 구체제의 '문화 수도'——부르디외의 비꼬는 용어이다——에 살고 있다는 특권을 십분 이용하였다. 중앙 출입이 용이하다는 점은 근대 프랑스에서 지식인의 지위를 결정짓는 중요한 요소였다.[23] 이러한 관점에서라면 실로 앞에서 언급된 파리의 대학이나 에콜 노르말은 근대 프랑스 문화의 토대를 이루는 데 있어서, 국가의 후원을 받으며 지속된 '문인 집단' 못지 않은 역할을 담당한 셈이다.

18세기의 '문인 집단'이 군주제의 핵심에 존재하는 동시에 주변에도 존재하는 기묘한 위치를 점했다면, 1750년대와 1760년대에는 기이하며 역설적인 우상파괴자 루소가 그 위치를 차지했다. 디드로의 친구이자 《백과전서》의 초기 기고자였던 그는 잘 알려진 대로 문명 사회에 대한 가차 없는 혐오로 악명을 떨쳤다. 그것은 《학예론》(1750)에서 시작되어 《인간 불평등 기원론》(1754)으로 계속되었다. 두 저작 모두 예술과 학문이 인간을 타락시킨다는 내용을 담고 있어 은연중에 '문인 집단'을 비난하는 것이 되었으나,[24] 로버트 단톤이 표현한 대로 '당대의 문학계'에 대하여 명시적으로 비난한 글은 《연극에 관해 달랑베르에게 보내는 편지》(1758)가 유일하였다. 이 글에서 루소는 백과전서파만이 아니라 '전체 인류, 모든 대중'을 청중으로 상정하여 극장이 끼치는 도덕적 타락에 반대하며 고향 제네바——그는 이곳이 가지고 있는 '고대적 자유'를 스파르타의 자유에 비유했다——를 옹호한다. 그러나 루소가 암시적으로 '모든 것이 외양에 의해 판단되는' 파리라는 문명 사회와 '그 안에서 활약하고 있는 문인들'을 비판하고 있음은 쉽게 알 수 있다. 루소는 계몽주의가 만들어 낸 학문의 신세계마저도 도덕을 타락시킨다고 비난한 것이다.[25]

《연극에 관해 달랑베르에게 보내는 편지》가 디드로·달랑베르, 그 외 백과전서파 '철학자들'과 루소의 불화 조짐을 보여 주었다면, 1761년에 출판된 소설 《신(新)엘로이즈》는 그 간격을 결정적으로 굳히는 계기가 되었다. 18세기의 가장 많이 읽힌 책에 속할 이 소설에서 그는 '세속 사회(le beau monde)'를 다시 한번 비판하였다. 그는 자신의 책이 "사회에서 유포되기 위한 책이 아니며, 완고한 성직자나 자유주의자·철학자들을 모두 화나게 만들" 것이라고 독자들에게 예언하였다. 그는 이 소설이 '프랑스인도 아니고, 세련된 사람도 아니며, 학자도 철학자도 아닌 시골 사람, 외국인, 은둔자, 젊은이'들을 주목하고 있음을 독자에게 강조한다. 위의 두 저작에서 볼 수 있다시피 루소는 자신의 계몽주의 동지들 못지 않게 '대중'의 대변자 역할을 자임한다. 그러나 그는 각각의 작품에서 '문인 집단'과 후원자들을 민중의 이익을 해하는 구체제의 부패한 상류 계층과 연결시킨다. 그로 인해 루소는 "자신의 비판을 현실과 그 현실을 비판하는 비판자들에게까지 돌린"(코젤레크의 표현) 최초의 철학자가 되었다.[26]

스스로를 문인 집단의 공식적인 '반철학자'[27]로 기름부은 루소의 경우는, 자신을 문인 집단의 '일등 시민'이자 '원로'로서 자리매김한 볼테르와 병치시켜 볼 때 더욱 뚜렷한 대조를 띤다.[28] 루소의 《연극에 관해 달랑베르에게 보내는 편지》는 백과전서파의 '철학자들'에게도 결정타였지만, 그것은 분명히 고대국가의 왕세자와 같은 존재였던 저명한 시인이나 극작가를 겨냥하는 것이기도 했다.. 루소와 볼테르 사이에 벌어졌던 연속 논쟁은 점점 확대되어 그 이후 프랑스 정치의 한 전통이 되었다.[29]

상징적으로 이 둘은 극과 극에 위치한다. 수도 파리에서 상류 부르주아인 고위 관료의 아들로 태어난 볼테르는 1726년에 자신의 모욕에 앙심을 품은 귀족이 고용한 거리 부랑자에게 몰매를 맞은 후 추방됨으로써 가장 유명한 국외 추방자가 되었다. 1734년 영국 망명에서 돌아왔을 때 프랑스 식자층들은 그의 《영국 서한》의 프랑스어판 해적본에 열광하고 있었다. 책의 내용은 전제정치와 기성 교회의 부정을 비판하고, 뉴턴의 과학과 로크의 '소극적 자유'——시민이 종교적·경제적으로 누리는——를 찬양하는 것이었다.[30] 그후 그는 정부 샤틀레 부인의 별장에서나, 프로이센의 프리드리히 대왕의 궁정에서나, 《백과전서》의 지면에서나 그가 말한 바 구체제에 대한 '비판의 지배'를 멈추지 않았다. 그러나 그에게서 '문명' 자체에 대한 비판은 찾아볼 수 없다. 구체제의 사회·종교의 계급 제도에 대하여 독기 어린 화살을 날리고 있을 때에도, 그는 파리의 살롱과 문인 집단으로 대표되는 좀더 평등하고 문명화된 사회에 대한 믿음을 견지했다. 근본적으로 왕과 귀족들의 물질적 사치와 그에 따르는 제도상의 부속품들도 공화국 제1시민의 도덕적 분노를 불러일으키지 않았다. 도리어 그는 왕정정부와 동료 철학자들이 부여하는 영예와 상당한 재산을 안도하는 마음으로 즐겼다. 1745년에 아카데미 프랑세즈의 자랑스러운 일원이 되었으며, 1770년에는 '문인 집단'의 제자들이 자신의 등신 동상을 세우는 것을 보는 영광을 누렸다. 그후 8년이 지난 84세 때에는 자신의 희곡이 상연되는 것을 보기 위하여, 탄생하고 추방당한 도시 파리로 개선 나팔을 불며 돌아왔다. 이때 군중들은 운집하여 '볼테르 만세'를 외쳤다. 연극이 끝난 후 숭배자들은 그를 향하여 환호했으며, 머리에 월계관을 씌워 주었다.[31]

루소는 '문인 집단'의 살아 있는 우상과 결별하면서 자신이 견지하고 있던 초기 자유 부르주아——민주적이지도 혁명적이지도 않은——의 모습을 버렸다. 이런 일을 하기에 스위스 시계공의 이 영민하고 방탕한 아들보다 더 제격일 사람도 없었다. 루소는 문명 사회에 대한 지속적 비판을 실천함에 있어 탄생부터 국외자인 자신의 위치를 기성 질서와 그에 저항하는 '제도화된 반제도' 양쪽 모두에서 십분 활용하였다. 그는 볼테르의 '문인 집단'과 불화함으로써 디나 굿맨이 표현한 바 "진리의 고독한 추구자요, 부패한 세상에 홀로 남아 있는 의인의 신화"를 창조하였다.[32]

즉 부르디외가 말하는 기성 질서와 거리를 두면서도, 한편 그것으로 자신의 몸을 보호하는 대학 중심의 '철학의 대제사장'의 시조가 볼테르라면, 루소는 기성 질서와 기성 질서에 몸을 의탁한 제도화된 비판자들을 동시에 비판하는 성별된 이단자의 원형적 모습이다. 루소와 볼테르의 이러한 차이점은 그뒤 프랑스에서 '급진적 학문 전통'과, 그보다는 덜 급진적이면서 좀더 '자유주의적인' 지식인들을 구분하는 지표가 되었다.[33]

루소의 전통을 이어받은 근대 프랑스의 이단자들은 좀더 '공인'된 부류의 학문적 경쟁자를 반대했으며, 공개적으로 서로 대립되는 위치에 선다. 이를 생생히 보여 주는 예가 루소와 볼테르가 그러했던 것처럼, 세기말 프랑스 지성계에서 양대 거봉을 형성한 베르그송과 탁월한 사회학자 에밀 뒤르켐의 경우이다. 1902년에 이르자 이 두 에콜 노르말의 동창은 파리 학계를 대표하는 두 우두머리로 마주 보고 있었다. 뒤르켐은 국가가 자신을 위하여 특별히 마련한 소르본 대학의 교수직에 앉아 공화국의 '결속'을 외치는 공인된 사회학자였으며, 그의 루소적 대립자인 베르그송은 제3공화국의 철학적 건강성에 의문을 제기하는 콜레주 드 프랑스의 교수였다. 비슷한 시기에 비슷한 양태로 페기는 고등사범학교의 동창생이요 자칭 혁명 사회학자이며, 이전에는 드레퓌스 구명을 위하여 함께 싸웠던 장 조레스가 정부와 의회에 타협하자 자신의 볼테르적 짝을 비난하였다. 사르트르도 마찬가지로 레이몽 아롱――유명한 자유주의 학자이며, 에콜 노르말 동창생――을 포함한 다른 사람들과 공식적인 절연을 선언하였는데, 그 이유는 레이몽 아롱이 공산 혁명의 지지와 '부르주아 서구'의 비판에서 후퇴했기 때문이다.[34]

현대의 이단자들, 즉 미슐레·베르그송·페기·사르트르 등이 제네바 태생의 반철학자를 의식하고 있든 않든간에, 기성 질서와 자신을 형성한 문인 집단 내부에서 공격하는 역할을 자임했다는 점에서 제도화된 루소라고 볼 수 있다. 반면에 로베스피에르·스탕달 같은 혁명 시대의 인물들은 루소의 직접적이고도 의식적인 영향권 아래 있다. 로베스피에르는 언급할 만한 문학작품이나 철학서를 남기지 않았음에도 불구하고, 데이비드 조든이 현명하게 구분하였듯이 혁명기에 루소를 열렬히 신봉한 '학자 지식인'의 범주에 포함된다. 살롱이 계몽주의 시기에 했던 역할을 혁명중에 담당한 원외 단체들 중에서 가장 급진적이었던 자코뱅 클럽을 창설한 주요 멤버였던 그는 당시 널리 읽히던 루소의 자서전 《고백록》에서 앞으로 자신이 따라야 할 인간형을 발견했다. 루소가 사후 프랑스 식자층에게 '악덕의 바다 위에 떠 있는 한 점의 미덕'의 이미지를 남긴 것은 거의 이 책 때문이다. 때문에 루소의 가장 유명한 신봉자였던 그는 권력의 정점에 올라 있을 때조차도 자신을 부패한 사회에서 박해받는 의로운 약자로 여겼다. 프랑수아 퓌레의 표현을 인용하면, 로베스피에르가 프랑스 정치사에서 '불멸의 인물'로 기억되는 것은 사상의 독창성이나 집권 기간의 행적 때문이 아니라 '혁명의 가장 순결하고도 비극적인 부분을 대변'하기 때문이다.[35]

스탕달의 경우는 양면성을 보인다. 스탕달 자신은 루소적 이단자로 볼 수 있는 점이 거의 없다. 젊은 시절 나폴레옹 치하에서 군인과 관료를 지냈던 그는 기껏해야 자신이 주장하는 대로 '열렬한 공화주의자'——그럼에도 불구하고 정치 참여와 학문적 급진성의 솔직한 토로와는 거리가 있는——로 볼 수 있을 뿐이다. 그는 생애 중 특별히 이름을 떨치지도 못했고, 널리 읽히는 작가도 아니었다. 작가로서 그는 자서전 《앙리 브륄라르의 생애》(1836)에서 루소적인 특질로 언급하고 있는 '현학'·'과장'·'위선'·'작위성'을 벗기 위하여 끈질긴 노력을 하였다.[36]

그럼에도 불구하고 스탕달의 작품에는 그것이 소설이든 자서전이든 루소의 영향——특히 《신엘로이즈》·《에밀》·《고백록》으로부터의——이 분명하게 나타난다. 심지어 현대 학자들은 스탕달이 자신도 모르게 루소라는 거미줄에 걸린 먹이였다고 설명하기도 한다. 예를 들어 미셸 크루제 같은 학자는 스탕달에게 루소의 의미는 단지 '영향'을 끼치는 사람이 아니라 '모방하고 경쟁할수록 점점 그 사람이 되어가는 원형'이었음을 주장한다. 1830년의 역작 《적과 흑》은 그 자신도 고백한 바 '루소의 저작'을 형상화하고 있음을 단적으로 보여주는 작품이다. 시골의 미천한 계급 출신인 쥘리앵 소렐이 파리 상류사회와 스캔들의 주인공이 되는 이야기는 루소의 전설적 성공담을 재현한 것으로 보인다. 그러므로 쥘리앵은 '자연인 루소'를 상징한다는 비평가 마조리 테일러의 주장은 다른 비평가들에게도 자연스럽게 공감을 얻는다.[37] 1842년 그의 사후에야 비로소 획득된 문학적 명성은 반 이상이 《적과 흑》이라는 작품과 그 소설의 반역적 주인공에 기인한다. 왜냐하면 쥘리앵 소렐은 낸시 로젠블룸의 분석이 설명하듯, 혁명 뒤 부패하고 이기적인 왕정에 저항하여 나타난 '낭만적 호전주의'의 화신으로서 근대 프랑스 소설 주인공 중 가장 높은 악명을 떨치는 동시에 숭배를 받고 있기 때문이다.[38] 스탕달의 이 걸작은 근대 프랑스의 성별된 이단자 신화의 원형을 이루며, 그러므로 저자가 아닌 소설 주인공이 루소적 예언자의 전형으로 다루어진다.

4. 이단자 내러티브

루소·로베스피에르·미슐레·베르그송·페기·사르트르·푸코, 그리고 스탕달의 분신인 쥘리앵 소렐이 근대 프랑스에서 문화적 혹은 제도적으로까지 성별된 이단자로서 인정을 받는다고 할 때,[39] 정확히 그들이 표상하는 이단이란 무엇인가? 이를 가장 최근의 이단자인 푸코의 포스트구조주의적 어법으로 고쳐 묻는다면, 근대 프랑스 정치 문화의 어떠한 '언어적 실천'과 '진리의 담론'이 푸코와 선배들의 문화적 봉기를 변두리에서 중심으로 격상시켰는가가 될 것이다.[40]

이 책의 작업은 성별된 이단자들의 공식 전기와 그들의 주요 저작들을 토대로 이들 지적 전통의 '주도적 내러티브(master narrative)'[41]——그들의 공적 자아와 담론, 나아가 근대 프랑스 정치 문화를 형성한 자유 추구의 이야기——를 정확히 찾아내는 것이다. 그러므로 이미 언급된 바 루소의 명성을 처음으로 높여 준 1750년과 1754년의 논문(《학예론》과 《인간 불평등 기원론》)과, 그후의 《연극에 관해 달랑베르에게 보내는 편지》(1758) · 《신엘로이즈》(1761) · 《에밀》(1762) · 《사회계약론》(1762) · 《고백록》(1781)이 중요한 자료가 된다. 로베스피에르의 경우, 그가 1791년 봄에 정치적 두각을 나타낸 후에 행한 수차례의 국민공회 연설이 분석 대상이 된다. 미슐레의 경우에는 1838년 콜레주 드 프랑스의 교수로 임명된 후 발간한 베스트셀러 《사제 · 여성, 그리고 가정》(1845) · 《민중》(1846) · 《프랑스 혁명사》(1847-53)와 유고로 남은 자서전적 작품 《나의 청춘》과 《회고록》[42]이 주요 참고 대상이 될 것이다. 베르그송의 저작 중에서는 1914년 이전의 것들, 특히 콜레주 드 프랑스 재직시의 철학적 입장을 보여 주는 《시간과 자유 의지: 의식의 직접 자료에 대한 소론》(1889)과 《창조적 진화》(1907)가 중요시될 것이다. 폐기의 것으로는 1905-14년 사이의 저작, 그 중에서도 대중적 인기를 모은 1910년의 《우리들의 청춘》이 중요하다. 사르트르의 저작 중에서는 《구토》(1938)와 자서전 《말》(1963) 사이에 출판된 책들이 주요 참고 대상이다. 몇 가지 가장 유명한 것들을 거명하면, 전쟁중에 쓰여진 희곡 《파리떼》(1943) · 《닫힌 방》(1944), 3부 연작소설 《자유에의 길》(1945-47), 철학서 《존재와 무》(1943) · 《변증법적 이성 비판》(1960) 등이다. 푸코에 있어서는 1968년에서 1980년대 초반까지의 주요 저작과 인터뷰가 고찰 대상이다.[43] 특히 그가 1970년 콜레주 드 프랑스 교수로 임명된 후 출간된 《감시와 처벌》(1975) · 《지식에의 의지》(1976)가 중요하다.* 마지막으로 이 책에서 스탕달의 《적과 흑》은 말 그대로 '주요 소설(master fiction)'로 다루어질 것이다. 서술의 명확성을 돕기 위하여 반드시 연대순으로는 아닐지라도 소설의 일부가 각 장의 처음에 인용되어 펼쳐질 내용을 암시하게 된다.

이 책은 각각의 인물이 위치한 역사적 맥락에서 그들의 기본 사상, '위대한 저작,' 생애를 재구성하는 데 목적이 있지 않다.[44] 인물이나 저작의 다양한 특수성을 부각시키는 것이 아니라 반대로 저작이나 그들 전체를 아우르는 '이단 공동체' 내에 존재하는 반복적이고도 항상적인 요소를 강조하기 위해 개인의 삶과 저작에 나타나는 역사적 특수성과 대립성·발전성을 의도적으로 축소시킬 것이다. 프랑스 학문의 이단적 계보에 속하는 인물들의 복잡다단한 지적 여정을 기록하기보다는 그 전통이 자리잡고 있는 문화적 구조를 천착하면서, 연대를 따르기보다는 주제별로 서술해 나갈 것이다. 따라서 각 장은 공동체의 성격을 규정하는 서술 구조·비유·반복 모티프를 반영하여 짜여졌다. 상술하면, 제2장은 성별된 이단자들의 삶과 그에 관련된 문화 '도덕'을 다루며, 제3장은 이단자들이 공유하는 인간 친소(親疎)의 모순성을 연구한다. 제4장은 또 하나의 공유 요소인 사회에의 복종과 '문명 사회' 비판의 모티프를 검토하며, 제5장에서는 이단자들이 추구하는 자유──개인적·사회적──의 역동성과 그것의 정치적 결말에 대하여 탐구해 보고자 한다. 요컨대 이제 우리가 행할 작업은 근대 프랑스에 존재한 성별된 이단자들의 역사적 초상──추구 가치, 가설, 무엇보다도 자유에 대한 비전──을 조합함으로써 18세기 이후 오늘날까지 프랑스 정치 문화에 강한 반향을 일으키고 있는 혁명적 자유의 역사적 신화소(神話素), 즉 '주요 소설'을 재구성하고자 하는 시도이다.

＊앞으로도 보겠지만, 프랑스 학계나 그외 정보원으로부터 수집된 잘 알려진 일화나 역사적 기술이 이러한 저술들과 함께 사용될 것이다.

2

성별(聖別)된 이단자의 신화

1. 주요 소설: 쥘리앵 소렐

조지프 캠벨이 현대까지의 모든 신화와 전설 속에 나오는 영웅이 얼굴만 다를 뿐 모두 같다는 주장을 한 적이 있다. 서양·동양의 모든 영웅 전설이 '떠남-성장-귀환'의 서술 구조를 가지고 있다는 것이 그의 주장이다. '일상의 세계를 떠나 신비로운 세계'로의 모험을 감행함으로써 캠벨이 말하는 보편적 영웅은 '결정적 승리'를 구가하고 '자신의 동료들에게 나누어 줄 힘'을 가지고 일상 세계로 다시금 귀환하게 된다.[1]

캠벨은 이러한 영웅 신화가 서구의 근대화를 이끈 과학·경제·정치 등의 세속적 혁명의 빛에 의해 사라져 버린 것을 아쉬워했지만, 사르트르나 푸코와 같은 '성별된 이단자들'의 전기를 보면 그의 애도는 다소 일렀다는 생각이 든다. 예를 들어 애니 코헨 솔랄은 사르트르를 루소·위고·졸라와 함께 '프랑스 지성사에서 카리스마적·상징적·신화적 아우라'를 지닌 인물로 평가한다. 또 다른 전기작가인 로널드 헤이먼은 사르트르가 '자신의 경험을 신화로 만듦'으로써 불멸성을 획득했다고 평가한다. 푸코의 전기작가 제임스 밀러 역시 같은 맥락에서 푸코가 말년에 "사상의 지배자(un maître à penser)——특별히 이 말은 프랑스인들이 올림푸스 신들을 가리킬 때 쓰는 말이다——로서 널리 존경받았다"라고 적었다.[2]

장례식에서 대중의 애도를 상세히 묘사하면서 '올림푸스 신들'을 따르는 장구한 행렬을 묘사하는 것은 이 장르의 관습이 되었다. 헤이먼은 사르트르의 장례식을 묘사하면서 "차들이 멈추었다"라고 쓴다.

장례차가 거리를 천천히 지나쳐 갈 때 행렬은 점점 늘어나서 거의 5만 명의 사람들이 관을 따랐다. 마치 시위대와 같은 이 행렬은 그가 생전에 참여했던 어느 데모보다도 길었다. 여러 날 동안 신문은 그에 관한 기사를 썼고, 거리로 나가지 않았던 사람들은 텔레비전을 통해 보고 있었다.[3]

프리실라 클라크는 이 장면을 존 F. 케네디의 장례식 행렬에 비유하였다. 다른 '올림푸스 신들'에 대한 애도의 장면도 못지 않은 장관을 이룬다. 루소의 경우 은둔 상태에서 죽음을 맞았지만, '시인과 예언자로서 묻혔'으며 그후에도 많은 순례자들과 대중의 발길을 끌었다고 다니엘 모네는 적고 있다. 푸코의 경우에는 '조용하고 얼마간 비밀스러운' 장례식이었다고 묘사한 작가들도 있지만, 그가 사후에 '프랑스의 대표적 지식인으로서 신전에 안치'되었음에는 이견이 없다. 제임스 밀러는 '전세계 대중 매체에서 쏟아진' 찬사를 인용하며, 프랑스에서 푸코는 "국보 대접을 받았다"라고 기록했다.[4]

캠벨의 한탄에도 불구하고 이러한 대중의 애도는 근대의 한 시작점인 프랑스 혁명에서 '이단적 지식인'이라는 새로운 영웅이 탄생했음을 알려 준다. 이 새 영웅은 '일상을 살고 있는 동료들'에게 '부여'할 자신만의 신비적 힘을 문화적으로 부여받은 것으로 보인다. 프랑스의 이러한 지식인이 '신화적 아우라'를 소유하고 있다면 그 '신화'를 구성하는 요소는 무엇이며, 근대의 세속 영웅이 소유하는 '신화적 힘'은 무엇인가? 다시 말하면, 이들 성별된 이단자들의 공통 내러티브는 무엇이며, 그 내러티브가 주장하는 문화적 가치는 무엇인가?

이러한 신화는 부분적으로 지식인들의 자화상을 통해서도 발견할 수 있다. 왜냐하면 프랑스에서는 18세기 이후로 자서전의 전통이 강하게 내려오고 있기 때문이다. '개인'과 '대중' 같은 18세기의 새로운 담론 범주에 대해 고찰하면서 필리프 르죈은 근대적 자서전이 1781년에 6권으로 초판 발행된 루소의 《고백록》에서 비롯한다고 주장한다. 프랑스와 그외 국가에서 자서전은 대중 앞에서 자신을 일관된 전체로 구성하여 보여 주려는 시도였으며, 자기 현시의 내러티브를 통해 어린 시절부터 시작하는 '개인의 신화'를 구성하여 '생의 일관된 통일성'과 진실한 '의미'를 추구하려는 노력이었다고 주장한다.[5]

로베스피에르와 스탕달은 루소의 직접 영향권 내에 존재한다. 로베스피에르 자신이 자서전을 쓴 일은 없지만 《고백록》을 읽고서 '순수한 영혼의 분명하고도 명백한 외침'을 들었다고 말했다. 루소의 자서전을 전범으로 삼아 자코뱅파의 리더로서의 공적 경력을 쌓아갔다. 그는 《루소에게 바치는 글》에서 "거룩한 사람이여, 당신은 내 자신을 진정으로 깨닫게 했습니다"라는 찬양을 바친다. 데이비드 조든은 로베스피에르가 무명의 시골 인사에서 혁명 시대의 루소적 분신인 '자의식 강한 혁명론자'로 변한 것──이것 자체도 혁명적인 행위를 통해서가 아니라 '언어 활동'을 통해서였다──이 루소의 가장 훌륭한 '불멸의 창조'였다고 주장한다.[6] 스탕달의 경우도 비슷하다. 그는 한때 '루소의 흔적을 지워 버리고' 싶어하기도 했지만, 자신의 자서전이 《고백록》을 모방한 것임을 고백한다. 그러면서도 '대가의 결작'과 자신의 것을 비교하는 것은 가당치 않다는 자세를 보인다. 한 걸음 더 나아가 앞서 언급한 대로 《적과 흑》 자체가 루소의 멜로드라마적 자서전을 혁명 후 상황에 맞추어 재형상화한 것이라는 주장도 있다. 《고백록》이 혁명 후 신화로서 재구성된 것이다.[7]

둘의 경우처럼 직접적이지는 않더라도 후대 성별된 이단자들에게 루소의 자서전은 명백한 영향력을 행사했다. 미슐레와 페기는 자서전을 집필하면서 《고백록》을 하나의 규준으로 여겼고, 사르트르는 르죈의 말을 빌리면 《말》을 저술하면서 '작가에 대한 부르주아적 신화의 탈신비화'와 '어린 시절 신화화의 비판'에 있어 진실하게 대중 앞에서 자신을 드러낸 루소의 전범을 따랐다.* 심지어 루소의 고백을 '개인 이데올로기'의 강압적 구체화라고 비난하는 포스트구조주의자의 극단에 속하는 푸코조차도 몇몇 인터뷰에서 대중을 당혹스럽게 하는 비밀을 수줍게 털어놓았다. 사실 푸코는 몇몇 인터뷰에서 자신의 저술은 '자서전의 일부'이며, "모두 경험에 토대를 두고 쓰여졌다"라고 고백한다. 밀러는 푸코의 말을 근거로 그의 모든 저술을 '은밀한 자서전'으로 보았다.[8]

베르그송만이 자서전이라고 할 수 있는 글을 남기지 않았다. 그러나 그로긴이 최근 지적한 바, 그도 언론과 대중 앞에서 의식적으로 '야누스적 이미지'를 만들어 낸 '예술가'로 볼 수 있다. 이러한 해석은 19세기 이후 프랑스의 성별된 이단자 계보 형성에 있어 전기작가 · 저널리스트 · 에세이스트들의 역할이 중요했음을 보여 준다. 실제로 전기 담론은 성별된 이단자들의 특징을 명확하게 드러내 보여 주었다. 그러나 주인공의 신화적 페르소나를 익히 알고 있는 전기작가라 할지라도 당대의 문화적 중력장을 벗어날 수는 없었다. 예를 들면 에리봉은 푸코의 전기를 저술하면서 근대의 '주체' 개념을 극단적으로 거부한 전기의 '주인공'을 영웅시하는 역설을 피하고자 했으며, 동시에 그에게 따라다니는 신화의 허구를 벗기고자 했지만, 그럼에도 불구하고 다음과 같은 낭만적 장면을 피하지 못한다. 1961년 푸코가

---

* 존 제라시에 따르면 사르트르는 청년기에 루소에 매료당했으며, 스탕달에게는 한층 더 깊게 매료되었다고 한다. 이 실존주의자는 이렇게 말하곤 했다: "스탕달은 내가 가장 좋아하는 작가였다. 나는 현대의 스탕달이 되고 싶었다."(《프로테스탄트냐 프로테스터냐? *Protestant or Protestor?*》, vol. 1 of 《장 폴 사르트르: 세기의 저주 받은 양심 *Jean-Paul Sartre: Hated Conscience of his Century*》[Chicago: University of Chicago Press, 1989, 75])

박사 학위를 받는 장면을 그는 이렇게 묘사한다: "푸코의 목소리가 높아졌다. 리듬감이 톡톡 튀는 문장 속에서, 긴장감 어린 예민한 목소리가 멈추지 않고 흘러나왔다. 그의 모든 문장은 다이아몬드처럼 빛났다." 존 제라시의 경우도 비슷하다. 그는 사르트르의 전기를 쓰면서, "약간의 실수 외에는 위대한 인간이었던 훌륭한 철학자-소설가-극작가-저널리스트"로서의 신화를 날려 버리고자 했지만, 결국은 이렇게 찬양하고 만다: "짓눌리고 억압받고 쫓기고 버림받고 저주받은 자들을 한번도 배신하지 않은 무서운 어른(adulte terrible)[무서운 아이들(enfant terrible)을 변형하여 만들어 낸 말)이었다."[9]

근대 프랑스의 성별된 이단자들의 '공적 생애'의 공통점을 밝히고자 하는 이 시도의 근거가 되는 자료들은 이단자들이 자신의 모습을 드러내 놓은 자서전적 글과, 위에 언급한 타인들이 저술한 전기이다.* 그러나 이단적 지식인들의 신화는 쥘리앵 소렐이라는 원형적 캐릭터와 그 이야기를 통해 가장 잘 나타난다. 루소의 일생이 근대 프랑스에서 급진적 지식인이 태동하는 싹이 되는 우화라면, 스탕달의 알레고리는 그 우화와 혁명 후의 후일담을 포함하면서 근대 프랑스에서 이단적 지식인 신화가 틀을 잡아가는 과정과 구조를 하나의 전체적 얼개와 원형으로서 보여 준다.

쥘리앵 소렐은 19세기 독자들에게 틀림없는 장 자크의 혁명 후 모습으로 여겨졌다. 시골 농부의 아들로서 어머니가 없는 이 청년은 아버지를 끔찍이 싫어한다. 어린 나이에 글을 배워 책읽기에 탐닉한다. 뿐만 아니라 나중에 나오는 대로 그는 《신엘로이즈》와 《고백록》의 저자를 비판하면서도 그 책들의 구절을 암송하고 있다. 아마도 《고백록》에 나오는 루소의 '하인과 같이 식사하는 치욕'을 본뜬 듯, 쥘리앵은 '모욕을 끔찍이 싫어하여' 낮은 지위에도 불구하고 윗사람에게 굴복하기를 거부하는 데 자긍심을 느낀다. 이와 같이 스탕달은 쥘리앵

을 매우 똑똑하면서도 '강한 의지'를 가진 사람으로 그린다. 즉 그는

---

* 아무래도 타인 저술의 전기보다는 가능한 한 자서전적인 글에 우선권을 두겠지만, 문제는 루소를 제외하고는 뚜렷하게 완성된 형태의 자서전을 남긴 사람이 없다는 것이다. 로베스피에르 · 베르그송 · 푸코 등과 같은 사람은 명백히 자서전이라고 할 만한 글을 남기지 않았다. 이들에 대하여 쓰여진 모든 전기를 조사할 수는 없기에——이것만으로도 책 1권은 족히 될 작업이기에——다음과 같은 기준에 따라 2차 텍스트를 선별하였다: 1) 얼마나 최근에 쓰여졌으며, 얼마나 이전의 전기적 글을 철저히 파악하여 저술되었는가? 2) 얼마나 세심하게 인물의 생애를 형상화했는가? 3) 비판 없이 찬양에만 초점을 두어, 결과적으로 인물을 잘 반영하고 있는지가 논쟁의 대상이 되었는가? 로베스피에르의 경우에는 루소적인 말투를 많이 모방한 그의 연설과 함께 데이비드 조든의 1985년 작품인 《막시밀리앵 로베스피에르의 혁명적 생애 The Revolutionary Career of Maximilien Robespierre》를 주로 참고할 것이다. 그의 책은 앞서 언급한 바 있듯이 로베스피에르의 이력을 루소의 신화를 좇아간 것으로 보고 있으며, 직접 그의 말을 많이 인용하고 있다. 또한 로베스피에르 신화의 형성을 역사적으로 잘 보여 주는 노먼 햄프슨의 《로베스피에르의 삶과 정견 The Life and Opinions of Maximilien Robespierre》(London: Duckworth, 1974)과 조르주 뤼데의 《로베스피에르, 혁명 민주주의자의 초상 Robespierre, Portrait of a Revolutionary Democrat》(New York: Viking Press, 1975)도 참고하기로 한다. 미슐레의 경우에는 유고작 《젊은 날의 기록 Écrits de jeunesse》과 그외의 저작물에서 발견되는 자신에 관한 고백 외에, 롤랑 바르트의 《미슐레 Michelet》(Richard Howard 번역 [New York: Hill and Wang, 1987])에 의존하기로 한다. 이 책은 특히 미슐레가 자신의 신화를 형성해 가는 과정을 예민하게 포착하였다. 그외 2권의 책이 더 있는데, 스티븐 A. 키퍼의 《쥘 미슐레 Jules Michelet》(Albany: State University of New York Press, 1981)와 린다 오르의 《쥘 미슐레: 자연 · 역사 · 언어 Jules Michelet: Nature, History, Language》(Ithaca: Cornell University Press, 1976)이다. 베르그송의 경우에는 앞서 언급한 R. C. 그로긴의 책을 참고하겠는데, 이 책은 조든의 로베스피에르 묘사처럼 주인공을 문화적 전설의 관점에서 바라본다는 미덕을 지녔다. 이 전설은 H. 스튜어트 휴스의 책(《의식과 사회 Consciousness and Society》 [New York: Vintage Books, 1958])에서 자세히 분석되고 있는 바, 그를 열성적으로 따르던——그 중에는 라이사 마리탱 · 조르주 소렐 · 자크 슈발리에 · 샤를 페기와 같은 유명인도 있다. 이들의 말은 나중에 인용될 것이다——많은 철학자들에 의하여 일부분 세워졌다. 페기의 경우에는 자신이 쓴 자서전적 회상록이 아들에 의해 편집된 《추억 Souvenirs》——이미 언급된 바 있다——이라는 책이 있고, 그의 전설은 역시 휴스에 의해 잘 분석되어 있다. 그외에 옛 동료가 쓴 2권의 낭만적 회고록이 있는데, 장 타로 · 제롬 타로의 《우리들의 사랑하는 페기 Notre cher Péguy》(Paris: Plon, 1927)와 다니엘 알레비의 《페기와 카이에 드 라 캥젠 Péguy and the Cahiers de la Quinzaine》(Ruth Bethel 번역 [New York: Longman's, Green, and Co, 1947])이다. 비슷한 종류로 로맹 롤랑이 쓴 것도 있다. 사르트르의 경우에는 《말 Les Mots》과 이따금의 인터뷰에서 내비친 자기 고백에다가 앞서 언급한 코헨 솔랄 · 헤이먼 · 제라시의 저서를 보충할 것이다. 푸코의 경우에는 자기 고백적 인터뷰와 에리봉과 밀러의 책을 참고할 것이다. 사르트르와 푸코에 대한 이상의 널리 알려진 전기들은 주인공의 신화 형성에 이바지하는 동시에 때로는 자의식 없이 그들을 반영하기도 한다.

고귀한 영혼을 가진 사람으로서 순수한 의지와 격렬한 독립심을 소유하고 있다.[10]

주인공의 성격도 비범하지만 그가 펼치는 이야기도 특별하다. 쥘리앵은 나폴레옹——비범한 재능을 가진 또 한 사람의 루소적 아웃사이더—— 의 〈대군대의 소식〉과 《세인트헬레나의 회상》을 인생의 경전으로 삼고 혁명 전과 다름없이 계급적이고 부패한 왕정복고 시대에 명예와 부를 찾아나선다. 세상의 부패에 맞서 정신의 순결함을 지키려는 그의 내적 투쟁은 지위가 높아질수록 점점 치열해진다. 그리하여 마침내 야망을 이루려는 순간에 스탕달의 주인공은 영혼의 고결함을 희생시키는 대신 사회적 파멸을 선택한다. 쥘리앵이 고향 베리에르에서 왕실 근위대의 일원으로 두각을 처음 나타낸 것도 계산된 자기 이익의 추구 때문이 아니라 계급 제도를 비판하는 격렬함과 무모함 때문이었다. 이 일로 그는 귀족들 사이에서 첫 악명을 떨쳤다. 그러나 스탕달 소설의 서술자는 쥘리앵이 그후 공식적으로는 비난을 받았지만 "관심을 끌게 되었고, 결과적으로는 그의 어리석은 행동이 성공을 가져왔다"라고 쓰고 있다.[11]

파리에서 라 몰 후작의 관심을 가장 먼저 끈 것도 쥘리앵의 꺾일 줄 모르는 독립 정신이었다. 그는 쥘리앵이 '엉뚱한 일을 할 수 있는 기묘한 녀석'이라고 생각했고, 그의 딸 마틸드는 그가 '사형 선고를 당할' 수 있는 영혼의 소유자임을 알아보고, 귀족 계급의 구혼자들보다도 그를 높게 평가한다. 사실 마틸드가 쥘리앵에게 끌리는 이유는 쥘리앵의 출세욕 때문이 아니라 종속을 기꺼이 거부하는 의지 때문이다. "이 사람의 마음속에는 다른 사람의 도움에 의지하려는 생각은 조금도 없어! 그는 다른 사람을 경멸해. 그것이 내가 그를 경멸하지 않는 이유야"라고 그녀는 생각한다. 쥘리앵은 오만하고 세련되었으며, 아름답고 허영심 많은 마틸드——쥘리앵은 그녀에게서 '파리의 모습'을 발견한다——를 정복함으로써 상징적으로 도시 전체를 정복

한다.[12]

쥘리앵은 뛰어난 행동력과 지성으로써 그를 경멸하던 사람들 사이에서 사교계의 총아가 되어가면서도 타락하지 않고, 오히려 그 사회를 비추는 엄정한 거울이 되었다. 서술자에 따르면, 쥘리앵은 '내적 굴종을 최고로 여기는' 출세 지향의 교회에도 염증을 느끼지만, '공허·무미건조·오만하며, 자기밖에 사랑할 줄 모르는' 파리의 사교계에도 지겨움을 느낀다. 스탕달은 쥘리앵을 통해 '진실한 열정'과 신의가 사소한 이익과 교환되는 이기적이며 탐욕스런 부르주아 세계에 느끼는 혐오감을 표현하고 있다. 쥘리앵은 내내 '위대한 당통이라도 배신자가 되어 버렸을 발레노와 레날의 시대'에 살고 있음을 한탄하며, '인간의 모든 행동에 일말의 위엄이 서려 있던' 영웅 나폴레옹의 시대를 동경한다. 그렇기에 쥘리앵은 성공의 절정에 서 있을 때조차도 '시대와 불화하는 범법자의 모습'으로 묘사된다.[13]

결국 그는 옛 정부(情婦) 레날 부인의 고소——출세할 목적으로 그녀를 유혹하고 이용했다는——에 맞서 명예를 지키기 위해 그녀를 권총으로 쏴서 부상을 입힌다. 그 결과 야망은 물거품이 되고 사회와의 연대는 끊어진다. 그후에 그는 '대중과 **타인**'(스탕달의 강조)을 지나치게 의식하는 세련된 파리 영양 마틸드를 거부하고, 그와 함께 파리도 거부한다. 소설은 이렇게 묘사한다: "그는 파리의 성공을 그리워하지 않았다. 오히려 그는 거기에 지쳐 있었다." 대신 그는 꾸밈없는 열정과 온유함을 지닌 시골 여성 레날 부인과 다시금 '미칠 듯한 사랑'에 빠진다.[14] 이는 상징적으로 쥘리앵이 도시의 문명 생활과 타락을 거부하고 진실한 사랑과 영혼의 고결함을 택한 것으로 풀이할 수 있다.

'모욕을 끔찍이 싫어하는' 그는 기요틴에 오르기 전 자신의 범죄를 대중에게 고백한다. 그러나 그의 참회는 그를 고발한 자들의 '좋은 사회'에 '공개적으로 저항하는 한 농부'의 고발로 받아들여졌다. 자신에 대하여 '어떠한 환상'도 품지 말 것을 당부하며, '미리 계획된 잔인한' 범죄임을 인정했음에도 불구하고 그는 대중에게 외로운 순교자로 각인되었다. 그는 자신이 '하층 계급'의 대변자이듯 배심원들 중에 '단 한 사람의 부유한 농부도 없이, 오직 성난 부르주아들'만 있음을 격렬히 성토하였다.[15] 스탕달은 주인공에게 수치스러운 타협 대신에 비극적 고립을 택하게 함으로써 그를 진정한 문화적 영웅이 되게 했다. 그 결과 쥘리앵의 이야기는 단순한 개인적 고백이 아니라 강력한 사회 비판이 되었다.[16]

스탕달의 알레고리는 다음과 같이 요약할 수 있다:

1. 어려서부터 책읽기를 좋아한 영민한 젊은 청년이 있다. 그는 루소와 나폴레옹의 글을 읽으며 야망을 키워간다. 그는 사회적 사귐을 싫어하고, 정신의 독립성을 추구한다는 점에서 두드러진다. 아버지에게 반항하는 아들로서, 시골의 민중 계급 출신으로서 쥘리앵은 파리로 대표되는 문명 사회의 계급적 요새를 공격하는 도전적 아웃사이더 역할에 적격이다.

2. 개인적 매력과 지성을 무기로 청년은 요새 침입에 성공한다. 주로 그를 연모하는 여성들의 도움을 얻어 상승을 계속하면서 그의 내면에는 깊은 갈등이 자라난다. 그것은 순수한 영혼과 사회의 타락시키는 힘 사이의 투쟁이다. 역설적이게도 그를 경멸하는 세상에서 그를 정상에 올려놓는 것은 제멋대로의 무모함으로 보이는 전자의 특징이다.

3. 기성 질서에서 승승장구하고 있을 때에도 청년은 그것과 거리를 두기 위해 끊임없이 노력한다. 그는 엄정한 사회 비판자를 자임한다. 파리 부르주아 문화의 편협한 이기주의·위선·정치적 부패·탐욕·노예 근성을 가차없이 반영하면서, 기성 질서에 저항하는 범죄 행위——어떤 의미에서는 상징적 혁명——를 저지르기 전까지 인습에 얽

매이지 않는 당당한 모습을 유지한다.

4. 이야기는 비극으로 끝맺는다. 그는 타협을 거부하고 순교를 택한다. 청년은 고립되고, 배신당하고, 학대받는다. 마지막으로 그는 흠 없고 순전한 자유의 화신으로, '민중의' 대변자로서 자신을 내놓는다.

논의 대상이 되는 7명의 인물은 본질적으로 다른 개인이므로 그들의 삶이 쥘리앵 소렐과 전적으로 같다고는 할 수 없다. 그러나 소설의 기본 구조, 즉 주인공의 성격과 출생, 세속적 성공, 기성 질서 비판과 일탈 행위, 순교와 고해는 성별된 이단자들의 삶의 원형을 암시적으로 보여 준다.[17] 루소의 자서전은 스탕달의 《적과 흑》의 모델이 되어,[18] 원형의 역사적 근거이자 충실한 거울로서 남아 있다. 그렇다면 루소 전기를 따라 저술된 로베스피에르 전기도 자연히 원형을 반영한다. 반면에 후대 이단자들의 경우에는 이러한 혁명 시대 인물의 생애가 영웅전의 고정된 틀로 여겨져서, 그들의 삶이 이것과 일치하는 점이 있을 때에는 과장·강조되어 쓰여졌다. 반면 영웅전의 모델과 어긋나는 전기적 '사실'은 축소되고, 주변화되었으며, 수정되었다.

2. 이단자와 출신

스탕달이 보여 주는 성별된 이단자의 원형은 특출한 지성과 자율적 의지만을 갖춘 순수한 '민중 계급' 출신이다. 파리의 기성 질서와는 거리가 먼 비사교적 성격의 이방인(이는 이론적으로 그가 시골 출신이거나 외국 태생이며, 민중 계급의 일원이어야 함을 요구한다)이라는 것과 어려서부터 지적으로 탁월했다는 특징을 지닌다.

루소는 이러한 원형에 정확하게 부합한다. 스위스 시계공의 사생아로서 《고백록》의 저자는, 사회 계급이나 국적 면에서 구체제하 파리의 복잡한 계급 제도에서 처음부터 끝까지 명백한 아웃사이더의 모습으로 나타난다. 제네바 시절과는 달리 파리 체류 기간에 '좋은 사람'을 만나지 못한 이유를 자문하면서, 루소는 상류 계층의 사람들은 민중들과는 달리 '자연스러운 감정'이 "완전히 억압되어 있다"라고 대답한다. 그리고는 자신을 '약자'요, '억압받는 사람들'의 편으로 규정하면서 "프랑스에서 외국인으로 사는 것이 나에게는 진실을 말하기에 가장 알맞은 위치였다"라고 주장한다.[19]

루소는 문명화된 사회와 자신이 다르다는 것을 강조하기 위하여 자신의 어린 시절을 재구성하여 보여 준다. 자신을 낳다가 어머니가 돌아가셨고, 아버지는 가정을 돌보지 않는 사람이었다. 그럼에도 불구하고 그는 어렸을 때부터 주위 사람들에게 많은 사랑을 받았고, 다른 아이들과는 구별되어 자랐다고 말한다. 더구나 이 자수성가한 민중 대변인은 어린 시절의 자신을 천상 문인이 될 사람으로 묘사한다. 어린 나이에 글을 깨쳐 그후에는 닥치는 대로 책을 읽었다고 한다: "나는 머리가 아플 때까지 책을 읽었다. 오직 독서만 하였다." 루소는 '자신이 천재인 것처럼' 묘사하는 것에 대해서 양해를 구하지만, '여섯 살의 나이에 소설에 감동받아 뜨거운 눈물을 흘리는 아이는 드물 것'이라는 말로 또한 독자의 인정을 요구한다.[20]

유명한 《고백록》 첫 문단에서 '모든 면에서 자연에 충실한 인물'을 그려낼 것을 작정한 루소는 자신의 분신이 전작의 캐릭터들인 에밀·생 프뢰 등의 '고귀한 야만인'들의 '자연인'의 성격을 가지고 있음을 발견한다. 충동적이고 '예민한 마음'을 가진 그는 자신의 행동이 때로 잘못되었다는 것을 인정하지만, 그래도 마음은 "항상 순수했다"라고 말한다. '거짓을 혐오'했기에 '경솔에 가까운 용기'로 행동했음을 고백한다. 마지막으로 루소는 주인공에게 대인 기피에 가까운 '은둔의 성향'을 불어넣는다. 또한 일생에 걸쳐 그를 "괴롭힐 굴종을 거부하는 자존심과 길들일 수 없는 영혼"도 부여한다.[21] 루소는 《마농 레스코)의 아베 프레보와 같은 18세기 '감성의 대가'들이 구사하는 전형적 내러티브를 채용하면서도 주인공에게 타고난 열정과 사특(邪慝)함이 없는 순수한 마음을 부여한다. 또한 진실로 정직하고 곧은 성격, 사교보다는 은둔을 즐기는 성향, 무엇보다도 강한 독립성을 부여한다.[22] 루소는 이렇게 주인공에게 평민 출신이며 파리 출신이 아니라는 단점과 함께 그것을 상쇄할 만한 지성과 의지의 특출함을 동시에 부여한다. 이것은 충실한 제자 스탕달에게 그대로 이어진다.

로베스피에르의 경우 입증할 만한 자료나 세부 항목들은 부족하지만 역시 지적 조숙함이나 지방 출신, 사교적 고립의 특징이 강조된다. 그를 괴물로 묘사하든 영웅으로 추앙하든 로베스피에르의 전기작가들은 아라스의 시골 마을에서 태어나 여섯 살에 어머니를 여의고 2년 뒤에는 아버지를 여윈, 그럼에도 불구하고 지적으로 뛰어나 열일곱의 나이에 파리에서 공부할 수 있는 장학금을 따낸 고독하고 가난한 소년의 모습을 공통적으로 그린다.[23] 학생 시절 로베스피에르는 파리 친구들과 별로 사귀지도 않고 인기도 없는 것으로 묘사된다. "상당히 많은 글이 로베스피에르의 굴욕을 묘사한다. 장학생인 그는 그보다 열심히 공부하지만 성적은 좋지 않은 부유한 소년들과 잘 지냈다――혹은 잘 지내기를 거부했다――등이 그 내용이지만 모두 추측에 지나지 않는다"라는 것이 노먼 햄프슨의 결론이다. 융통성 없는 엄격함과 단정한 성격은 '타락하지 않은' 공화국적 '미덕'의 전형으로 악명을 떨칠 그의 미래를 가늠케 한다. 로베스피에르에 대하여 대체로 일치하는 의견을 조합해 볼 때, 그는 변방·평민 출신의 재능 있는 젊은이로서 파리를 능히 정복할 만한 지성과 의지를 소유한 인물이었다.[24]

앞에서도 언급한 바 있지만 후대 이단자들의 생애는 정해진 패러다임을 따라 강조되거나 미화되었다. 예를 들면, 페기는 오를레앙에서 태어나 홀아비 농부를 아버지로 둔 자신의 처지――사실은 그렇게 가난한 것이 아니었음에도 불구하고――를 과장함으로써 전설의 형성에 일조하였다.[25] 그는 1913년에 이렇게 말하였다: "1873년에서 1880년 사이[어린 시절]에 오를레앙과 같은 도시에서 자란 사람은 가장 엄밀한 의미에서 혁명 이전의 프랑스와 그 사람들, 즉 민중이 무엇인지를 안다." 장 타로와 제롬 타로·다니엘 알레비도 그들의 전기 서문에서 페기의 이 말을 인용하였다. 페기는 '고향 마을'에서 '특출나게 영리하며 열심인' 신동으로 유명했던 어린 시절과 함께 비천한 출신 때문에 따돌림당했던 파리에서의 학생 시절을 회고한다. 페기는 에콜 노르말에서 '대학의 우아함'을 익히던 시절에도 '시골 사람의 태도'를 완전히 없앨 수는 없었다고 고백한다. "나를 잠시만 보고 있으면, 시골 사람이라는 것을 굳이 묻지 않아도 알 수 있었다. 내 안팎의 모든 거동이 그 증거가 되어 주었으니까"라고 회고한다. H. 스튜어트 휴스가 수집한 자료들은 페기의 기억을 더욱 구체적으로 보여 준다. 동료 학생의 증언은 다음과 같다: "그는 눈에 띄는 부적응자였다. 그러나 그럼에도 불구하고 존경받았다. 물론 같이 지내기에는 좋은 상대가 아니었지만." '부적응자'는 드레퓌스 구명운동을 위해 학교를 그만둠으로써 그의 전설에 한 가지를 더 보태었다.[26]

다시 한번 말하지만 성별된 이단자들의 전설에 잘 부합하지 않는 사실들은 전기에서 수정되거나 윤색되었다. 그 결과 베르그송의 생애에서는 파리에서의 안락한 유년 시절이 별로 언급되지 않은 채 곧 에콜 노르말 학생 시절로 넘어간다. 여기서부터 그의 인생은 공식에 따라 전개된다. 그의 제자로서 전기를 쓴 자크 슈발리에는 그가 "지적인 우수함으로도 유명했지만 수줍어하는 성격으로도 유명했다"라고 썼다. 베르그송은 "거의 사람들 앞에 나타나지 않았으며, 학교 밖에서든 안에서든 에콜 노르말의 친구들과는 어울리지 않았다"라고 말한다. 슈발리에와 휴스가 공통적으로 지적하는 바, 미래 프랑스 철학의 이단적 예언자는 그 친구들로부터 "영혼이 없다"라는 비난까지 받

았다.[27]

미슐레도 마찬가지로 《민중》(1846) 서문에서 자신의 삶을 기술하면서, 정해진 틀에 맞추려는 듯 파리 출신이라는 것과 관련해서는 부친이 혁명 기간중 자코뱅 당원이었음을 언급할 뿐이다. 대신에 그는 자신의 가문이 보잘것없는 집안임을 강조한다: "나의 친가와 외가는 피카르디와 아르덴으로, 농부 가문으로서 소규모 제조업을 병행하였다."* 미슐레는 이 두 집안이 아들을 가르치기 위하여 쏟은 희생을 구구절절 묘사하며, 그러므로 자신은 여전히 '민중의 아들'이라는 결론을 도출한다. 그외 미슐레의 어린 시절은 신화의 틀과 완벽히 일치한다. 루소처럼 그도 신동으로서 모든 사람들에게 '찬탄과 놀라움'의 대상이 되었고, 주위 사람들은 그가 장래에 '위인'이 될 것을 믿어 의심치 않았다. 어린 시절부터의 유일한 친구가 죽은 후 그는 고독과 벗하며 지냈고, 파리의 예비학교에서는 그 쓸쓸함이 좀더 악화되었다. 파리의 부르주아 동료들 사이에서 그는 출신의 비천함을 뼈저리게 느꼈고, '모든 이가 그를 싫어하며 괴롭히는' 느낌을 받으며 지냈다. 그는 《민중》을 통해 "나는 어린아이에게는 드문 인간 혐오의 감정을 가지게 되었고, 파리의 가장 한적한 지역에 살고 있으면서 그 중에서도 가장 사람이 없는 곳을 찾아다녔다"라고 털어놓는다.[28]

사르트르는 자신의 삶을 기술하면서 부르주아 출신으로서 풍요롭게 자란 유년 시절을 정당화할 필요를 느낀다. 그는 그것을 부정하기보다는 기득권을 포기하는 방법을 택한다. 《말》에서 그는 시골에서의 어린 시절을 애정어린 마음으로 회고하면서도, '기성 질서의 승자'로서 '부르주아적 낙관주의'를 만끽하고 있었음을 자아비판한다. 이렇게 스스로 자신의 신화를 끝장 내버리는 동시에, 또한 미래의 위대함을 준비하는 어린 신동의 모습도 보여 준다. 아버지가 죽은 후 어머니

---

* 미슐레의 전기를 쓴 스티븐 키퍼는 미슐레의 친가는 소부르주아 계층으로, 위의 이야기는 외가 쪽만 해당된다고 쓰고 있다.(《미슐레 *Michelet*》, 5)

가 그에게 쏟은 '경배'에 가까운 사랑과, '책을 성물(聖物)로, 교사직을 사제직으로, 문학을 열정으로 여기게끔' 한 조부의 가르침을 회고한다. 역설적이게도 사르트르는 자신의 어린 시절을 '장 자크와 요한 세바스티아누스'와 비슷하게 보이도록 묘사한다. 여기서도 어린 시절의 소외감은 이단자들의 생애의 기본 요소로 나타난다. '친구 하나 없는 외톨이,' 이것이 사르트르가 묘사하는 여덟 살의 자신이다. 어린 시절을 그린 첫번째 픽션 작품에서도 이러한 감정은 "모든 사람에게 대항하는 한 사람, 그것이 나의 규칙이었다"라는 말로 감지된다.* 전기작가들은 그와의 인터뷰를 인용하면서, 라로셸로 이사한 후 이단자들에 부적합한 이미지는 사라지고 노동 계층을 위한 부르주아의 희생양 이미지가 그에게 나타났음을 지적한다. 사르트르의 공식 전기는 학교 생활을 자세히 다루지 않는다. 왜냐하면 예비학교나 에콜 노르말에서 그는 매우 인기 있는 학생이었기 때문이다. 자연스럽게 전기의 초점은 그가 권위에 대해 취했던 반항적 태도에 모아진다. 모두들 당시 에콜 노르말의 총장이었으며, 제3공화국의 자유를 상징하는 인물이었던 귀스타브 랑송을 물러나게 한 사르트르의 신랄한 극작평을 칭송하거나 비난한다. 애니 코헨 솔랄은 "이러한 자극적이며 무례하고, 전복적인 사르트르의 이미지는 일생을 통하여 반복, 재생산되었다"라고 썼다.[29]

푸코도 마찬가지로 대중 이미지를 창조함에 있어, 1983년의 인터뷰에서 '소부르주아'라고 표현한 바 있는 푸아티에에서의 유년 시절을 지워 버릴 필요를 느꼈다. 그는 강한 혐오감으로 그때를 회상한다: "손님들과 대화를 나누고 이야기를 해야만 하는 것은 어색하고 지루

---

* 로널드 헤이먼의 사르트르 평전(《대항하여 글쓰기: 사르트르 전기 Writing Against: A Biography of Sartre》[London: Weidenfeld and Nicolson, 1986], 27)에 따르면, 사르트르는 그의 어린 시절을 '완벽하게 부정적'인 것으로만 언급할 뿐, 그때 거두었던 성공은 누락시키고 있다고 한다.

한 일이었다."(여기에서 우리는 푸코의 어린 시절이 그가 암시한 것보다도 훨씬 이단자 원형에서 벗어남을 알 수 있다. 명망 있는 외과 의사를 아버지로 둔 그의 가정은 중상류층으로서 '소부르주아'의 정도를 명백히 넘는다.) 사생활에 대해서는 거의 입을 열지 않은 그였기에 생의 대부분이 베일에 가려 있지만, 전기작가들은 대부분 고독한 신동이라는 전형에 따라 기술해 놓았다. "피상적이나마 수집된 자료에 의할 것 같으면, 어린 폴 미셸은 차라투스트라처럼 숭엄하고 격심한 고독을 경험했던 것처럼 보인다"라고 밀러는 썼다. 계속해서 그는 "푸코의 학창 시절이 완전히 혼자였고 고독했던 것은 사실이지만, 그와 함께 재능을 인정받았다"라고 썼다. 에리봉이 에콜 노르말 시절의 푸코를 "명백히 과대망상의 성향을 지녀서 모든 사람들이 싫어했던 고독하고 비사교적인 소년"으로 묘사한 것이나, 밀러가 그를 "권위에 대항하는 기질 때문에 다른 사람과 어울리지 못하는 매우 기괴한 젊은이"로 그리고 있는 것은 베르그송·페기·로베스피에르의 이미지와 일맥상통하는 부분이다.[30]

혁명 후 이단자들을 그린 전기는 이들을 민중 계급 출신의 시골 영재로 그리는 데서 한 걸음 더 나아가 정해진 패턴에 맞추기 위해 필요하다면 족보를 재구성하기까지 한다. 사르트르의 전기를 쓴 로널드 헤이먼의 표현에 따르면, 이들은 극히 독립적인 젊은이로 묘사되어 마치 '스스로 태어난' 사람처럼 보일 정도이다.[31] 사실 그들은 아버지가 없거나, 있더라도 사이가 좋지 않았다——페기와 사르트르는 어린 시절에 아버지를 잃었고, 루소와 푸코는 아버지와 격렬하게 대립했다. 미슐레는 아버지를 무능한 몽상가로 평가했다. 성별된 이단자들은 상징적으로든 실제적으로든 아버지의 권위에서 떨어져 있는 것으로 보인다. 사르트르는 아버지의 죽음에 대해서 이렇게 쓰고 있다: "아버지의 죽음은 내 인생의 커다란 사건이 되었다. 나는…… 자유를 얻었다. 이제 나는 누구의 아들도 아니기에 나 자신으로 설 수 있게 되었다." 푸코의 전기작가들은 그가 아버지를 증오한 것과 함께 의사 직의 승계를 거부한 점을 강조한다. 심지어 밀러는 어린 폴 미셸이 '사지 절단의 장면을 직접 보도록' 강요한 '가학적인 아버지'에 대한 끔찍한 기억 때문에 의사라는 직업과, 그것이 지니는 문화적 함의(含意)에 대해 평생에 걸친 비판을 시도하게 되었다고 해석한다.[32]

그렇다고 이러한 아버지와 아들간의 고전적인 불화를 가지고서 근대 프랑스의 성별된 이단자들이 '오이디푸스적 적의'와 연결되는지 보기 위하여 프로이트 이론을 따를 필요는 없다. 이단자들의 어린 시절 이야기에서 아버지의 자리가 비어 있거나, 적대적으로 나타나는 것은 '무의식'에서 나온 것이 아니라 공식적인 자기 연출에서 나왔다는 점이 중요하다. 그러므로 심리적 고통을 열거하는 것이 목적이 아니라 정신의 독립성과 비사교적 성격을 강조하는 데 주목적이 있다. 실제로 이들의 전기에서는 어린 시절의 부적응과 비사교적 성격 또는 지적 '과대망상증'까지도 '노이로제'나 성격적 결함이 아니라 위인으로서의 기질을 보여 주는 잠재 요소로 그려진다. 성별된 이단자들이 기성 사회를 비판하며 성과를 올리고 있는 동안, 이러한 어린 시절의 일화가 그들의 비판 성향을 더욱 돋보이게 해주기 때문이다.

3. 명성의 획득

이단자 원형에 따르면, 주인공은 사회적 명성을 획득해 가면서 원초적 순수성과 문명 사회가 심어 주는 허영심과 야망 사이에서 갈등을 계속한다. 그러나 역설적이게도 그를 경멸하는 세상 속에서 자신의 순수성을 포기하지 않고 사회에 저항함으로써 최고의 명성을 얻게 된다.

앞에서도 언급했지만 이러한 원형은 루소의 《고백록》에서 처음 빚어졌다. 루소가 이야기하는 그의 성공담은 동시에 초기 저작의 주제인 심리적 도덕의 상세한 설명이다. 전작의 주인공들인 에밀과 '고귀한 야만인'(이에 대해서는 뒷장에서 상술), 그리고 《고백록》의 주인공인 어린 장 자크는 '자연스러운 자기애(amour de soi)'와 자신을 부패시키는 '이기적인 자기애(amour-propre)' 사이에서 극심한 내적 갈등을 경험한다. 루소는 주인공이 명성·부·여자, 심지어는 계급 질서 내 최상의 정치적 권력을 획득하고자 하는 열망과 누구에게도 구속당하지 않으려는 순수 의지 사이에서 동요하는 모습을 그린다. 예를 들면 그는 '재력과 명성을 함께 얻기 위하여' 악보 기보(記譜)의 분야에서 '혁명'을 일으키려고 했고, 한편으로는 군인이 된다는 생각만 해도 '마음이 흥분' 되었음을 털어놓는다. 또한 '젊은 관료'의 모습을 꿈꾸기도 했다. 그러나 동시에 루소의 주인공은 때때로 "이 모든 것——파리·법원·야망·허영심·사랑·여자——에 작별을 고하고 누구하고도 상관없이 오직 나의 재능만을 이용하여 독립적으로 살아갈 것"을 꿈꾸었다.[33]

루소의 자서전에서 승리를 거두는 쪽은 말할 것도 없이 후자의 결심이다. 주인공의 행동을 이끄는 것은 언제나 '자연스러운 자기애'이며, 때로는 해를 입으면서도 그는 이것을 선택한다.

나의 열정은 너무나 강해서 나를 지배하는 사람들일지라도 그것을 막을 수 없다. 나는 제재에 구속되지 않으며, 존경의 의무도 지키지 않는다. 두려움도 없으며, 형식에 구애받지 않는다. 나는 냉소적이며 대담하고 폭력적이며 과감하다. 어떤 치욕도 나를 멈출 수는 없으며, 어떤 두려움도 나를 놀라게 할 수 없다……. 그러나 이 모든 것은 순간적이어서 다음 순간 나는 완전한 허무감에 빠진다.[34]

비슷한 예로, 루소는 '돈을 목적시하는 것에 대하여 경멸감'을 표시한다. 이에 대한 설명은 다음과 같다: "나는 자유를 숭배한다. 곤경에 빠지거나 걱정하는 것, 구속당하는 것은 싫다……. 돈은 자유를 누리기 위해 필요한 수단이다. 돈을 목적시함은 노예임을 상징한다." 어떠한 종류의 예속에도 민감했던 그는 굴욕을 피하기 위해 야망을 버린 경우를 되풀이해 보여 준다. 루소는 쥘리앵 소렐이 '모욕을 끔찍이 싫어' 하던 것의 원조를 보여 주며, "나는 형벌이 무섭지 않았다. 내가 두려워했던 것은 불명예였다. 그것은 나에게 죽음보다도 끔찍했다"라고 쓴다. 루소는 '가난한 독립'을 선택하여 '재력과 명성의 모든 기회를 버렸던' 경험이 있었음을 되풀이해 들려 준다. 그는 자유를 "재력과 타인의 의견보다 우선하며, 외부 환경에 구속받지 않는 의지"로 정의한다.[35]

　그의 글에 의하면, 이기적인 자기애, 즉 amour-propre는 장 자크의 행동 중 가장 '저열한' 부분의 동기도 되지 못하는 것으로 보인다. 자신의 사생아들을 고아원에 버린 극악한 일에 대해서도 그는 '의무를 소홀히 했음'은 인정하지만, 거기에 어떤 '악의'나 '부도덕한' 감정은 없었다고 이야기한다. 그에 따라 그를 다루는 많은 이야기들이 '패륜의 극치'와 '숭고한 영웅주의' 사이에서 동요하는 극적인 구조를 취하지만, 승리는 언제나 후자의 것이다. 그렇기에 언제나 그는 타락한 사회에서 고결한 의지의 순수성을 수호하는 자연인으로 남아 있게 된다. 역설적으로 장 자크는 1750년 과감한 문명 비판서인 《학예론》을 발표하여 문명(文名)을 획득한다. 그가 경멸하는 세계에서 이룬 이 유성과 같은 등장은 루소의 생애에 나타난 첫번째 양가적 성공이다: "첫번째 책이 성공하자 나는 바빠졌다." 루소의 이 토로는 후에 스탕달의 책에 반영된다: "사람들은 명성을 구하지 않고 자신의 방식대로 자유와 행복을 좇아 사는 이 이상한 청년을 만나고 싶어했다." 여성이 지배하는 파리의 살롱 문화에서 그가 거둔 예상치 못한 성공은 장 자크가 어릴 적부터 꿈꾸었던 성공의 모습과는 매우 다른 것이

었다: "내가 대중 앞에 모습을 드러내기 전에 나를 알던 모든 사람들은 나를 좋아했지만, 내가 명성을 얻자 그들은 떠나갔다." 스탕달의 주인공과 같이 루소의 주인공은 개인의 고귀한 독립성을 제물로 요구하는 명성과 부의 제단에 경배하기를 거부했기 때문에 기성 질서에서 명성을 획득할 수 있었던 것이다.[36]

로베스피에르는 루소가 보여 준 전범을 직접 따르면서, 변방의 무명에서 기득권 내의 유명 인사로 상승하는 이단자 내러티브에 강력한 정치적 의미를 부여하였다. 1789년에 국민공회에 진출하여 급진파의 대변자가 됨으로써 아라스 출신의 이 변호사는 루소의 뒤를 잇는 영웅으로 자신을 만들어 나가기 시작했다. 도덕적 우월성에 대한 오만한 자신감과 타협을 거부하는 소신 때문에 많은 사람들을 적으로 만들기도 했지만, 점차로 그는 의회정치의 영역을 넘어 추종자를 키워 나갔다. 언제나 '민중의 옹호자'를 자임하면서 혁명 주류파의 비판에 당당히 맞섰다. 그는 "진정한 인민의 대표라면 자신의 양심을 걸고 쏟아지는 편견과 당파에 맞서서 홀로 투쟁할 것이다"라는 선언을 남겼다. 동시대인들과 후세에게 로베스피에르는 '인민의 대표' 외에는 모든 관직을 거부한 청교도적인 이미지로 남아 있다. 그는 모든 종류의 금전적 이익과 이기적인 자기애에 대해 루소적인 경멸을 표하면서, 자기 자신과 혁명의 표어대로 '도덕'의 살아 있는 화신이 되었다.[37]

1791년 봄이 되자, 조든의 기록에 따르면 로베스피에르의 적들마저도 그의 '엄격한 도덕성'과 '절대적인 혁명 헌신'을 인정하게 되었다. '타락하지 않은 자(L' Incorruptible)'라는 전설적 호칭은, 그가 획득한 혁명 시기의 위상을 반영하는 동시에 이단자들의 내러티브에서 그것이 가지는 의미를 잘 지적해 준다. 즉 동시대인들과 '후세,' 즉 공식 전기의 눈에 로베스피에르의 루소 따라잡기는 매우 성공적이었음을 말해 준다: 자신이 흠모한 제네바의 우상처럼 그도 언변과 굳센 의지만을 무기로 혁명 파리에서 정상으로 가는 길의 모든 장애를 극복한 것이다. 또한 루소처럼 처음에는 '세련된' 동시대인들의 멸시를 불러일으켰던 도덕과 비타협을 무기로 인기 명사가 되었다.[38]

기성 질서 내에서 역설적으로 명성을 획득해 가는 이단자들의 모험담은 선대와 같은 중대한 정치적 결과는 아니었더라도, 후대에서도 여전히 재생산되었다. 예를 들어 페기와 사르트르는 고집스럽게 저항에 복무하는 대중의 상징으로 명성을 얻었다. 페기의 경우 적어도 전기에 따르면, 드레퓌스파에서 영웅적으로 투쟁했으며 승리를 얻으려는 찰나 드레퓌스파 자체가 하나의 기성 권력이 되었다는 이유로 탈퇴해 버렸다. 그후 그는 《카이에 드 라 캥젠》지를 통해 드레퓌스파의 승리로 성장한 의회사회주의와 소르본의 '교권 반대파 교회'를 맹렬히 공격하는 독자적 비평을 발표함으로써 문명을 쌓아갔다. 그러나 페기가 명실상부하게 자신의 신화를 형성하게 된 것은, 1910년에 발표된 에세이 《우리들의 청춘》을 통해 공개적으로 신드레퓌스파를 비판하면서부터였다. 그는 잘 알려진 '미스티크'와 '폴리티크'의 이분법을 사용하여 "모든 것을 희생하며, 무엇과도 타협하지 않는 뜨거운 마음을 가진 강직한 드레퓌스파"와 "신념도 없으며, 아무것도 희생하지 않으며, 결국은 이 나라를 타락으로 이끈 배신자들"을 비교하였다. 로베스피에르를 연상시키는 어조로 그는 자신 있게 순수하게 부패하지 않은 쪽과 자신을 동일시하였다. 그는 자신과 예전의 드레퓌스파 동료들을 이렇게 회고한다: "우리는 영웅이었다. 우리는 숨막히는 불길 속에서 대열에 틈을 낸 소수의 프랑스인에 속했다." 또한 페기는 기성 질서에 대한 굽힘 없는 저항을 통해 기성 질서 내에서 대중적 인기를 얻었다. 1912년 유명한 진보 신문 《당대 청년》은 설문 조사에서 그를 부르주아 자유주의 기성 질서에 저항하는 '신청년(new youth)'의 대표적 아이콘으로 평가했다.* 1914년 최전선에서 젊은 나이에 전사함으로써 열렬한 애국자——진실로 국가의 선지자라 할 만한——로서, 혹은 H. 스튜어트 휴스의 말을 빌면 "동포에게 온전한 고결함을

요구한 온전히 순수한 인물"로서의 생애가 완성되었다.[39]

사르트르도 같은 맥락에 위치한다. 그는 《말》에서 자신이 기성 질서를 반대하는 것으로 기성 질서 내에서 명성을 얻게 될 것을 예상했음을 솔직히 시인하였다. 실제로 그는 '사후를 예상하며 살았다'는 점에서 자신을 로베스피에르에 비유하였다. 사르트르도 현실화되기 전에 이미 영웅으로서의 운명을 상상하며 살았다. 그의 회고에 따르면, 청년 사르트르는 항상 자신의 첫 저술이 '사회적으로 논란을 일으키고,' 그로 인해 자신은 '사회의 공적'이 되지만 곧 여론은 바뀌어 "수백 명의 기자들이 자신을 찾으나 자신은 이미 숨어 버리고 없는" 상황을 꿈꾸었다. 상상대로 진행된 것은 아니었지만——부르주아 자식들을 공격하는 1939년의 《구토》에 대한 사회적 논란은 비교적 미미했으며, 따라서 지지자들도 소수에 그쳤다——사르트르는 제2차 세계대전 이후에 자신의 루소적 판타지를 박진감 있게 실행해 보였다. 저항 희곡 《파리떼》, 1944년작 《닫힌 방》, 전쟁 3부작 《자유에의 길》과 같은 작품들이 갑자기 인기를 모으면서 사르트르의 삐딱한 자유에의 비전은 인습적 도덕을 추문화시키며 파리 대중들을 사로잡았다. 애니 코헨 솔랄은 이단자들의 원형에 충실하면서, 이렇게 기술한다: "특히 청년들은 부르주아들에게는 충격을 주는 사르트르의 급진적 견해, 관습으로부터의 영원한 일탈, 그의 카페 생활, 그의 투명성, 그의 주변성에 매료되었다." 1946년 사르트르의 공개 강의는 이미 일대 사건이 되어 있었다. 그는 파리에서 가장 추앙받는 반기성 세대의

---

* 사가들은 우익 성향을 지닌 2명의 민족주의자가 저술한 이 글을 프랑스의 전전 세대 청년들의 반동적——군주제 지지까지는 아닐지라도——성향을 보여 주는 증거로 인용한다. 비록 이 글에서 페기와 베르그송이 '신청년'의 아이콘으로 인용되지만, 그들은 이 글의 정치적 견해와는 거리가 멀다. 좀더 자세히 살펴보면, '신청년' 자체는 좌파나 우파의 특정 정치 세력을 옹호한다기보다는 제3공화국의 자유주의 질서에 저항했던 것으로 보인다. 폴 코헨, 〈영웅과 딜레탕트: 악시옹 프랑세즈, 르 실롱 그리고 1905-14년 세대 Heroes and Dilettantes: The Action Française, Le Sillon, and the Generation of 1905-14〉, 《프랑스사 연구 French Historical Studies》 4(Fall 1988): 673-87.

인물이 되었다. 주요 소설의 위력을 증언이라도 해주듯, 대중은 전시 중에 오직 '펜으로만 저항했을 뿐인 무명의 고등학교 교사'——매우 예외적으로 그 자신이 고백하고 있다——로부터 영웅의 이야기를 끄집어 냈다. 진실로, 코헨 솔랄이 표현했듯이 사르트르는 전후 프랑스에 나타난 '작가-영웅이라는 새로운 종족'의 우두머리가 되었다.[40]

그러나 이러한 이단자들의 원형에 나타나는 상승 신화에 입각한 미리 계획된 자기 조작이 필수적인 것은 아니다. 미슐레 · 베르그송 · 푸코의 경우에는 위에서 언급한 대로[41] 교육 제도가 나서서 이러한 신화 원형을 실행하는 데 협조하였다. 즉 주인공이 콜레주 드 프랑스의 교수——이는 프랑스의 제도화된 반제도의 영역에 존재하는 공식적 반대의 자리로서 '프랑스 대학 제도 내에서 지극히 성스러운 곳'[42]을 상징한다——로 임명되면 필연적으로 대중은 그를 국가적 반대자로서 신성시하게 된다. 예를 들어 미슐레는 1838년 콜레주의 교수로 임명된 후에야 비로소 '프랑스인의 사상과 견해를 주조하는 언어의 능력'에 대한 그의 오래 된 믿음을 실천할 수 있었다. 1840년대 그의 콜레주 공개 강좌는 7월 왕정에 대항하는 사람들의 집결점이었다. 사람들이 운집한 강당에서 울려퍼지는 혁명과 자유에 대한 카리스마적인 찬양은 미슐레 신화의 중심을 이루었고, 1848년 혁명 전야에 '횡포한' 7월 왕정에 의해 강좌가 중단됨으로써 그 신화는 절정을 이루었다. 실제로 권위와의 이러한 상징적 충돌——1851년 나폴레옹 3세 왕정 때에도 한 번 더 중지되었다——이 미슐레 생애의 특징으로 남았다는 사실은 1906-34년의 《도해 라루스 소사전》의 간략한 미슐레 평가를 인용하고 있는 롤랑 바르트에 의해서도 암묵적 동의를 받았다: "프랑스 역사가로서 파리에서 출생하였다. 자유주의적 견해로 인해 콜레주 드 프랑스 강의가 두 차례 중단되었다. 《프랑스사》와 《프랑스 혁명사》를 통해 우리의 국가 생활이 진정으로 부활되게(1798-1874) 하였다."

반제도의 전사라는 어색한 역할을 맡아 이전에는 별로 유명하지 않았던 이 역사가는 성별된 이단자의 주요 서술 구조에 자신을 개조시켜 갔으며, 대중도 그를 그러한 구조에 맞추어 이해했다. 혁명적 자유에 대한 그의 웅변과 지성소에서 행한 기성 질서와의 상징적 대결은 미슐레를 페기나 사르트르 못지 않은 문화적 저명 인사의 반열에 올려놓았다.[43]

제도에 반대하는 이단자로서 베르그송보다 더 적합한 사람은 없을 것이다. 부르주아 가문 출신의 성공한 교수였던 그는 1900년 콜레주드 프랑스의 교수로 임명되기까지 당대의 주요 사회 문제——예를 들면 드레퓌스 사건——에 거의 관여하지 않았다. 그럼에도 불구하고 1907년 심리학자 알프레드 비네 같은 프랑스 지성계의 저명한 구성원들이 베르그송의 반과학 · 반지성 철학이 불길한 세력을 뻗어나가는 것에 우려를 표하였다. 1912년 《당대 청년》이 창간됨으로써 심지어 제자 페기보다도 더 눈에 띄는 '신청년'의 대표적 예언자가 되었다. 제1차 세계대전 즈음에는 그로긴의 표현대로 '형이상학 혁명의 예언자'로서 세계적 명성을 떨쳤고, 반골(反骨) 영웅으로서의 위치는 도전받지 않았다. 그의 콜레주 공개 강의에는 장차 선구적 지식인이 될 페기 · 소렐 · 가브리엘 마르셀 등과 '유행을 좇는' 파리 여성들이 출석하여 전대의 미슐레나 후대의 푸코와 같이 '일대 사건'——적어도 그로긴이나 휴스의 전기에는 그러하다——을 형성했다. 미슐레와 같이 베르그송도 운집한 청중 앞에서 '기성 질서를 비판하는' 카리스마적 강의로 유명했다: "그는 원고도 없이 강의를 했다." 휴스는 자크 슈발리에의 낭만적 묘사를 인용하며 이렇게 쓴다: "넓은 이마, 짙은 눈썹 밑에서 마치 불빛과 같이 빛나는 밝은 두 눈, 넓은 이마와 꺼지지 않는 사고의 광채를 더욱 돋보이게 하는 섬세한 이목구비." 신문에는 매주 한정된 좌석을 두고 벌이는 실랑이가 보도되었고, 베르그송의 전기작가들은 그것을 인용하였다. 그로긴에 따르면, 한 외국 언론인은 베르그송의 강의를 '신도-청중'들을 위하여 집전하는 '속세의 미사'에 비유하였다고 한다.

미슐레와의 또 한 가지 공통점은 베르그송 역시 진정한 자유를 강조했다는 점이다. 그것이 정치이든 종교이든 혹은 예술이든 '해방자'로서의 그의 지사적 면모를 알 수 있는 에피소드는, 특히 1914년 이전 제자들의 증언에서 많이 발견된다. 예를 들어 혁명적 노동운동가였던 소렐(그의 증언은 나중에 휴스가 다시 인용한다)은 베르그송이 노동운동가들에게 '혁명적 삶의 질에 맞추어 사고방식을 전환'하도록 격려한 것을 기억하고 있다. 라이사 마리탱은 베르그송이 페기 · 자크마리탱 · 에른스트 프시카리의 신앙을 회복시키려 한 노력을 설명하며, 동시에 그의 강의에 들어 있는 '사이비 과학적인 실증주의를 불신하고 영혼의 본래적인 자유를 회복시키는 폐부를 찌르는 날카로운 비판 정신'을 회고했다. 그녀는 이렇게 결론짓는다: "겨울은 지나가고 봄이 오고 있었다." 대중은, 휴스가 요약하는 대로 베르그송의 강의 후에 '해방된 감정을 지니고' 자리를 떠났다. 이와 같이 베르그송은 미슐레 못지 않게 오직 기성 질서에 반대하는 불굴의 지적 능력으로 파리 기성 질서의 고지를 올랐다. 대중은 베르그송에게서 때로는 기성 질서의 도움도 받아 문명 사회를 반대하면서도 그 정상에 용감하게 서 있는, 현실 세계에서는 존재하기 어려운 쥘리앵 소렐의 모습을 발견했다.[44]

그러나 가장 놀라운 것은 푸코를 향한 대중의 열렬한 숭배이다. 그는 "얼굴을 드러내기 싫다"라고 공언했지만 1970년 콜레주의 교수로 임명된 후 '수천의 군중 속에서도 알아볼 수 있는 사람'——에리봉의 표현이다——이 되었다. 푸코는 1966년 예기치 않은 논란을 일으킨 난해한 《말과 사물》과 그 책에 나오는 수수께끼 같은——넓은 의미에서는 인습타파적인——'인간의 죽음' 선언으로 어느 정도 명성을 얻었다. 1969년 뱅센대학교의 교수로서 이 철학자는 학교 본관 건물을 점령하고 경찰과 대치하며, 학생·투사들과 행동을 함께 하였다. 밀러는 '기꺼이 돌을 던지며 환호했던 푸코'를 회고하는 '증언'을 인용한다. 그와 옆에서 투쟁했던 급진 학생운동가 앙드레 글룩스만의 증언이다: "그는 매우 용감했다. 경찰들이 밤에 들어왔을 때, 그는 선봉에 서기를 원했다." 밀러의 기술은 거의 이단자들의 상승 내러티브 원형을 반복하면서 끝맺는다: 푸코는 "참여 지식인이라는 프랑스의 신성한 역할을 감당함으로써 보다 폭넓게 대중의 존경을 받기 시작하였다."* 에리봉은 콜레주에서의 첫 강의를 묘사하며 예의 신화에서 자주 나타나는 어구를 쓴다: "수백 명의 사람들이 커다란 계단식 강의실을 가득 채웠다. 그곳은 그동안 변한 것이 전혀 없는 듯했다……. 푸코는 청동 베르그송 상의 엄정한 시선이 강의실을 압도하는 가운데 교재를 읽어나갔다." 이후 푸코의 매주 강의는 '파리 지성계의 일대 사건'이 되었다고 에리봉은 쓰고 있다: 그는 '매번 청중의 수를 줄이고자 했지만' 언제나 '변함없이 운집한 열광하는 청중'을 앞에 두고 오전 9시에 강의를 시작하였다. 밀러도 1975년의 강의를 묘사하면서 같은 공식을 따른다: "한때 앙리 베르그송이 가르쳤던 넓은 강의실은 다시금 만원이 되었다. 청중들은 통로를 채우고도 모자라서 강단 앞의 바닥에까지 앉았다."45)

물론 푸코도 전대의 급진적 예언자들처럼 기성 질서에 대한 신랄한 비판으로 명성——악명에 가까운——을 획득하였다. 그는 몇천 년을 이어 내려온 인문학——유명하지는 않더라도 자신도 연구자의 일원이었던——의 전통을 비판하였다. 그는 강의와 비슷한 시기에 출판된 베스트셀러 《감시와 처벌》을 통하여 대중의 해방자——이번 대상은 의사·심리학자·범죄학자·사회학자의 '편재하는 감시의 시선'

---

* 디디에 에리봉도 역시 그러한 신화를 긍정하고 있다: "1969년도부터 푸코는 투사 지식인의 모습을 띠기 시작했다."(《미셸 푸코 *Michel Foucault*》, Betsy Wing 번역, (Cambridge, MA: Harvard University Press, 1991), 210)

이었다——를 자처하였다. 역설적이게도 푸코는 개인의 '주체' 개념을 비판하는 가운데 기성 질서 저항이라는 무기로 파리를 지배하는 지식 이단자로서 자신을 세워나갔다. 실제로 사르트르의 다소 과장된 레지스탕스 이력만큼이나 주도적 내러티브의 위력을 증명하는 것이 푸코가 1968년 5월 학생 혁명에서 중요 역할을 담당했다는 전설이다. 사실 푸코는 그 당시 국외에 있었다.[46]

성별된 이단자들의 명성 획득 과정에 마지막으로 덧붙일 것은, 신화에 따를 때 야심을 가진 주인공은 아버지의 권위에 굴복하지 않으면서 성공해야 할 뿐 아니라 성공 자체를 경멸해야 한다. 반면에 여성에게 사적으로 몸을 의탁하는 것은 전혀 영웅의 위치를 손상시키지 않는다. 예를 들어 스탕달의 주인공의 출세 과정에서 레날 부인이나 마틸드의 역할은 루소의 유명한 출세담에 나오는 바랑 부인이나 에피네 부인의 역할을 반영한다. (루소는 《고백록》에 "파리에서 여성의 도움 없이는 아무것도 이루어지지 않는다"라고 자조적으로 썼다.) 로베스피에르의 일생에서도 마찬가지로 여성이 존재했다. 그는 누이 샤를로트의 보살핌을 받았으며, 혁명 기간중 위험한 시기에 뒤플레 집안 여자들의 보호를 받았다. 혁명가의 매일매일의 생활이, 조든이 요약하는 대로 "뒤플레 부인과 딸들에 의해 세심하게 준비되고 유지되었다. 로베스피에르는 자신에게 쏟아지는 이 여성들의 관심을 기꺼워하였다." 비슷하게, 미슐레 전기에도 어머니의 영향이 중요하게 나타난다. 그는 《사제·여성, 그리고 가정》 서문에 "나는 어머니에게 많은 영향을 받았다. 나는 어머니의 아들임을 깊이 느낀다"라고 썼다. 또한 그는 뒤메닐 부인과 두번째 부인 아테나이를 중요한 '영감의 원천'으로 꼽았다. 페기는, 알레비에 따르면 '어머니와 할머니 사이에서 자랐는데' 특히 어머니는 그의 문학적 재능을 발견하고 키워 주었다. 이후 파브르 부인——제3공화국의 쥘 파브르의 손녀이자 자크 마리탱의 어머니——이 어머니를 대신하여 보살핌과 학문적 도움을 주었다.

사르트르도 어머니의 애정에 힘입었음을 다음과 같은 데카르트적 어구로 표현하고 있다: "나는 사랑받는다. 고로 사랑받을 만하다." 선언에 걸맞게 이 실존주의자는 평생에 걸쳐 시몬 드 보부아르와, 그외 적지 않은 여성들에게 정서적 · 학문적으로 의지하였다. 마지막으로, 푸코 역시 에리봉에 따르면 평생 동안 '어머니를 몹시 사랑'한 것으로 기록되어 있다. 아버지의 반대를 무릅쓰고 철학의 길을 택할 수 있었던 것도 어머니의 지지가 없었다면 불가능했을 것이다. 이와 같이 이단자들의 생애에서 여성은 영웅들의 자율성을 침해함이 없이 기성 질서에의 지적 저항을 도와 주고, 그럼으로써 명성을 얻게 해주는 존재로 나타난다.[47]

4. 사회 비판과 일탈

원형에 따르면 성별된 이단자는 명성을 획득하더라도 영혼의 고결함을 포기해서는 안 된다. 자신의 순수함과 함께 다른 이들의 순수함도 요구하면서 부패하거나 바르지 않다고 생각되는 것은 거절한다. 기성 교회와 정치 체제로부터 독립성을 유지하면서, 기성 질서의 심장부에서 위선과 부패를 비추는 비판적 거울의 역할을 수행한다. 처음에는 관습에 어긋나는 행동으로 문명 세계를 추문화시키고, 궁극적으로는 기성 질서에 대하여 상징적 일탈을 감행해야 한다.

루소의 자서전을 보면, 주인공은 문명 세계의 규칙에 따르기를 거의 일부러 거절함으로써 사회적 고립을 자초한다. 장 자크는 위선적 사회 관습에 충실한 자신의 모습과 하녀와의 공공연한 동거, 수차례의 종교적 개종, 무엇보다도 다른 문인들과의 갈등이 일으킨 사회적 파동을 대비시켜 보여 준다. 디드로 · 달랑베르, 특히 볼테르와 같은 동료 문인과의 불화를 자세히 설명한 뒤에, "젠체하는 파리 사람들의 생활"과 "문인간 파벌, 부끄러운 싸움, 창작에 있어서의 부도덕, 거만한 태도"에 대하여 신랄한 비판을 가한다. 결국 그는 "자신의 동료들에게 관대함과 열린 마음, 진실함이 조금도 남아 있지 않음"에 절망하고 만다.[48]

《고백록》은 이와 같이 루소의 분신이 제네바 출신의 자연인에서 파리의 사회 비판자로 변모하는 과정의 세밀한 기록이다. "자칭 현자라불리는 사람들에게서는 어리석음밖에 찾을 수 없었고, 사회 질서에는억압과 불행만이 존재"했기에 루소는 1756년 '도덕'으로의 개종을감행한다:

　열정은 머리에서 시작되어 가슴까지 흘러들었다. 가장 고귀한 긍지가 허영심이 뿌리 뽑혀진 폐허에서 솟아나왔다……. 이로부터 나의 갑작스러운 웅변이 시작되었고, 거룩한 불이 내 안에서 타오르기 시작하여 초기의 저서들로 옮겨갔다……. 두려움이 없어지고 담대해져서 어디를 가든지 확신과 자신감으로 행동했다……. 깊은 묵상은 동시대의관습·원칙·선입견에 대한 경멸을 불러일으켰고, 그로 인해 관습을따르는 사람들의 조롱에도 초연할 수 있었다……. 모든 파리 사람들이2년 전에는 무슨 말을 해야 할지, 어떤 단어를 써야 할지 전혀 몰랐던그 남자를 신랄하고 날카롭게 비꼬기 시작했다.[49]

즉 루소의 주인공은 "사실이지만 환영받지 못하는 진실을 용기 있게 사람들에게 말하는" 사회 비판자를 천직으로 삼게 되었다.[50]

이렇게 루소는 자신의 삶을 통해 스스로 주변부에 위치하는 이단자의 모습을 문인의 원형으로 제시한다. 그는 작가가 '편견의 족쇄'를깨뜨리고 '옳은 일을 용기 있게 할 수' 있기 위해서는 '청빈과 독립성'을 유지해야 한다고 주장한다. 파리의 사교계·정치계의 최고위인사에 둘러싸여 살면서도——그는 재상 말제르브와의 지속된 관계를 예로 든다——문인은 고집스럽게 어떤 정당·교회·'파벌'과도 분리된 상태를 유지해야 한다: "생계를 위해서 사고하는 사람이 고상한 생각을 하기는 힘들다. 위대한 진실을 말할 수 있는 용기와 힘이 있는 한 작가는 출세에 연연해서는 안 된다." 고로 돈이나 인기를 바라보고 써서도 안 된다——루소는 그 예로 아카데미 프랑세즈 가입을 거절한 것을 들었다. 작가는 자신을 기꺼이 "오직 정의와 공익을 사랑하고, 굳세게 순수를 지키며, 감연히 진실을 말하고자 하는 사람들의 전범"으로 내어놓아야 한다.[51]

루소의 주인공은 최후의 사회적 신성 모독을 통해 자신의 신조를 거의 문자 그대로 실천한다: 그는 《에밀》에서 계시 종교를 신랄히 공격한 후 그에 격노한 정부에 의해 기소되었고, 체포를 피해 망명길에 올랐다. 국가·교회, 심지어는 동료 문인들에게서조차 비난을 받은 장 자크는 한때 자신을 숭배했던 대중에게서 버림받고, 친구들에게 배신당한——그가 표현하는 대로 사방의 '적들과 첩자, 악의의 관찰자들'에게 둘러싸인——인물의 전형이다. 적들은 '화려한 상류 사회를 종횡무진' 하는데 장 자크는 "이방인으로 홀로 소외된 채 가족도, 도와 주는 사람도 없이, 그저 자신의 원칙과 의무만을 믿고서" 살아가고 있음을 루소는 안타까워한다. 그러나 바로 그 '홀로 있음' 때문에, 그는 "정의와 진실을 대가로 누구에게 아첨하거나 아부하지 않고 정의의 길을 두려움 없이" 갈 수 있다.[52] 이러한 고립과 독립이 장 자크가 형성한 영웅주의의 근간을 이룬다.

로베스피에르가 사후에 획득한 모든 명예와 불명예는 이 영웅 이야기의 단편을 충실히 따랐다는 데에 연유한다. 무소속의 야당 정치가에 만족하고 있었던 그는 1793년 위기의 여름에 공안위원회의 직책만을 수락했고, 그후 타협하지 않는 '도덕'과 '청렴결백'을 지켰다. 조든이 지적하듯, 로베스피에르의 위원회 지배는 독재의 힘이나 법령의 결과라기보다는 그가 견지했던 도덕적 권위 때문에 가능했다.[53] 사실 자코뱅 클럽의 혁명정부상은 로베스피에르가 영원한 루소적 이단자, 부패한 문명과 타협하지 않는 절대적 도덕——자신뿐만 아니라 남도 포함하는——의 투사로 자신을 세워나가지 않았다면 허상에 불과한 것이었다. 그는 1793년과 1794년의 연설에서 "국가의 도덕적·물리적 힘을 이끄는 것이 정부의 기능이다. 그러므로 결코 부도덕하거나 믿을 수 없는 사람의 수중에 들어가서는 안 된다"라고 주장한다. 따라서 로베스피에르에게 있어 공안위원회나 테러는 끊임없는 도덕적 정화 작용을 의미했다. 그것은 국가와 개인에 대한 민중의 영구 '비판'이었다. 그는 의회든 자코뱅 클럽이든 숙청을 감행했으며, '당파'를 구분하기 싫어하며, 혁명 권력을 온건주의다 급진주의다 해서 정당과 결부시키는 것을 거부했으며, 부패했다거나 부도덕하다고 판단되면 이전의 친구나 동지들——당통·데물랭·에베르——이라 할지라도 단호히 관계를 끊었다. 또한 위기가 끝난 후에도 공안위원회의 엄격한 긴급 정부 체제가 유지되기를 주장하였다. 1794년 겨울 그는 '공화정부의 신성한 권력을 쇠퇴시키지 말고 유지'할 것을 주장하였다. 로베스피에르는 공안 위원회에서의 자신의 역할을 루소적 전범에 맞추었다. 그는 "혁명 지도자는 민중의 이익을 위하여 자신의 이익을 희생해야 하며, 평등을 위하여 권력에 대한 자긍심을 버려야 한다"라고 단언하였다. 바꿔 말해, 로베스피에르는 독재국가의 실세였음에도 불구하고 자주적이고 이타적인 이단자의 모습으로 민중 앞에 서 있었다. 결국 문명의 규범에 대항하는 자신의 규범을 영속화하고자 한 죄로 체포되어 단두대에 올랐지만, 이 영원히 타락하지 않는 자는 자신의 이익이 아니라 민중의 이익을 위하여 투쟁하는 고독한 영웅, 부패한 혁명 기득권 세력의 영원한 비판자로 이름을 남겼다.[54]

절대 권력의 탄압을 받지 않은 페기·사르트르·푸코 등 혁명 후 지식인들은 선배들보다는 덜 비참하게, 반면 좀더 상징적으로 동일

역할을 수행했다. 페기의 전생애는 사회적 성역 파괴 작업으로 요약할 수 있는데, 그는 이전의 동지라도 기성 질서에 '몸을 팔았다'고 생각되면 단호히 결별을 고했다. 사회주의 지도자 조레스와는 의회에 진출함으로써 '사회주의 미스티크'를 훼손했다는 이유로 절연했으며, 다니엘 알레비와는 '드레퓌스 미스티크'를 지키지 않았다는 이유로, 조르주 소렐은 반유대주의 때문에 동료 가톨릭 전향자인 자크 마리탱·에른스트 프시카리와는 그들이 베르그송을 버리고 가톨릭 교리에 굴종했다는 이유로 절연하였다. 실제로 1914년 페기의 마지막 원고는 한 세기 반 전 가톨릭 교회를 비판한 루소의 교권 모독 행위와 닮아 있다. 교황청이 베르그송의 책을 '금서 목록'에 포함시키자 페기는 항의하며 이렇게 말했다: "나는 평생을 최전선에서 싸웠다." 교회에 대한 그의 비판은 교권 반대의 '세속 교회(secular church)'와 절연할 것을 공개적으로 천명한 1907년의 신앙 선언에서 구체적으로 나타난다. 몇 달 뒤에 페기가 죽었기 때문에 교황청은 이 방탕한 개종자를 정죄할 수고를 덜었다. 이와 같이 페기는, 로맹 롤랑의 표현대로 '독립성만 지킬 수 있다면 모든 것을 감수할 수 있는' 사람이었다. 1914년 그는, 그의 표현을 인용한다면 '인간 미스티크' 즉 자주적이지만 고립된 영웅으로 대중의 뇌리에 남게 되었다. 그는 '폴리티크'에 오염된 국가의 정화에 헌신한 자기 시대의 루소·로베스피에르였다.[55]

학문적으로도 유명했지만, 무엇보다도 일탈 행위에서 가장 유명했던 사람은 사르트르였다. 언제나 기성 질서에 저항할 준비가 되어 있었고, 알제리 해방운동, 쿠바 혁명, 1968년 5월 학생 봉기와 같은 급진운동을 지지했음에도 불구하고 유명해진 후 어떤 정당이나 제도에도 몸담지 않았다는 사실은 그의 전설을 더욱 완벽하게 하는 요소이다. 제라시는 이 급진 철학자가 "정당에도 가입하지 않았고, 특정 단체를 위해 일하지도 않았고, 기관을 후원하지도 않았다"라고 썼다. 코헨 솔랄은 어빙 하우가 묘사한 '독립 지식인, 모든 제도의 외곽에 위치하고, 모든 결정론으로부터 자유로운 사르트르의 이미지'를 인용한다. 실제로 그는 제2차 세계대전 후 레지옹도뇌르 훈장의 수여를 거절했으며, 아카데미 프랑세즈, 심지어는 콜레주 드 프랑스의 임명까지도 거절했다. 1964년 노벨 문학상까지 거부함으로써 수상 거부에 관한 악명을 확고히 했는데, 그 이유는 작가란 자기 자신을 '제도화'해서는 안 되기 때문이었다. 코헨 솔랄에 따르면, 그후 사르트르는 '국제적으로 현대의 예언자로서 신화적 위치'에 올랐다. 그는 "소문의 중심인 동시에 현인이었고 자유인이었으며, 진실을 말하는 사람이었다. 노벨 상을 거부할 수 있었던 사람, 그는 영웅이었다."[56]

앞서 언급했듯이,[57] 사르트르도 정치적으로 더 이상 순수하지 않다고 생각되는 예전의 친구나 동지들과 확실한 절연을 했다. 카뮈 · 메를로 퐁티 · 아서 케스틀러 · 레이몽 아롱이 사르트르의 당통 · 조레스 · 마리탱 그리고 볼테르였다. 절연 못지 않게 유명했던 것이 그의 사회적 일탈이었다. 예를 들어 그는 현대판 쥘리앵 소렐들인 죄수 작가 장 주네와 서인도 제도의 테러리스트 작가 프란츠 파농을 자신의 분신으로 포용하며 공개적인 지지를 천명했다.* 그러나 사르트르가 기성 질서를 상대로 저지른 가장 큰 죄——이 때문에 현재까지 서구 지식인 계층으로부터 상징적 추방을 당하고 있다——는 1950년대 중반 '부르주아 서구'를 반대하며 구소련 공산주의를 공공연히 지지한 것이다. 그는 스탈린의 과도한 폭정에 대해서도 비판하지 않았다.[58] 그러나 그는 공산당에 끝내 가입하지 않음으로써, 또한 구소련의 강제노동 수용소, 헝가리와 체코슬로바키아 침공을 비판함으로써 서구의 지지자들을 잃었을 뿐 아니라 동구의 공산 기득권 세력으로부터도 비판을 받았다. 그 결과 1960년대 중반의 사르트르는 전설적 인물인

---

* 코헨 솔랄은 주네를 '가장 탁월한 사르트르적 영웅'이라고 쓰고 있다. (《사르트르: 어떤 삶 Sartre: A Life》, Norman Macafee 편집, Anna Cancogni 번역 [New York: Pantheon Books, 1987], 314)

동시에 소외된 인물——제라시의 표현대로, '당대의 버려진 양심'
——이었다.[59]

제라시에 따르면, 사르트르는 언제나 '지식인의 임무는 비판하고
반대하고 고발하는 것'이라고 '되풀이해서 말했다'고 한다. 1947년
그는 공개적으로 작가의 의무가 '사회에 죄책감을 안기는 것'임을 주
장했다. 1972년에는 그 연장선상에서 지식인의 역할이 '용인된 진리
에 이의를 제기'하는 것이라고 썼다. '아무에게서도 위임받지 않았지
만' 그는 자신의 역할을 계속했다. 그는 '대중·빈자와 연대했다.'
"그러나 부자들은 그를 배척했고 빈자들은 그를 의심했다. 고독이 그
의 운명이었다." 그런 그에게서 사형 선고를 받은 쥘리앵 소렐과 추
방된 루소——'홀로, 고립된, 이방인'이지만 '정의와 공익에 대한 사
랑'으로 여전히 사람들에게 '사실이지만 환영받지 못하는 진실'을 말
하고자 하는——의 모습이 뚜렷이 나타난다. 사르트르의 일생은 더
할나위없이 이단자 원형에 부합한다. 심지어는 드골마저도 1960년
범법 행위를 한 사르트르를 "볼테르를 체포할 수 없다"라는 이유로
투옥하지 않음으로써 현대 프랑스에서 그의 신화적 위치를 확인시켜
주었다. 공화국 대통령은 그를 비용·루소·로맹 롤랑과 나란히 놓으
면서——코헨 솔랄의 말을 빌면, 즉 '성인화'하면서——"그러한 사
람들이 당대에 문제를 일으키더라도 국가의 법과 거국일치에 어긋나
지 않는 한 우리는 그들의 사상과 표현의 자유를 존중해야 한다"라고
주장했다.[60]

푸코는 지식인의 전통적 '예언자' 기능을 공개적으로 거부했음에도
불구하고 사르트르 못지 않게 신화의 원형을 충족시켰다. 실제로 그
는 사르트르적인 '보편 지식인'과 차별되는 위치를 확보하기 위하여
더 강박적으로 그 역할을 수행하였다. 실제로 푸코의 전기작가들은
젊은 푸코가 1966년 '19세기 인간이 20세기를 이해하려는 거대하고
도 눈물나는 시도'라고 비난한 사르트르의 저작이 독자적 페르소나를

세우는 데 있어 극복해야 할 오이디푸스적 아버지였음을 암시한다. 푸코는 사르트르의 장례식 후 이렇게 말했다고 한다: "그는 그가 표상하는 모든 것들과 더불어 젊은 시절 내가 극복하고 싶었던 사람이었다." 결국 그는 동성애자·환자·죄수들의 급진 해방론자로서 자신의 뜻과 맞지 않는다고 판단되는 사람들과의 절연 리스트——자크 데리다·질 들뢰즈·프랑수아 미테랑, 그리고 물론 사르트르를 포함하는——를 작성해 갔다. 심지어 그는 가족을 잔인하게 살해하여 정신병리학 '전문가'들의 '사례 연구' 대상이 된 19세기 청년 피에르 리비에르에게서 자신의 장 주네, 즉 쥘리앵 소렐을 발견했다. 나아가 그는 구조주의 등의 철학 유파에 고정되기를 거부하며, 아울러 마르크스주의나 정신분석학파와 같은 '제도권 학파'도 강하게 비판하면서 어느 유파에도 소속되지 않은 철학자로서 독자적 페르소나를 세워갔다. 어느 인터뷰에서 푸코는 자신이 "무정부주의자, 좌파, 드러내는 혹은 숨기는 마르크스주의자, 허무주의자, 명백한 혹은 은밀한 반마르크스주의자, 드골주의에 복무하는 기술 관료, 신자유주의자 등등"으로 분류되었던 것을 자랑스러워하며 말했다. 그는 주장하기를, 이 모든 것을 합치면 "그럴 듯한 의미가 됩니다. 이들 모두가 나일 수 있다는 게 사실 즐겁습니다. 어느 한 가지로 나를 규정하는 걸 싫어하고, 이렇게 다양하게 평가되고 정의되는 것이 좋습니다"라고 하였다.[61]

푸코도 사르트르 못지 않게 역시 사회적 일탈에 끌렸다. 밀러는 푸코가 평생 '순수 폭력의 금지된 쾌락'을 추구했던 것을 강조하면서, 그의 생애를 '극한 경험'——사적으로나 공적으로나——의 추구로 요약한다. 그 중에서도 가장 극한을 달렸던 것은 정치 분야의 일탈이었다. 예를 들어 그는 1972년 프랑스 혁명의 9월 학살을 공식적으로 기념하며, 그것을 '민중 정의' 실현의 예로 들었다. 같은 해 그는 마오쩌둥 지지자들과 시위에 참가하여, 밀러의 표현을 빌리면 '콜레주드 프랑스의 존경받는 교수'임에도 불구하고 경찰들에게 구타를 당하기도 했다. 1979년에는 이란 혁명에 대하여 신속한 지지를 표명하였다. 푸코는 그 혁명에서 순수 혁명의 '광희'를 보았으며, "실제로 빛이 점화되어 모든 이란인들이 그 빛에 둘러싸여 있다"라고 말했다.[62]

푸코는 사르트르의 '보편 지식인'의 역할——즉 '대중의 대변자' 혹은 '사람들에게 무엇을 해야 한다고 말할' 수 있는 권리——을 거부하고, 대신 '특수 지식인'으로서의 역할을 자임했다. 그것은 '주변인'들을 위하여 '기성 권력'에 대항하여 '이름을 만들어 내고, 손가락을 들어 고발'하는 일이었다. 밀러의 호칭대로 이 '잡히지 않는 게릴라 전사'의 임무는 '사람들의 정신적 습관을 깨뜨리고, 익숙한 기성의 것을 교란시키며, 재문제화(再問題化)의 눈으로 규칙과 제도를 다시 검토'하는 것이었다. 1981년 인터뷰에서 푸코는 '언제나 자극받을 수 있는 비판이 존재하는 자유로운 분위기'에서 '이러한 깊은 변혁의 임무'를 수행할 수 있기를 희망했다. 이상과 같이 대중 예언자와 우상 파괴자로서 영웅의 틀에 성공적으로 부합하는 그의 모습은 동시대의 경쟁자였던 사르트르뿐만 아니라 좀더 앞선 시대인 자코뱅 클럽의 선구자까지 연상시킨다.[63]

그러나 모든 혁명 후 이단자들이 푸코처럼 적극적으로 역할을 수행하지는 않았다. 미슐레와 베르그송같이 상대적으로 소극적이었던 사람들의 경우에는 주요 소설에 맞추어 생애의 일부분이 드러나거나 감추어지거나 했다. 미슐레는 1848년 정부로부터 입각을 권유받았지만 거절하고 영원한 비판자라는 루소적 역할을 선택하였다. 그는 이에 대해 "설령 동료들의 일일지라도 옳지 않은 것은 비판할 수 있는 권리를 계속 누리고 싶다"라고 설명하였다. 이어서 1851년 나폴레옹 3세 정부가 미슐레의 콜레주 드 프랑스 강좌를 두번째로 중단시킴으로써 고립된 영웅으로서의 이미지가 대중에게 각인되었다. 위에 언급한 1848년과 1851년 두 차례에 걸친 정부와의 갈등——자신이 주동한 것이라기보다는 사가들이 상징적 일탈로 해석하는——은 그의 사후

큰 파동을 불러일으킨 요인이 되었다. 그러나 그는 혁명 주동자라기보다는 지적인 에세이스트였기에 내러티브가 요구하는 저항적·전복적 역할에는 잘 맞지 않았다. 그래서 린다 오르가 표현하듯 1852년 파리를 떠난 후에 "관심은 희미해졌고, 그는 잊혀졌다." 마찬가지 이유로 베르그송도 1914년 콜레주 드 프랑스에서 은퇴하고 같은 해 프랑스 제도권 학파의 가장 성스러운 중심인 '아카데미 프랑세즈'의 회원이 됨으로써 공식 생애는 끝나는 듯싶었다. 그가 1941년 점령 시기의 파리에서 다시 유명해지기까지——앞으로 언급될 것이다——1914년 이후 철학자의 삶은 부르주아로 지낸 파리 유년 시절처럼 주목받지 못한 채로 가려져 있다.[64]

5. 순교와 고백

자발적 일탈과 소외를 통해 자신의 이야기를 비극으로 형성시킨 이단자들의 최후 행동은 공익을 위한 제물로서 순교하는 것이었다. 그와 함께 자신의 가장 내밀한 부분을 '사람들'에게 고백함으로써 기성질서의 부패와 타락을 고발하고, 동시에 성별된 이단자로서 진정한 자리매김을 하였다.

다시 한번 루소의 《고백록》은 위에서 설명한 대로 이단자들의 공개 순교와 자기 성찰의 전범을 제시한다. 장 자크의 강박증적인——심지어는 매저키스트적이기까지 한——자기 노출, "나 자신을 대중들에게 모두 드러내겠다는, 나의 영혼의 어떠한 움직임도 독자의 눈을 피할 수 없도록 투명하게 보이려는" 욕구가 이 제네바인의 생애의 핵심이다.[65] 루소에 따르면, 그러한 자기 현시는 가장 고통스러운 동시에 가장 내밀한 종류의 일이다. 작가의 가장 사적인 감정의 토로요, "선악의 모든 상황에 있어서의 영혼의 기록"이기 때문이다. 장 자크가 자신을 끊임없는 자기 비판과 정화의 대상으로 내어놓는 이상 대중은 결코 그가 '진실을 말하기를 거부한다고 비판'할 수 없으며, 사회적 영웅으로서의 지위는 진정성을 확보한다.[66)

이런 관점에서 볼 때, 로베스피에르가 1794년 죽음이 임박했을 때 공개 순교와 자기 현시 패턴을 그대로 반복하고 있는 것은 놀랄 만한 일이 아니다. 조든은 로베스피에르가 초기의 '문학적' 자기 고백에서도 '양식화된 비극 형태의 격렬한 결말'을 꿈꾸었음을 언급한다. 예를 들어 그는 1791년 정적들이 그를 고대 로마의 그라쿠스 형제와 비교했을 때 이렇게 말했다: "아마 비극적 최후를 맞을 것이라는 점은 같을 것이다." 1794년 의회에서의 마지막 연설은 대파국을 위하여 그가 의도적으로 준비한 무대 같았다. 그는 '반대 당파의 우두머리' '음모자' '자신을 쫓는 폭군들'에게 둘러싸일 것을 알면서도 '억압받는 순수'의 화신으로 나타나 분명한 루소적 어조로 자신을 드러냈다. 사실 그는 '공화국의 살아 있는 순교자'로 자임하며, 자신의 죽음이 적들을 만족시킬 수 있다면 "기꺼이 그들에게 죽겠다"라고 선언했다. "인간성의 옹호자로서 인간과 국가를 위해 일할 수 없고 억압받는 자를 변호할 수 없다면 살아야 할 의미가 없다!"라는 것이 그의 지론이었다.[67)

루소처럼 자서전을 쓰지는 않았지만, 로베스피에르는 조든의 표현대로 정치적 삶을 통해 끊임없이 자기 고백을 수행함으로써 '다양한 문학 장르를 혁명의 목적에 맞게' 변형시켰다. '자서전적 양식'에 익숙했던 그는 다른 사람들의 혁명 열정을 고취──혹은 고발──하기 위하여 끊임없이 자신의 혁명 열정을 고백했다. 의회에서 행한 이 자코뱅 당원의 마지막 연설은 자기 현시의 가장 순수하고도 극적인 순간을 보여 준다. 자신이 존경한 루소처럼 청중들에게 '듣기 좋은 아첨'이 아닌 '유용한 진실'을 말할 것을 약속하며, 심지어 자기 자신을 지킬 때에도 그들의 '침해된 자유'를 지켜 주겠다고 말한다. "공안위원회의 지위보다 민중의 대표직을 더 바랐으며, 무엇보다도 **인간**이며 **프랑스 시민**이기를 바랐다"(로베스피에르의 강조)라고 공언하면서, 로베스피에르는 이제 국민 앞에서 "마음의 모든 비밀을 털어놓고 짐을 벗겠다"라고 말한다. 즉 그는 대중 앞에서 자기 성찰의 과정을 받아들인다. 그는 혁명의 적들이 심어놓은 '부패와 무질서의 제도를 개혁하기 위하여' 타협하지 않고 끊임없이 전진해 왔음을 맹세하며, "이러한 진실을 숨겨야 한다면, 당장이라도 죽겠다"라고 말한다. 스탕달 소설의 주인공이 마지막 연설을 통해 했던 것처럼 그도 자신의 고백을 사회 비판으로 전이시키고, 진실한 자기 현시를 통해 문화 영웅으로서의 적법성을 획득한다.[68]

이러한 원형적 결말은 이후의 이단자 신화에서도 그들의 구체적 생애와는 상관없이 공통적으로 찾아볼 수 있다. 예를 들어 미슐레의 경우, 1874년에 비교적 조용하게 죽었지만 그와는 상관없이 1848년과 1851년의 두 차례의 위기를 통해 대중의 뇌리 속에서는 이미 살아 있는 공화국의 순교자가 되어 있었다. 나아가 사후에 남아 있는 전설도 대부분 자신이 글쓰기에 새겨넣은 이미지에 기인한다. 고백과 자기 희생에 대한 루소적 전범은 로베스피에르만큼이나 미슐레에게도 쉽게 받아들여졌다. 그는 18세기의 유명한 선구자(루소)를 모방하여, 자아의 가장 내밀한 부분까지 충실히 털어놓은 유고작 《회고록》을 완성하였다. 미슐레는 첫 문장에 이렇게 쓰고 있다: "루소만이 이 분야에서 알려진 유일한 사람이 되지는 않을 것이다……. 나는 내 행적보다는 느낌과 생각의 기록이 되도록 썼다." 이 역사가의 가장 유명한 저작 중의 하나인 《민중》은 루소적 자기 희생의 공언으로 요약된다. 그 첫 장은 이렇게 시작한다: "이 책은 책 이상의 것이다. 이것은 나 자신이다……. 나는 나 자신을 재료로 이 책을 만들었으며, 나의 인생과 나의 영혼이 들어가 있다." 《민중》이 천명하는 '희생 도덕'의 산 예로서 살아가기로 결심한 그는 이 책을 출판함으로써 '자신의 기질에 맞

는 조용한 생활'은 사라졌다고 말한다. 국가적 순교자로서 그의 끊임
없는 자기 정진은 롤랑 바르트의 예민한 관찰에서도 포착되어 강조된
다: "미슐레는 역사가 주는 가장 통렬한 아픔으로 괴로워했다. 그는
신으로서의 민중, 신으로서의 역사의 죽음을 자기 안에서 반복하여
경험했고……. 그 죽음이 역사가로서의 미슐레를 구성하고, 그 죽음
을 흡수하고, 제물을 바치며 증언하고, 성취하며 찬미하는 제사장으
로 만들었다."⁶⁹⁾

1941년 베르그송의 공식 전기는 1914년 이후의 동면에서 깨어나
극적인 순교와 상징적 자기 현시의 마지막 장면을 보여 준다. 공적 생
애 내내 종교적 개종을 두고 갈등한 그는 임종시 가톨릭에 대한 믿음
을 고백했을 것이라고 추측되지만, 고해성사와 마지막 의식은 거절했
다. 1944년 파리 해방 후 공개된 그의 유서를 보면, 그 당시 일어나고
있었던 '가공할 반유대주의의 물결'이 그의 개종을 막았음을 알 수
있다. 1937년의 그 유서에서 그는 "내일이면 박해받을 사람들 편에
남아 있고 싶었다"라고 말하고 있다. 점령 시기에 이 저명한 철학자는
특별히 반유대인 법률의 예외로 해주겠다는 비시 정부의 제안을 거절
하고 유대인으로 공식 등록되기를 선택했다. 그로긴은 "베르그송은
가장 고통스러운 시기에 동포들과 함께 서 있기 위해 콜레주 드 프랑
스의 교수직을 비롯한 모든 영예로운 자리를 내놓았다"라고 적고 있
다. 이러한 상징적 희생은 유대인을 위한 순교이자 나치라는 기성 질
서에 저항하여 고통받는 프랑스를 위하여 수행한 용기 있는 행위로
기억되었다.⁷⁰⁾ 공익을 위해 자신을 희생한 마지막 행동——어떤 거룩
한 종교적 의식보다도 강하게 영웅적 자기 현시의 신화에 이바지한
종교적 고백의 거부는 말할 것도 없이——으로 베르그송의 공식 전
기는 완성되었다.

1914년 페기의 전사는 마찬가지 맥락에서 전기작가들에 의해 공익
을 위한 순교의 원형적 예로서 적절히 이용되었다. 예를 들어 다니엘

알레비는 페기의 최후를 멜로드라마적 어조로 재구성——"힘내라, 제군들. 멈출 여유가 없다. 우리 모두 무사할 수 있다"라고 페기 중위는 지쳐 있는 병사들에게 말한다.——하면서 그의 죽음이 1년 전의 '시적 환상과 놀랍도록 부합' 함을 발견한다: "대전투에서 죽는 자들은 복될지니/신이 보는 가운데 누워 있을 것이다." 타로는 패전에서 앞으로 진격하다가 죽는 페기의 모습을 상상하면서 죽음까지 '불운한 시대와 연결되어 있던' 페기의 모습과 상징적으로 일치함을 지적한다. 휴스는 다시 신화를 충실히 반영하면서 '전사 후 페기는 프랑스 국민 단결의 표상' 이 되었다고 쓰고 있다. 휴스는 계속하여 "그러나 페기의 신격화가 완성된 것은 제2차 세계대전 때였다. 1940년에서 1944년까지의 점령기와 레지스탕스 시기 동안 페기는 고통받는 사람들의 목소리가 되어 있었다"라고 적고 있다.[71]

페기는 종종 자신의 고백록을 집필할 생각을 했었고, 심지어는 〈인간 미스티크의 회고록 Mémoirs d'un homme mystique〉이라는 제목까지 정해 두기도 했었다. 아들 피에르는 아버지의 유고작 《추억》 서문에서, "아버지의 저술은 전체가 하나의 긴 회고록이었다"라고 평가했다. 그에 따르면 페기의 《카이에 드 라 캥젠》은 "과거, 어린 시절, 그가 성장한 환경…… 그가 선택한 곤궁한 생활" 등을 끊임없이 상기시키는 "작은 고백의 조각들로 수놓아졌다." 또한 페기 저작의 주어조인 《구약 성서》의 예레미아적 슬픔의 정조는 노스탤지어를 꿈꾸는 자기 고백에서 연유한다. 예를 들어 그는 1913년에 쓴 글에서 루소의 자서전을 언급하며 '돌이킬 수 없는 순수'를 그리워한다. 또한 '모든 것이 젊었던' 자신의 학창 시절을 회고하면서 그리움의 정조에 젖는다. 그러나 마흔 살에 이르러 어디에선가 "자기 자신에게는 아무것도 감출 수 없다"라고 읊조린다. 그럼에도 불구하고 그는 "소르본 · 에콜 노르말 · 정당이 나에게서 젊음을 앗아갔지만, 내 마음만은 어찌할 수 없었다"라고 결론내린다. 루소 · 스탕달 · 로베스피에르를 따라 페기도 끊임없는 사회적 고백을 매체로 당대의 타락상을 비판하고, 그럼으로써 국가적 예언자로서의 지위를 확고히 했다.[72]

사르트르도 비슷하게 《말》에서 영웅적 자기 비판을 삶의 주요 모티프로 실천하고 있다. 그는 고백하기를 어린 시절에 이미 '타협하지 않는 순교자'의 환상을 마음에 담았으며, 그후 '열정을 바칠 유일한 대상으로 영웅주의'를 정했다고 말한다. 실제로 사르트르는 젊은 시절 '작가'에게 '신성한 영웅적 힘'을 부여했고, '끊임없이 문인과 그들이 겪어내는 위험에 관해 생각했음'을 인정한다. 그러나 평생 계속된 위험——1940년 나치에 의한 체포, 전쟁 포로 생활, 1960년대 두 차례의 파리 아파트 폭발 사건, 육체적으로 학대에 가까운 피폐 상황에 대한 그의 악취미 등등——속에서도 진정한 영웅적 순교는 이 유명한 작가를 끝내 피해 갔다.* 투쟁해야 할 '치명적 위험'이 없었기에 그는 자신의 마음을 영원한 극복의 대상으로 선택했다. 그는 '자신에게 일어나는 불쾌감을 기준으로 명백한 진리를 품고 있는 사상을 측정'하는 자만심을 가졌다. 사르트르는 "나에게 반대한다는 것은 모든 이에게 반대한다는 것을 의미한다"라는 유명한 어구대로 행동했음을 인정한다.[73]

사르트르에 와서 다시 한번 비판적 자기 고백은 《말》에 직접적·의식적으로 나타나 있듯이 주인공의 비밀을 대중에게 드러내는 수단과 겹쳐진다. 자신의 '모든 것을 대중에게' 드러내고자 한 루소 맹세의 현대판——낭만적 '투명성'에서 실존적 '진정성'[74]으로 전환——인 듯 그의 작품은 끊임없이 무자비한 자기 비판으로 이루어져 있다. 사르트르는 자신이 글쓰기를 통하여 '나라는 잉여 존재를 구원하는 데만 관심'이 있었던 '사기꾼이자 거짓말쟁이'였다고 단죄한다. 또한

---

* 그럼에도 불구하고 코헨 솔랄은 사르트르의 장례식을 루소적 순교로 묘사하고 있다: "고독한 작은 인간, 국외자, 무정부주의자, 아이를 두지 않은 아버지였던 그는 오늘 전설의 영역으로 들어갔다."(《사르트르 Sartre》, 524)

'멋있는 모양새로 고난을 견딤으로써 사후의 축복을 보장받으려 한 도달 불가능한 예수의 대용품'이었다고 자신을 학대한다. "뼛속까지 위선으로 현혹되어 있었으며, 나라의 불행을 즐거운 마음으로 비판했고…… 타인의 불행을 명성의 수단으로 여겼다"라고 고백한다. 그러나 이러한 고뇌 어린 자기 비판의 연속에는 내부의 비겁함과 나쁜 믿음으로부터 벗어나 새로운 자기로 태어나고 싶다는 구원에의 갈망이 내재되어 있었다. 그래서 젊은 시절 '엘리트에의 끌림'과 '운명 예정'의 환상을 비판하는 그의 고백에는 그가 성별된 이단자임을 증거하는 왜곡되지 않은 자기 공개의 성흔(聖痕)도 함께 나타난다.[75]

가장 역설적인 경우는 모든 저작이 자기 비판의 확대로서 홍보와 참회의 두 기능을 한 것으로 평가되는 푸코이다. '인간의 죽음'을 선언하고 '주체'로서의 개인 개념을 명백히 거부한 이 철학자는 1976년 현대의 담론 중 가장 미묘한 논리로 '진실한 고백'의 가능성을 부정한다: "인간은 자신의 범죄를, 죄악을, 생각과 욕망을, 아픔과 고민을 고백한다…… 인간은 공적으로, 사적으로, 부모에게, 선생에게, 의사에게, 사랑하는 사람들에게 고백한다. 인간은 고백한다──혹은 고백을 강요받는다." 푸코의 저술 중 가장 지독한 것 중의 하나가 대중적 투명함에 대한 사적인──그러나 곧 공적이 된──거절의 글이다: "확신컨대, 얼굴을 알리지 않기 위해 글을 쓰는 사람이 나뿐만은 아닐 것이다. 내가 누구인지 묻지 말고, 같은 사람으로 남아 있으라고도 하지 말라. 우리의 신분 증명이 제대로 되어 있는가는 공무원이나 경찰의 소관이다."[76]

그럼에도 불구하고 이 포스트구조주의자의 전기작가들은 주저 없이 그의 이른 죽음을 대중을 위한 자기 희생으로 해석하였다. 예를 들어 에리봉은 푸코의 모든 저술을 '정상화하는 권력에 대한 저항'으로 평가하면서 그가 에이즈(AIDS)로 죽었음을 은폐하려는 사람들을 비난한다. 나아가 그의 죽음을 콜레주 드 프랑스의 말년 강의에서 '진실을 말함으로써 어떻게 우리 자신의 진실에 다가갈 수 있는지'를 설명하기 위하여 언급한 소크라테스의 죽음에 비유한다. 밀러 역시 주변인의 질병으로 사망한 푸코의 죽음에 상징적 의미를 부여한다. 그러나 그는 푸코의 죽음을 소크라테스의 죽음보다는 그가 생애의 마지막 해에 'le roi anti-roi, 즉 군주제에 반대하는 군주이며, 지배에 저항하는 지배자'라는 높은 평가를 내린 그리스 견유(犬儒)학파의 철학자 디오게네스에 비유한다. 왜냐하면 푸코 자신처럼 디오게네스도 철학을 '극한-경험의 장'으로 여겼으며, '진리를 시험대에 올려두고 조롱하고 놀라키며 자극'했기 때문이라고 밀러는 설명한다. 또한 '무엇보다도' 이 고대 그리스의 철학자와 현대 프랑스의 상대 짝은 '육체적으로 자유로운 삶을 살아감으로써 그가 비판하고 거부한 사회에 급진적 도전을 감행했다'는 공통점을 가진다. 그러나 밀러의 영웅 내러티브 반영에 따르면, 후자의 예언자적 임무는 비극적 자기 희생으로 끝난다는 차이점이 있다.[77]

더욱 놀라운 것은 앞에서 언급되었듯이 "푸코의 **모든** 책은 처음부터 마지막까지 일종의 의도하지 않은 고백록을 구성한다"(밀러의 강조)라는 밀러의 주장이다. 그러나 푸코의 공식 발언과 행동을 보면 그러한 주장은 터무니없는 것이 아니다. 에리봉과 밀러에 의해 집중 조명된 푸코 자신의 말——자신의 저작을 '자서전의 일부'라고 묘사한——은 제외한다고 해도 이 철학자가 인터뷰와 텔레비전 출연을 자신의 의무 중의 하나로 여겼음을 부정할 수 없다. 1983년 《타임》지와의 인터뷰에서, 인터뷰에 관한 의견을 말해 달라는 질문에 그는 이렇게 대답했다: "기자가 내 책에 대한 질문을 해올 때면, 나는 답변해야만 한다는 생각을 합니다…… 콜레주 드 프랑스에서는 듣고 싶은 사람은 누구나 들을 수 있는 공개 강좌를 열도록 규정하고 있기 때문에…… 우리는 연구자인 동시에 연구 성과를 공개적으로 설명하는 사람이기도 합니다."[78]

푸코는 사실 사회적 페르소나의 요체인 '얼굴을 갖기 위하여'——
'같은 사람으로 남아 있기' 위하여——공개적 거절을 했던 것으로 보
인다. 밀러는 푸코가 "사진 촬영을 금지한 적도 없고, 인터뷰나 심지
어는 TV 출연도 꺼리지 않았다"라고 이야기하면서, 그 예로 이 탁월
한 포스트구조주의자가 프랑스의 유명 텔레비전 쇼 〈아포스트로프〉
에 나와 전국민 앞에서 자신의 신작에 대하여 언급하기를 거절함으로
써 작가의 역할을 풍자적으로 보여 주는 모습을 묘사한다. 그러나 푸
코판 자기 현시가 가장 역설적으로 '드러난' 것은 1980년 유럽의 대
표적 지식인을 대상으로 한 《르 몽드》지의 인터뷰를 얼굴을 드러내지
않는다는——즉 익명으로——조건으로 수락한 때였다. 악명을 떨치
게 된 이 '가면을 쓴 철학자'는 그러한 익명성을 통해서만이 '들을 수
있는 기회'를 얻을 수 있기 때문이라고 설명했다. 그는 같은 인터뷰
에서 철학은 "우리 자신을 시험해 보는 방법으로서, 기성의 것으로부
터 자신을 분리하여 새로운 규칙을 추구하려는 움직임"이라고 정의했
다. 그는 1984년 "지식인의 윤리가 자신을 자신으로부터 영원히 분리
하여 볼 수 있는 것 외에 무엇이 있겠는가"[79]라고 반복하여 이것을 강
조하였다. 바꾸어 말해, 로베스피에르나 사르트르 못지 않게 푸코도
기꺼이 자기 성찰과 반성을 자신의 의무로 받아들였다. 푸코가 견지
한 반고백적 태도는 루소에서 사르트르에 이르는 이단자들의 고백적
태도와 같은 역할을 하였다. 그는 프랑스 국민과 세계인들에게 "얼굴
을 드러내지 않겠다"——즉 공개적인 고백의 거절——라는 고백을
함으로써 이단자 내러티브의 마지막 요구를 성취하였고, 그 결과 기
성 질서에 저항하는 문화적 영웅으로서의 진정성을 획득하였다.

현대 프랑스의 성별된 이단자들의 공식 생애를 틀짓는 이단자 내러
티브와, 조지프 캠벨이 제시하는 근대 이전의 영웅 원형을 비교할 때
나타나는 문화적 의미는 무엇인가? '비천한 세계'——적어도 상징적

으로는——에서 태어나 파리 문명 사회의 상층부까지 눈부시게 상승하여, 그후 전통적 영웅이 감내하는 육체적 시련 못지 않은 격심한 마음의 시련을 거치는 이 근대 프랑스의 이단적 지식인이 '동포에게 부여하는 힘' 은 무엇인가?

비천한 평민 계급 출신으로서 태생이나 육체적 무공이 아닌 탁월한 정신 능력——지성과 의지——만으로 혁명의 총아가 된 지식인 이단자는 분명히 근대의 영웅이다: 그는 전근대 프랑스의 집단 위계 질서를 고발하는 역사적 존재이다. 그러나 그렇다고 해서 결코 그는 조직적 노동, 개인적 검약, 자본주의적 창발성을 토대로 사적 번영의 프로테스탄트 윤리를 추구하는 새뮤얼 스마일스[1812-1904년, 영국의 저널리스트 · 사회개량가] 유형의 19세기 자유주의적 개인주의자는 아니다. 반대로, 앞서 언급한 영미의 자유주의학파——물론 프랑스의 지지자들도 포함하여——의 관점에서 볼 때 가장 놀라운 점은 프랑스의 전형적 영웅은 사적 이익의 추구를 경원시할 뿐 아니라 사회적 성역 파괴와 인간 혐오를 높이 평가한다는 것이다.[80] 그는 개인적 이익을 추구하기보다는 의지의 고결함을 추구함으로써, 또한 기성 사회가 요구하는 규칙에 따르기보다는 공개적으로 그것에 저항함으로써 명성을 누린다. 결국 사회적 일탈 · 순교 · 고백으로 이어지는 영웅의 마지막 행위들은 신화의 모럴을 집약해서 보여 준다. 자신을 성별해 준 기성 사회에 대하여 범죄를 저지름으로써 그는 '민중' 을 대신하여 개인적 야망과 영리 추구에 대하여 상징적 비난을 가하는 것이다. 또한, 공개적으로 자기 정화의 의식을 수행함으로써 보통 사람들과의 연대를 재확인하고, 그들에게 진정한 구원은 권력으로부터의 자발적 거리두기, 심지어는 권력에의 저항에 있음을 주지시킨다.

근대 프랑스의 성별된 이단자 신화가 던지는 근본 질문은 자유의 진정한 의미이다. 앞으로 설명하겠지만 널리 알려진 성별된 이단자들의 생애는 중요한 덕목을 구체화해서 보여 주고 있을 뿐 아니라, 그들의 저서도 반복해서 영웅 신화의 주요 모티프들을 설명한다. 대인 의존과 굴복의 혐오, '민중'을 대신한 문명 사회와 그에 속한 사람들의 심적 타락 비판, 마지막으로 기성 권력에 대한 지속적 일탈 행위의 경향──즉 혁명을 추구하는 순수, 자발적 자유이다. 이상의 것은 다음 장에서 다루어질 주제이기도 하다.

3

지옥과 타인들

1

지식인 이단자들의 생애에서 자유가 '도덕'을 이룬다고 할 때, 그 자유는 영웅들이 물질과 정신의 재화가 거래되는 공개 시장에서 사적 이익을 추구한다는 의미——즉 고전자유주의의 주요 개념인 '소극적 자유'——가 아니다. 그 반대로 지식인 이단자들은 사적 이익의 추구를 개인적 의존이라고 여겨 심리적 굴욕감을 느낀다. 그들은 자유를 타인에게 심리적으로 의존하지 않으며 살아가는 의지의 고결함으로 정의한다. 루소는 《고백록》의 여러 부분에서 회고하고 있다: "나는 모든 외부적 조건들과 상관없이 경제적 문제와 사람들의 의견을 초월하여 자유롭고 고결할 수 있는 것 이상의 위대함이나 아름다움을 본 적이 없다."[1] 처음부터 특출한 개성을 지녔던 이 영웅은 이를 지키기 위해 평생 동안 타인의 심리적 침입에 대항하였다. 그가 명성을 얻었던 이유는 사회적 야망이나 개인적 공명심 때문이 아니라 오히려 정신의 독립성을 양보하지 않았기 때문이다. 결국 그는 여하한 종류의 개인적 의존을 거부하고 사회적 고립과 순교를 선택하였다.

이런 관점에서 성별된 이단자들의 생애와 저서에서 개개인적 의존의 기피——그들은 그러한 마음이 드는 것조차 경계한다——가 발견되는 것은 놀랄 만한 일이 아니다.[2] 스탕달의 《적과 흑》은 개인 의존에 대한 두려움이 소설의 기본 구조를 이루고 있는 작품으로서 논의의 적합한 출발점을 제공한다: 《적과 흑》의 서술자는 '여론의 전횡'을 규탄하는 것으로 처음을 열었으며, 소설이 끝난 후에는 '작가'가 '여론의 지배'로부터 '사생활'을 보호하기 위하여 베리에르라는 가상의 도시를 만들었다고 덧붙인다. 스탕달은 '**여론**이 지시하는 대로 따르는' 것으로 묘사하는 베리에르의 시장 레날이나, 세련된 파리지앵이지만 "그녀의 고귀한 영혼은 언제나 **타인**을 의식했다"라고 묘사하는 마틸드 등에 대해서는 부정적 시선으로 바라보는 데 반해, 주인공은 강박적으로 '경멸에 대한 공포' (스탕달의 강조)를 드러내면서 타인에의 의존을 증오하는 인물로 묘사한다.[3]

소설의 고비 고비에는 쥘리앵의 자발성과 그에 대한 '타인'의 끊임없는 위협이 존재한다. 처음에 쥘리앵은 아버지의 구속 때문에 괴로워한다. 레날의 집에서 가정교사로서 일하게 되었을 때, 앞서 언급한 대로[4] 그는 하인들과의 식사를 거절함으로써 의도적으로 루소를 모방한다. 사실 스탕달은 쥘리앵을 장 자크보다도 더 루소적인 인물로 묘사한다. 쥘리앵은 자신의 제네바인 선배가 상류 계층의 사람들에게 비굴한 태도를 보였음을 공공연히 경멸한다: "심지어 공화주의와 왕조의 전복에 대하여 열변을 토할 때에도, 이 벼락출세자는 공작이 저녁 식사 후의 산책에서 자신과 함께 걷기 위해 방향을 바꾸면 기뻐서 어쩔 줄을 몰랐다"라고 비판한다.[5]

당연히 쥘리앵은 문명 사회와 떨어져 있을 때 자유를 느낀다. 소설 중에 그가 하늘을 선회하는 '고독한 독수리'를 보고 눈길을 거두지 못하는 부분이 나온다: "그것의 고요하며 힘찬 움직임이 그를 사로잡았다. 그는 그 힘, 그 고요함이 부러웠다." 얼마 뒤에 쥘리앵은 동굴로 은신하여 이렇게 말한다: "여기라면——그는 기쁨으로 눈을 빛내며 말했다——아무도 나를 간섭할 수 없어." '삶의 어떤 순간보다도 행복'을 느끼며 쥘리앵은 속으로 외쳤다: "**나는 자유다!**"(스탕달의 강조)[6] 심지어 상류 사회의 명성과 재력을 좇을 때에도 그는 사회의 요구에 순응하기를 꺼렸다. 예를 들어 성직을 이용하여 사회적 성공을 이루려는 그의 야심은 신학교 내에서 '**자유사상가**'로 알려짐에 따라 좌절되었다: 서술자는 그가 "**권위**와 선례를 맹목적으로 순종하는 대신 **스스로 판단하여** 행동했다"(스탕달의 강조)라고 서술한다. 쥘리앵은 부를 강하게 갈망하지만, 그럼에도 불구하고 그것이 '비범한 행동을 할 수 있는 숭고한 힘'을 빼앗아 가기에 '상업적 세계로의 손쉬운 후퇴'에 대하여 경멸을 표시한다. 쥘리앵은 '자신의 영혼'을 '부자들의 돈과 교환'하려는 생각을 하는 자신을 책망하며, "자신의 마음은 그들의 거만과는 전혀 상관이 없으며, 그들의 사소한 호의나 경멸이 닿을 수 없는 숭고한 경지에 존재"하고 있음을 보여 주겠다고 결심한다.[7]

파리 상류 사회에서 쥘리앵의 존재는 언제나 '모든 사람의 충고'를 구하지만, 어느것도 '끝까지 따를 용기는 없는 의지 박약의' 부자 콩트 탈레르 같은 사람들과 극한 대조를 이룬다. 앞서도 강조했듯이 거만한 마틸드와 그녀의 아버지 라 몰 후작의 감탄과 총애를 얻는 것은 바로 이러한 쥘리앵의 문명 사회에서의 고집 센 자발성이다. 마틸드는 "나의 사랑하는 쥘리앵은 혼자 행동하는 것을 좋아해. 그는 다른 사람에게 도움을 받으려는 생각 따위는 조금도 하지 않아"라고 생각하고, "보통의 신학생은 쾌락과 돈이 부족할 때 초조해지지. 그러나 쥘리앵은 든든한 배경도 없으면서 경멸당하는 것만큼은 어떤 대가를 준다 해도 못 참는다"라는 것이 라 몰 후작의 견해이다.[8]

결국 쥘리앵은 후작의 견해가 옳았음을 몸으로 증명해 보인다. 후작으로부터의 보장된 수입과 명예 회복이라는 선택의 기로에 섰을 때, 쥘리앵은 주저 없이 명예 회복을 선택한다. 역설적이게도 쥘리앵이 타자(les autres)로부터 구원받을 수 있는 것은 생명을 버리고 정신의 자율성을 선택하기 때문이다. 그는 감옥에서 자문한다: "도대체 **다른 사람**이 왜 중요하단 말인가? **다른 사람들**과 나의 관계는 급속히 분리

될 것이다."(스탕달의 강조) 마지막으로 자신의 생애가 남길 의미를 생각하면서 쥘리앵은 마침내 루소적 모럴을 끌어낸다: "당신은 노력해서 학식을 쌓을 수도, 재치를 연마할 수도 있다. 그러나 마음만은! ……마음은 훈련될 수 없다."[9] 바꾸어 말하면, 문명의 타락시키는 힘도 그의 진정한 자유를 함락시킬 수는 없었다.

소설 전체를 통틀어 쥘리앵은 감옥과 사형대에서 그의 자유로운 성격을 가장 잘 펼쳐 보인다. 기성 사회의 개인 의존과 타락의 미로에서 마음을 잃지 않고 통과한 그는 육체적 감금 상태를 초월하여 의식의 독립성을 성취하였다. 쥘리앵의 자유는 그의 외부적 상황이 아니라 그것으로부터 독립할 수 있는 능력을, 세속적 성공이 아닌 의지의 고결함을, 물질적 야망이 아닌 의지의 자발성을 지칭한다. 즉 《적과 흑》이라는 허구의 세계에서 쥘리앵은 타인에의 심리적 의존에서 완전히 해방되었으며, 바꾸어 말하면 '여론'이라는 스탕달적 지옥에서 구원받은 것이다.

앞으로 이에 상응하게, 동시에 그 정도로 유명하게 개인 의존의 주제를 자신의 상황에 맞추어 변주해 낸 루소와 그 이후의 성별된 이단자들을 살펴볼 것이다. 각자의 이야기는 원형 신화의 틀을 공유하면서 다음과 같이 움직인다: 1) 우선 그들은 심리적 재난, 즉 근본적 자유가 타인 의존이라는 지옥에 빠질 위험에 직면한다. 이는 스탕달이 그러하듯이 필연적으로 실용적인 사적 이익의 추구와 연결된다. 그러나 2) 그들은 자유의 회복, 즉 문명 사회 내에서 의지의 자발성을 획득한다.

2

타인 의존의 혐오는 루소 저작의 중심 주제까지는 아닐지라도 매우 뚜렷한 주제 중 하나이다.[10] 실제로 1750년부터 1762년 사이의 루소의 주요 저술 4권——그 중 첫 2권은 《에밀》과 《사회계약론》이다——은 자유가 타인에 의해 침입의 위협을 받고 다시 회복되는 상상의 과정을 펼쳐 보인다. 전에 언급한 대로,[11] 루소는 1750년에 저술한 《학예론》에서 기성 의견을 세밀히 논박해 보임으로써 18세기 프랑스 독서 대중의 관심을 모았다. 그는 '근자에 사람들로부터 가장 존경받는 모든 것'을 반대함과 동시에 '사회 여론에 굴복한 사람들'과 자신을 구별하면서, 문명이 인간의 '원초적 자유'를 증진한 것이 아니라 오히려 망쳐 놓았다는 악명 높은 주장을 펼쳤다. 루소는 고대의 정치가들은 "윤리와 도덕을 논했는데 현대 정치가들은 오로지 돈 얘기만 하고 있다"라고 한탄한다. 더욱이 이러한 사회 타락에서 생겨나는 '나태와 허영'은 예술가의 '자유'를 탄압하여 시류를 좇게 하는 '독재자에의 예속'을 낳는다고 경고한다. 요약하면, 루소에게 있어서 진정한 자유는 결코 물질적 이득의 추구나 사회적 명성과 병치될 수 없다. 사실 그의 텍스트는 사회에 영합하여 쾌락을 즐기기 위해 도덕과 정신 독립의 '진정한 복락'을 버리는 사람들에 대한 고발이다. 루소는 마지막으로 이렇게 묻는다: "마음의 행복을 두고 왜 타인의 의견을 좇아 행복을 찾으려 하는가?"[12]

루소가 처음으로 이름을 떨친 저서에서는 개인 의존의 기피가 중요하지만 여전히 부차적인 주제였던 데 반해, 1754년의 좀더 악명 높은 저서인 《인간 불평등 기원론》에서는 중심 주제가 된다. 그 책의 유명한, 그러나 명백히 '가설'인 비밀 그리스도교의 기원 신화[13]에 나오는 '자연인'의 재구성은 앞으로 펼쳐질 주장을 시사해 준다. 루소판 인류학에 따르면, 인간은 원시 상태에서 자유롭고 독립된 존재였다. 루소의 첫 저술에서는 분명하지 않았던 문명이 망쳐 놓은 '원초적 자유'의 의미가 이 책에서는 '인간의 영성'을 구성하는 의식이자 '인간의 가장 고귀한 능력'으로 정의된다. 루소는 인간과 동물이 이성이 아니라 의지에 의해 구별된다고 주장한다: "의지하고 선택하는 힘, 그리고 이러한 힘의 느낌 속에는 기계론적 법칙으로는 전혀 불가해한 완전히 영적인 행위만이 존재한다."[14]

그러한 의지로 가능한 구애받지 않는 순수 자유가 루소에 있어서는 선악 이전의 도덕적 에덴에 살고 있는 '자연인'의 모습으로 구체화되었다. '강하고 건장한' 루소의 타락하지 않은 아담은 "동료 인간의 도움도 바라지 않으며, 그들을 해칠 마음도 없이 전쟁과 모든 구속에서 벗어나 자유롭게…… 숲을 돌아다닌다." 루소의 주장에 따르면 "인간이 연약하여 남에게 의존해야 할 때 타인을 해치고자 하는 마음이 일어나는데, 자연인에게 있어서 강한 동시에 의존적이 되는 경우는 논리적으로 있을 수가 없다." 즉 자연인은 사회를 구성할 필요가 애초부터 없으므로 사회적으로 폭력적이 될 필요도 없게 된다.[15]

자연 상태에서는 '인간의 상호 의존에서 생겨나는 예속의 굴레'가 존재하지 않는다. 그 이유는 "다른 사람의 도움 없이 살아갈 수 없는 상황에 처하지 않는 한, 한 인간을 노예로 만들 수는 없기 때문이다." 자연 상태의 인간은 주기적인 성적 충동을 포함하여 선천적으로 동료 인간에게 호감을 가질지라도, 그에 대한 심리적 애착을 유지하기보다는 amour de soi, 즉 '모든 동물의 자기 보존을 가능케 하는' 본능적 자기애에 따라 행동한다. '자립적이고 고난에 굴하지 않는' 그는 오직 자연과 그 자신의 타고난 능력에 의해서만 제한을 받을 뿐이다.[16] 이와 같이 루소의 잃어버린 원시 낙원에서 인간의 마음은 전혀 타인의 의지에 의해 침해받지 않는다.

그러나 이러한 심리적 자율성의 낙원은 사회와 함께 나타나는 개인 의존이라는 사탄에 의해 더럽혀진다. 그는 한탄하기를 "인간이 타인의 도움을 필요로 한 순간 평등은 사라졌고," 인간——적어도 루소의 예언적인 성경 이미지에 나오는——은 낙원에서 축출되었다: "광대한 숲은 인간이 땀흘리며 물을 주어야 하는 평야로 바뀌었고, 작물과 함께 굴종과 불행이 싹텄다." 인간적 의존과 함께 amour-propre, 즉 자연인의 선천적 자기애와는 구별되는 인간적 이기심이라는 사회적 원죄가 들어왔다. "사회 내 인간에게 존재하는 순전히 상대적이고 분파적인" amour-propre의 감정은 "다른 누구보다도 자신을 중요하게 생각하게 하고, 그 결과 인간 사이에 일어나는 모든 상호 해악의 원인으로 작용한다." 즉 이것은 모든 자기 중심적인 악덕들——부·재산·계급·명성에 대한 '억제되지 않는 욕망'——의 근원으로서 개인을 타락시키고 사회적 불평등을 유발하는 요소이다. 실제로 루소는 "최초의 진실한 자연 상태에서 허영심(amour-propre)은 존재하지 않았다. 자신의 행동을 지켜보는 사람은 오직 자신뿐이었으며, 그 행동의 공과(功過)도 오직 자신이 결정할 뿐이었다"라고 주장한다. '비교로 인한 감정'이 없었기에 "그는 증오도, 복수심도 알지 못했다." 이와 같이 루소의 기원 신화에서는 자연인만이 온전히 자유롭다. 왜냐하면 오직 그만이 "자신의 내부로부터 살아가는 방법을 알기 때문이다. 그 외의 사회적 인간은 타인의 의견, 즉 자신의 외부에서 살아가는 방법 밖에 알지 못한다."[17] 루소가 두번째 저서에서 만들어 낸 지옥은 문자 그대로 타인에 대한 것이다.[18]

1762년에 출판된 루소의 두 고전 《에밀》과 《사회계약론》은 처음 2권의 저서에서 시도한 성경적 멜로드라마의 결말을 맺고자 한 시도였다고 해도 큰 과장은 아닐 것이다. 즉 그는 대인 의존의 지옥으로부터 인간의 원초적 자유를 구해 내고 시민 사회와 화해하는 방법을 모색하였다. 이 두 저서에서 자연인은 주인공은 아닐지라도 여전히 출발점의 역할을 담당한다. 루소는 《에밀》에서 이렇게 썼다: "자연인은 혼자 힘으로 살아간다. 그는 개체이자 전체로서 오직 자기 자신에게만 의존한다." 이러한 심리적 독립 덕분에 그의 의지는 훼손되지 않고 순수하게 남아 있을 수 있다: "그는 장소에 구속되지도 않고, 부여받은 일도 없으며, 복종해야 할 상관도 없다. 그는 자신의 의지를 따르기만 하면 된다." "자기 자신의 길을 가며, 할 수 있는 것을 바라며, 자기가 원하는 일을 행하는" 이러한 사람만이 '진정 자유롭다'고 할 수 있다. 그리고 "권력이 아닌 자유가 가장 위대한 선이다."[19]

루소의 《에밀》은 이러한 자유를 증진시키기 위해 '사회 내에서 자연 감정을 보존'하여 개인으로 하여금 '항상 자기 자신일 수 있도록 하여 자아와 합일을 이루게 하는' 교육 제도를 모색한다. 루소는 가상의 학생을 장래의 자연인으로 묘사하면서 '정연한 자유'의 양육을 제안한다. 이것은 '자유의 도구로서, 항상 선하게 작용하는' 아이의 자기 본능적 자기애(amour de soi)를 증진시키고, 반대로 '항상 자신을 타인과 비교하여 결코 만족할 수 없게 만드는' 허영심의 뱀이 깨어나는 것을 막는다.[20]

그에 따라 에밀은 수많은 욕구들과 타인의 의견에 전전긍긍하는 것 등, 인간을 '진실로 나쁘게' 만드는 것으로부터 보호하기 위하여 사회와 격리되어 양육된다. 나아가 에밀은 타인의 의견에 의한 것은 아무것도 하지 않고 오직 자연이 그에게 요구하는 것만을 해야 한다. 루소는 이러한 방식이 에밀의 의지와 독립성을 증진시킬 뿐 아니라 여러 바람직한 부수 효과도 유발할 것이라고 주장한다: "내가 그의 복지를 타인 의지나 판단과 상관없이 하면 할수록 거짓말하는 것이 그의 이익에 부합하지 않게 될 것이다." 실제로 이 아이가 가장 하지 말아야 할 일은 양육자에게 의존하는 것이다. 양육자는 "[에밀의] 사전에서 **명령하다**나 **순종하다**와 같은 낱말을 없애야 한다."(루소의 강조)[21]

교사가 에밀의 도덕적 성장을 지도하면서도 어떻게 동시에 자율성을 지킬 수 있는지를 설명하기 위하여, 루소는 두번째 저서에서 다룬 자연의 비인격적 불평등과 사회의 도덕적 불평등 사이의 차이로 돌아간다. 루소는 '대인 의존이 모든 악덕을 생산하는' 반면에 "자연 산물인 사물 의존은 자유를 훼손하지 않으며, 어떠한 악덕도 생산하지 않는다"라고 《에밀》에서 다시 한번 반복한다. "사물에 대해서는 참을성을 발휘하지만, 다른 인간의 악한 의지에 대해서는 그렇지 않은 것이 인간의 성정이기" 때문이라는 것이 나중에 덧붙인 그의 설명이다. 에밀은 '오직 사물에 의존해서만' 길러질 것이다. 그러므로 그의 '불합리한 소원'은 교사로부터 나오는 인격적 명령보다는 '물리적 장애'와 부딪쳐 교정되어야 한다. 이와 같이 에밀의 교사는 '진정한 지배자'이면서도 아이가 '언제나 자기 자신이 지배자라고 생각'할 수 있게끔 해야 한다. 인격이 아닌 '자연의 힘'을 통해 에밀은 '필연'을 거부하지 않는 법을 배우겠지만, 결코 자신의 의지가 인격적 침해를 받았다고는 느끼지 않을 것이다. 실제로 루소는 "아이들이 인간의 의지가 아닌 자연의 저항만을 경험한다면, 그들은 결코 반항적이 되거나 거칠어지지 않으며, 오히려 건강이 좋아진다"라고 말했다.[22]

자연과 같이 객관적인 제한만을 받고서 길러진 후에, 에밀은 사회에 들어갈 준비가 된다. 루소는 젊은 청년으로 성장한 에밀의 성격을 이렇게 묘사한다: "[그의] 마음은 육체만큼이나 순결하며, 악덕도 가식도 알지 못한다. 비난과 경멸이 그를 겁쟁이로 만들었던 적도 없고, 비천한 두려움이 그에게 은폐의 잔꾀를 쓰도록 한 적도 없다. 그에게는 순수함에서 비롯되는 모든 경솔함이 그대로 있고, 단순할 정도로 솔직하다." 만약 반복의 횟수로 전하고자 하는 사상의 중요성을 정할 수 있다면, 루소가 가장 강조하는 바는 에밀이 "다른 사람의 의견에 신경 쓰지 않는다"는 것이다. "자유를 무엇보다도 사랑하는 그는 언제나 다른 사람의 의견에 구애받지 않고 자신의 의견을 말할" 준비가 되어 있으며, 그의 말하는 방식은 '자유롭고 진실'하다. 또한 그는 "사람들 사이에 있을 때에도 혼자 있을 때와 변함이 없다." 에밀은 사랑받기를 원하며, '다정하고 예민한' 마음을 지녔지만, '사람들의 의견'이나 세상(le monde)의 '편견,' '자의적 가치'에는 비중을 두지 않는다. 루소는 묻는다: "에밀처럼 자족적이며 편견 없는 인간이 어떻게 타인에게 의존할 수 있겠는가? ……그는 완전히 자유롭게 양육되었으며, 예속은 그가 생각하는 최대의 악덕이다."[23] 어김없이 루소는 다시 한번 자유와 심리적 자율성——특히 시민 사회 내에서의——을 연관시키고 있다. 즉 의지의 독립성을 타인의 의견과 연결시킨다.

그러나 루소가 마련한 에밀의 자유에 대한 마지막 시험대는 그가 무의식적인 의지의 순수함——생득적이며 아직 오염되지 않은 자기애(amour de soi)——을 의식적인 자기 절제로 변환시킬 수 있느냐였다. 즉 선천적 자유로부터 시민적 도덕으로의 변화 가능성이었다. 에밀의 교사는 주장한다: "덕 있는 사람이란 자신의 기질을 억제할 수 있는 사람이다. 그는 자신의 이성을 따르고, 자신의 양심을 따르기 때문에…… 자기 자신의 진정한 주인이다." 그러므로 이 교사는 학생에게 '진정한 자유'를 원한다면, '너의 마음을 다스려라'고 가르친다. 에밀은 영혼의 반려자인 소피와 자발적으로 헤어지는 행동을 통해 상징적으로 정념으로부터 해방된 후 마침내 자신의 목소리로 독립 선언을 한다:

　부유하거나 가난하거나 나는 자유로울 것이다. 나는 이 나라, 혹은 저 나라에서만 자유로운 것이 아니라 이 세상 어느 곳에서도 자유로울 것이다. 모든 편견의 족쇄는 깨어졌다. 나에게는 최소한의 필요라는 구속만이 존재한다……. 나에게 정념이 없다면, 성인이 된 나는 신만큼이나 독립적일 것이다.[24]

이 문장은, 그러나 에밀의 말로 끝나지 않는다. 뒤이어 교사는 그에게 정치적 사회에 들어가 '공익'을 위해 의무를 수행하고 '사람들에게 진리를 말하는 고통스러운 임무'를 시작할 것을 권고한다.[25] 말하자면 루소는 이 가상 주인공에게 사후에 자신의 페르소나——물론 성별된 이단자라는 그의 역사적 후계자들을 포함하여——에 덧붙여질 두 가지 특성, 즉 굳센 자율성과 공익을 위하여 자신을 희생하는 미덕을 투영시키고 있다. 그러나 위 권고의 가장 큰 의미는 루소가 에밀을 통하여 사회 한가운데, 즉 타인의 지옥에서 자연인의 자유를 보존할 방법을 그리고 있다는 데 있다.

그의 목적은 《사회계약론》에서도 한결같이 나타난다. 루소는 첫 문장에서 인간이 '원초적 모습 그대로' 였던 때로 독자들을 데려갈 것을 약속하면서, 유명한 어구대로 인간이 '자유롭게 태어난' 자연에서 한번 더 시작한다. 자연에서는 심지어 아버지와 자녀들 사이의 '자연적 결속' 도 일단 그들이 그를 더 이상 필요로 하지 않게 되면 '풀어진다.' 그들은 곧장 '독립 상태,' 즉 '자연인이기 때문에 누리는 공동의 자유' 로 동등하게 돌아온다. 실제로 루소는 자유——그의 두번째 저서와 《에밀》에서 그랬듯이, 여전히 인간의 '가장 고귀한 기능' 이며 '지고의 선' 인——는 양도될 수 없다고 선언한다: "자유를 포기하는 것은 인간이기를 포기하는 것이며…… 인간의 행동에서 모든 도덕적 의미를 제거하는 것이기 때문이다." 그러므로 타인 때문에 한 인간의 자유 의지를 포기하는 인간 노예제는 도덕적 혐오의 대상에 그치는 것이 아니라 용어 자체로도 모순이다.[26]

루소는 《에밀》에서 개인이 사회에서 선천적 자유를 지키고 '항상 자기 자신과 하나가 될 수' 있으려면 어떠한 교육을 받아야 하는지를 물었듯이, 《사회계약론》에서는 같은 목적을 위하여 어떤 종류의 정치제도가 요구되는지를 묻는다. 어떤 정부 형태라야 타고난 개인 의지의 고결함을 부패하지 않게 보호할 것이며, 시민 사회의 침해로부터 지킬 수 있을 것인가? 또한 어떻게 선천적 자유를 시민적 자유로 변환시킬 수 있을 것인가? 알려진 바대로, 그의 이상은 "각자가 모두와 연결되면서도 오직 자기 자신만을 따르며 이전처럼 자유롭게 남아 있을 수 있는 집단의 형태를 찾아"내는 것이었다. 루소는 자연 법칙 자체와 함께 그가 에밀의 교사에게 권했던 비인격적이고 객관적인 교육 방법을 정치에 적용하는 것을 해결책으로 내어놓는다. 그것이 그의 악명 높은 '일반 의지'이다. 그는 '각자가 자신을 독립적으로 평가'할 수 있는 객관적이고 비인격적인 사회적 합의를 만들어 냄으로써, 《에밀》에서 그랬듯이 '사람에 대한 의존'을 '사물에 대한 의존'으로 바꾸기를 희망하며, 그럼으로써 그가 꿈꾸는 가상의 정치 체제 내에서 각 시민의 심리적 자율성을 보호하기를 바란다.[27]

루소의 의도는 명백하다. 그는 개인 의지를 '일반 의지의 최고 명령' 아래 귀속시킬 때, 최초 협정을 맺는 모든 구성원들이 "자신을 모두에게 귀속시키지만, 아무에게도 예속되는 것이 아님"을 확신해야 한다고 강조한다. 진실로 "각 개인이 자신의 권리를 양보하면서 다른 사람과 같은 권리를 획득하지 못하는 사람"은 없다. 그러므로 어떤 한 사람이 '일반 의지'를 따르지 않아서 '전체에 의해서 강제로 복종하게 될 때'에도 그의 자유는 완전한 채로 남아 있는 것이다. 이것은 루소가 위의 중대한 선언 뒤에 바로 덧붙인 설명에 의하면, "각 개인이 자신을 국가에 귀속시킴으로써 모든 종류의 대인 의존에 대하여 자신을 지킬 수 있는 조건"이기 때문이다.[28]

'전체에 의해서 강제로 복종'하게 된다는 말의 의미는 양육자가 에밀의 교육에서 의지를 대신하도록 부여했던 객관적 '필요'와 같은 종류라고 할 수 있다. 다시 한번 설명하지만 대인 의존이 '모든 악의 근원'이 되는 반면에, 사물 의존은 "타인의 악의가 아니라 사물의 성질을 인내하는 것이 인간의 성정에 존재하는 한 자유에 어떠한 해악도 끼치지 않기" 때문이다.[29] 그러므로 '일반 의지'가 '사물'로서 다루어진다면, 비록 그것이 개인에게 자신의 명령을 따를 것을 강제한다고 하더라도 그의 영혼을 침해하거나 의지를 타락시키는 것은 아닐 것이다. 즉 여전히 그는 자율적이며, '예전과 같이 자유로운' 상태이다.

그러나 어떻게 '전체로서의 조직'이 항상 '사물'로 남아 있을 수 있을 것인가? 즉 '일반 의지'가 개인을 대인 의존의 심리적 거세에 빠뜨리지 않기 위해서는 어떻게 해야 하는가? 루소는 한번 더 명백하게 자신이 생각하는 '일반 의지'는 신비한 집단 의식이 아니며, 자주 비판받는 바대로 전체주의의 전조도 아니라고 답한다.[30] 루소는 '일반 의지'가 '모든 사람에게서 나와 모든 사람에게 적용'되며, '그 대상과 본질이 보편적'이라고 규정한다. 또한 진실로 '보편적'이라면, "국민은 전체로, 행위는 추상으로 파악해야지, 개별 인간이나 구체적 행동을 보아서는 안 된다"라고 주장한다. 예를 들어 설령 '특권을 선포하는 법률'이 있을지라도 "구체적 이름을 통해 특권을 수여할 수는 없다"라고 말한다. 더욱이 '일반 의지'가 '중요 결정'의 권리를 보유한다 하더라도 '공동체 관리'에 필요한 정도까지만 개인의 '권력·재화·자유'에 의지를 행사할 수 있다. 예를 들어 종교의 경우, 루소는 일단 국민이 "자신들의 의견이 사회에 중대한 영향을 끼칠 때에만 주권자에게 말할" 의무를 가진다는 것을 독자들에게 상기시키고, "타종교를 배척하지 않으며, 교리가 시민의 의무에 위배되지 않는 한 모든 종교에 관용을 베풀어야 한다"라고 말한다.[31]

또한 그는 '단지 개별 의지의 총합'에 지나지 않는 '모두의 의지'와 '공동의 이익을 고려'하는 '일반 의지'를 구별한다. 그의 설명에 따르면 전자는 '사적인 이익을 고려'하는 데 반해, 후자는 어떤 법을 두고 투표를 할 때 개인적으로 그것을 찬성하느냐가 아닌 '그들 자신과 동일한 일반 의지에 합치되느냐'를 결정하는 결속된 시민들로 구성된다. 다시 말하면, '일반 의지의 천명'에 다름 아닌 법률의 제정 과정에 있어 각 시민은 자신의 사적 욕구를 고려하는 것이 아니라 자신이 믿는 바 공동의 선을 추구한다. 때때로 개인은 '일반 의지와 상충하는 개별 의지'를 가질 수도 있지만, '자신이 다른 이들에게 부과한 조건'에 복종하기로 동의한 이상 '모두를 위하여 투표'하는 것에 강한 이해 관계를 가질 것이다.[32]

여기에서 우리는 에밀이 선천적 자유에서 시민 도덕—— '감정을 정복'하여 진정한 지배자가 되는 능력——으로 전환한 것과 같은 일이 정치적 영역에서 이루어졌음을 본다. 루소적 시민은 '개인의 힘에 의해서만 제한을 받는 선천적 자유'를 '일반 의지의 제한을 받는 시민적 자유'를 위해 양도함으로써, 즉 의식적으로 개인적 욕망을 버리고 공동의 이익을 선택함으로써 '진정으로 자신을 지배자로 만드는 유일한 자유인 도덕적 자유'──왜냐하면 욕구의 단순한 충동은 노예적이지만, 우리가 자신에게 명하는 법률에의 순종은 자유이기 때문이다──를 획득하게 된다.[33]

그러나 루소는 자신의 체제에서 일반적으로 획득된 '도덕적 자유'에만 의지하는 것에 만족하지 않고, '일반 의지'가 '음모'와 '일부의 연합'에 의해 더럽혀질 것을 우려하여 또 하나의 조치를 강구한다. 그것은 '일반 의지'가 구성될 때 '합당한 정보를 갖추고 있는' 이상적 체제의 구성원들이 '다른 사람과 의사 소통을 하지 않고' 그대로 자신의 생각을 유지하는 것이다. 즉 대인 의존의 괴물은 '일반 의지' 자체에서도 쫓아내야 할 뿐 아니라 그것이 형성되는 과정에서도 배제되어야 한다. 더욱이 루소는 '일반 의지'를 형성하는 과정에서 '입법자'의 조언을 구할 것을 권하면서도, 솔론과 칼뱅 같은 입법자들이 법률을 제정하거나 집행하는 것을 분명히 금지한다. 나아가 그는 '일반 의지'의 형성과 집행을 엄격히 구분한다. 그는 "행정력을 위탁받은 정부는 국민의 지배자가 아니라 대리인일 뿐이다. 따라서 정부가 주권을 불법적으로 행사하는 순간 사회 계약은 깨어지고, 모든 시민은 즉시 선천적 자유를 회복하게 된다"라고 단언한다.[34]

요약하면, 루소의 '일반 의지'는 총론적 의미에 국한되는 것이 아니라 사적인 욕망보다 공익을 우선하여 투표해야 하는 모든 시민의 직접적 의지를 반영한다. 이것은 각 시민이 타인의 부패한 간섭을 받지 않는 상태에서 형성되어야 한다. 이것을 고안하고 실행하는 데 조력한 사람들이 주인──언제나 전체로서의 국민이 주인이다──행세를 해서는 안 되며, 이들은 언제나 해고될 수 있는 기능직에 머물러

야만 한다. 이와 같이 《사회계약론》의 저술 의도를 생각해 보면 루소가 제안하고 있는 바는 시민의 삶을 침해하는 전능한 전체주의 국가의 모습이 아니라, 전체 시민으로부터 나와서 모두에게 적용되는 비인격적·객관적·보편적 지배임을 알 수 있다. 즉 이러한 법은 의지의 완전함을 조금도 훼손하지 않으므로 개인들이 '자연의 법칙에 순응하듯 국가의 법'에 따르는 인격적 자율성의 정치적 낙원을 그리고 있다.[35] 아마 루소의 이러한 낙원은 에밀의 공화국일 것이다. 사회적으로 진실하며, 가식적이지 않으며, 꾸밈없이 솔직하며, 시민의 도덕을 갖추고 있으며, 속임수를 쓰지 않는 시민, 정책이 사적 이익보다 공익을 우선적으로 추구하는 한 그 결정에 적극적으로 참여하는 시민, 시민 사회에 참여하면서도 완전히 자유롭고 자율적인——타인 의존으로 오염되지 않은——의지를 소유하고 있는 시민이 존재하는 곳이다.[36]

루소는 1750년대의 저서를 통하여 문화적 우화를 제시한 뒤, 1762년의 두 걸출한 저서를 통해 그것을 완성했다. 인류의 선사 시대, 혹은 유년 시절에 위치하는 심리적 낙원에서 출발하는 그의 영원한 주인공인 자연인의 특징은 무엇보다도 선천적 자유를 소유하고 있다는 데 있다. 의지의 고결함, 내적 영혼의 '단일함'이 그의 '가장 고귀한 기능'을 이룬다. 그가 사회에 들어가기 위해서는 의지를 타락시키고, 허영심과 사적 이익을 조장하여 타인의 변덕과 자기 정념의 노예로 만드는 대인 의존이라는 사회적 사탄과 직면해야 한다. 루소의 내러티브에는 지옥으로서의 타인과 사적 영리의 추구가 긴밀하게 얽혀 있다. 주인공의 사회적 성격을 형성하는 교육·정치 제도를 세밀하게 재형성함으로써 그의 의지는 타인의 침입에 맞서 순결함을 유지할 수 있다. 그 방법만이 그의 원초적 자유를 구원하여 좀더 고차원의 시민적·'도덕적 자유,' 즉 의식적인 자기 절제로 변화시킬 수 있다.

루소의 저서, 특히 《사회계약론》이 혁명 세대에 끼친 직접적 영향은 아직도 토론중인 문제이다. 그러나 루소의 이 위대한 정치 서적들이 18세기에 가장 읽히지 않은 책 중의 하나였다는 것은 의심의 여지 없이 확실하다. 나아가 로베스피에르나 생 쥐스트 같은 그의 열렬 신봉자들일지라도 그가 제창한 실행 불가능한 원리들——가장 악명을 떨친 것으로 대의제 금지를 들 수 있다——을 포기해 버렸던 일은 역사적 기록으로 남아 있다. 그러나 적어도 루소의 저작을 관통하는 자유와 대인 의존 사이의 갈등——선천적 자유, 타인의 침입, 사회 속에서의 상상적 재생에 이르는 설득력 있는 내러티브——은 혁명의 급진적 시기의 기초로 작용하였던 것으로 보인다. 데이비드 조든은 자코뱅 클럽이 '독립성과 자족'을 '자유의 일상적이고 필수적인 조건'으로 여겼다고 쓰고 있다. 그러므로 다른 역사가가 표현한 대로 이들이 '순수성에 몰입해 있는 자아의 자율성'을 강조했음은 당연한 일이다.[37]

　실제로 로베스피에르는 국민을 투표권이 있는 '능동적' 시민과 투표권이 없는 '수동적' 시민으로 구분한 1791년의 헌법을 공격하면서 분명히 루소적인 자유의 정의를 받아들였다: "그 자신이 제정한 법을 따르는 것은 자유이지만, 타인의 의지에 굴복해야만 하는 것은 구속이다." 나아가 의지의 단일함에 대한 루소의 강조를 반영함과 동시에 후일 자코뱅 담론의 반자유주의를 예견하며 국민공회에 이렇게 경고한다: "자유를 위하여 할 수 있는 모든 일을 하지 않는다면 아무것도 하지 않은 것이 될 것이다." 왜냐하면 "자유에는 두 종류의 방법이 있지 않아서 완전히 자유로운 것이 아니라면 한번 더 노예가 되는 것"이기 때문이다. 이러한 루소적 정신은 2년 뒤 그가 다시 초안을 잡을 것을 제안한 〈인간과 시민의 권리 선언〉에서 명백히 나타난다: "자유는 인간에게 부여된 자신의 능력을 자의대로 행사할 수 있는 힘이다. 자유의 규칙은 정의이며, 한계는 타인의 권리, 원리는 자연, 보호 수단은 법률이다." 또한 비록 국민이 대의 제도를 선택한다 하더라도, "집합한 모든 주권의 각 부분은 완전히 자유롭게 자신의 의지를 표현할 권리를 누려야 한다."[38]

이와 같이 로베스피에르에게 있어서 개인의 자유는 대인 의존이 부재함과 동시에 사회 내에서 의지의 고결함이 완전히 보존되는 것을 의미하였다. 나아가 그는 1792년 "진정한 독립은 재산과 관계되지 않고…… 인간의 정념에 달려 있다"라고 주장한다. 그러므로 로베스피에르에게는 평민 계층이더라도 '파괴적 정념에 사로잡혀 있지 않다' 면 부자보다 더 자유로운 사람이 된다. 루소와 마찬가지로 이 자코뱅 지도자에게 있어서 자유는 결코 사적 이익의 무제한적 추구와 혼동되어서는 안 되었다. 그는 1792년 경제 가격 통제를 지지하면서 다음과 같이 주장하였다: "만약 모든 인간이 공명정대하고 고결해서 타인의 재산을 빼앗고자 하는 탐욕이 없다면 무제한의 자유가 가능할 것이다." 그러나 어디나 존재하는 특권 계급의 착취라는 관점에서 볼 때, 그러한 방임적 자유는 '공익보다 사익'을, '약자의 권리와 필요보다 강자의 오만과 정욕'을 채우게 될 것이다. 요약하면 로베스피에르에게 진정한 자유——방해받지 않은 심리의 자율성——란 '민중'의 영역에 속할 뿐 아니라, 원천적으로 사적 이익의 무제한적 추구와는 적대적인 성질의 것이다.[39]

실제로 로베스피에르는 심할 정도로 사적인 영리 추구를 '야심, 교만, 탐욕, 가장 사치스런 공상, 사회에 해로운 정욕'으로 여겼다. 즉 루소의 허영심(amour-propre)이 그랬던 것처럼 자신의 혁명적 비전에 막중한 위협으로 생각했다. 이 자코뱅주의자는 1794년의 악명 높은 연설인 〈정치적 도덕성의 원리에 관하여〉에서 이렇게까지 주장한다: "우리가 자유와 평등을 평화롭게 누릴 수 있기 위해서는 모든 비열하고 잔인한 정욕들이 억제된 사물의 질서를 추구해야 한다. 왜냐하면 부패한 인간에게 이미 자유는 없기 때문이다." 따라서 그는 "먼저 의

회가 공익을 위하는 보편적 열정을 위하여 모든 개인적 정욕을 버릴 것"을 명령한다.[40]

특히 혁명 위기를 맞아 로베스피에르는 국민의 의지가 허영심으로 오염되지 않고 오직 공익에 집중되어야 한다고 주장했다. 그래서 익히 알려진 대로 혁명적 자유를 '국가와 법률에 대한 사랑'이라고 정의하는 '도덕'과 동일시하기도 하였다. 예를 들어 1794년 그는 "자유와 도덕은 동일한 신성함의 가슴으로부터 나온다. 어느것도 다른 하나가 없이는 인간에게 존재할 수 없다"라고 말한다. 그래서 그는 '이기심과 사소한 즐거움'은 억제하고 '나라 사랑을 일으키고 도덕을 정화하고 영혼을 고양하며 인간의 열정을 공익으로 향하게 하는' 법률을 제정할 것을 주장한다.[41] 이런 식으로 로베스피에르는 루소의 '도덕적 자유'——개인이 공익을 위하여 자발적으로 사적인 정욕을 억제하는 것——개념을 빌려와서 혁명을 위하여 정치에 참여하는 시민의 의지에서 사적 영리 추구를 완전히 제거하는 급진적 정도까지 확장시킨다.

이러한 절대적이고 오염되지 않은 '자유'는 영속적 정화와 엄격한 심리적 경계를 요구한다. 로베스피에르는 1791년에 "정열에 질투가 필수적이듯 자유의 사랑에는 의심이 요구된다"라고 공언하였다. 그가 1794년에 표현한 대로 '사람들은 천성적으로 정의롭고, 선을 행하려고 하지만' 언제나 가까이 내적 타락의 위험이 도사리고 있는 것이다. 혁명의 적으로서 혁명 시민의 자유에 언제나 그림자를 드리우고 있는 것이다. '폭군'·'음모자'·'반역자'의 모습이든, 공화국 '내부'에서든 '외부'에서든 '혁명의 적'은 '민중'을 혁명적 자유라는 새롭고 연약한 천국으로부터 언제든 끌어내 대인 의존의 지옥으로 되돌릴 준비가 되어 있다.[42]

로베스피에르는, 앞서 루소가 그러했듯이, 점차 세계를 도덕적으로 뚜렷이 양분하여 보게 되었다: "프랑스에는 오직 두 부분만이 존재한다. 민중과 그 적들이다. 하나는 부패한 인간의 무리요, 다른 하나는 선한 사람들이다." 그는 "민중의 적들이 사회적 자유를 파괴하는 모든 악덕의 근원이다"라고 주장한다. 그들은 '부자들의 후원'을 받아 "쾌락에 약한 자를 유혹하고, 약한 자를 넘어가게 하는 모든 악으로 무장"하여, "공화국에 대항하는…… 기만과 부패의 전쟁"을 벌인다. 로베스피에르가 엄격하고 무자비한 혁명정부의 존재를 점점 더 강도 높게 주장하는 것은 바로 이런 '자유의 적'을 '타도하기' 위해서이다. 1793년 그는 혁명을 "자유의 적들에 대항하는 투쟁"으로 정의하면서, 의회가 "자유의 적들을 공포정치로 진압하는 데 항상 즉각적으로 나설 것"임을 재확인하였다.[43]

로베스피에르의 혁명 묘사에는 진정한 사회적 자유와 그것을 끊임없이 위협하는 심리적 오염간의 루소적인 극적 투쟁이 명백하게 나타난다. 자유인을 자기 자신에게 복종하며 '타인의 의지에 굴복하도록 강요받지 않는' 사람으로 정의하는 그는 '민중'에게서 루소적 의미의 선천적 자유를 발견한다. 사적 영리 추구라는 '무거운 정욕'으로부터의 독립에서 비롯하는 의지의 자율성이 그것이다. 더 나아가 로베스피에르는 혁명의 철저한 활동 속에서 민중의 선천적 독립성은 필연적으로 루소적 의미의 '도덕적 자유' 혹은 '시민 도덕'——국가와 사회 복리에 대한 이기심 없는 사랑——으로 변화되어야만 한다고 주장한다. 그러나 혁명과 자유의 지속에 필수적인 이 의지의 순수성은 혁명의 타자——로베스피에르가 루소적 원죄인 허영심을 투영하여 만들어 낸——라는 강력한 적과 이것이 수반하는 악덕인 야망·탐욕·시기심·이기주의에 의해 언제나 위협받는다. 로베스피에르는 다시 한 번 루소처럼 그 타자를 노예 상태의 실제적 원인이자 보다 치밀하게는 우리 자신의 악마에의 내부적 굴복으로 묘사한다. 그 결과 최종 분석에서 그는 민중 의지를 계속적으로 정화하기 위해 필요한 수단으로서 공포정치를 합리화할 수 있게 된다. 왜냐하면 그는 혁명을 타자(les αutres)의 부패한 침입으로부터 개인 의지의 고결함──진정한 개인적·정치적 자유──을 지키고자 하는 극한의 투쟁으로 정의했기 때문이다. 루소가 지니고 있던 대인 의존과 '타인'에 의한 심리적 침해에 대한 증오에 가까운 두려움은 개인의 의지에서 영속적으로 사회악과 사적 영리 추구를 일소시켜야 한다는 로베스피에르의 주장에 여실히 반영된다.

반세기가 흐른 후, 그리고 스탕달이 쓴 혁명 후의 쥘리앵 소렐의 이야기가 처음 나온 지 15년 정도 후에 미슐레는 1845년에 연달아 나온 베스트셀러 《사제·여성, 그리고 가정》과 《민중》에서 놀랍도록 비슷한 내러티브를 구성해 보였다. 물론 두 책 모두 소설이 아니었으며, 표면상으로는 별로 관련이 없는 것처럼 보인다. 전자가 19세기 프랑스의 교권 반대주의의 고전을 이루는 반면,[44] 후자는 공화적 민족주의의 전형적 진술을 보여 준다. 그러나 각 저서 모두 극적인 어조로 개인 자유에 대한 '타인'의 임박한 위협을 개설하였으며, 또한 그러한 위협에 대하여 의지의 순수함을 지키는 것이 문화적으로 절박함을 강조하였다.

미슐레는 《사제·여성, 그리고 가정》에서 자유란 '인간 내부의 신'이라고 주장하며, 《민중》에서 '자유'라는 낱말 속에 '인간의 모든 존엄함'이 내재함을 발견한다. 미슐레에게 있어서 자유는 다시 한번 인간 본질에 존재하는 의지의 순전한 고결함이다. 《민중》에서 그는 '마음의 단순함'을 지켜온 아이들과 민중 계급에 남아 있는 선천적 '본능과 행동'을 자유와 연결시킨다. 그는 명백히 루소적 어조를 빌려 "인간은 고귀하게 태어나 고귀하게 죽는다. 인간이 야비해지고 천해지는 것, 그리고 인간 사이에 불평등이 생기는 일은 생애 동안의 일"이라고 주장한다. 같은 어조로 《사제·여성, 그리고 가정》에서 그는 "각 사람이 가지고 태어나는 신성한 천진함과 인격의 자유, 그리고 그의 가장 사적이고 개인적인 것——의지"에 대하여 이야기한다. 이 역사학자는 이렇게 덧붙인다: 한 사람의 의지는 "그를 그것의 이미지에 맞추게 하므로 그에게 인내력을 부여하며 그를 진정으로 지배한다."[45]

이 두 저서에서도 역시 의지의 원초적 주권은 대인 의존이라는 친숙한 유령에 의해 위협받는다. 《민중》의 첫 부분인 〈구속과 증오에 대하여〉라는 제목의 글에서, 그는 농부 · 공장 노동자 · 장인 · 제조업자 · 소매 상인 · 관료 · 부르주아 기업가에게서 나타나는 다양한 양태의 대인 의존을 비교한다. 미슐레는 "상위 계층으로 올라갈수록 활기가 없어진다"라고 주장한다. 예를 들어 공장 노동자는 "신체와 외부적 구속에 극도로 의존하는 반면에 여전히 증오심 없는 마음을 간직"하고 있다. 사실 "가장 의존적인 노동자는 육체적으로는 노예이지만 영혼에서는 자유롭다." 반면에 소매 상인은 손님을 "**즐겁게** 하기 위하여 아침부터 밤까지 자신의 생각을 숨기고, 자신의 영혼을 노예화시키며 정직함을 희생"(미슐레의 강조)해야 한다. 미슐레는 이것이야말로 '가장 비천한 형태의 노예'라고 한탄한다. 그보다 더 나쁜 것은 "통찰하고 탐문하고 염탐하여 심지어는 영혼까지 지배하려고 시도하면서 처음부터 끝까지 모든 것을 고려하는 관료의 간접적이며 에두르는 의존"이다. 왜냐하면 '외부적 이익'에 관련하여 거짓말을 해야 하는 상인일지라도 '영혼에 관련된 것'이라면 자주 '그의 독립성을 지키기' 때문이다. 그러나 관료는 '때로 정치적 · 종교적 신념에 관련된 것에 대해서도 거짓'을 말해야 한다. 그러나 최악의 구속은 부유한 부르주아의 '사적 이익'이다. '계산기의 지독한 자기 본위'에 갇힌 그의 영혼은 결과적으로 '공허하다'고 미슐레는 쓰고 있다.[46] 요약하면, 미슐레는 《민중》에서 인간의 지옥에 대해 타인 의지에의 굴복이라는 내적 구속보다 자연이나 공장에서 일어나는 '외적 구속'——즉 사물로 인한——을 찬성하는 루소적인(그리고 로베스피에르적인) 서열을 매기고 있다. 다시 한번 말하지만, 대물 의존은 신체를 구속할지는 몰라도 대인 의존이나 최악의 경우인 스스로의 허영심에 구속되는 것처럼 영혼을 범하지는 않기 때문이다.

미슐레는 《민중》에서 자신이 "다른 책에서 말했던 것을 성직에의 구속"으로 언급한다. 그러나 그가 암시하고 있는 다른 책 《사제 · 여성, 그리고 가정》은 오히려 성직자 자신의 구속보다 그가 타인을 노예화시키는 것에 대하여 다루고 있다. 사실 미슐레의 이 글은 17세기 이래로 프랑스인의 정신을 지배해 온 가톨릭 교회의 시도——아내를 영적으로 유혹하여 대인 의존의 실질적 병리를 유발하는——에 대한 선동적 비판이다. 미슐레의 글에 나오는 원형적 신부는 '여성이 남성보다 약하고 속기 쉬움'을 알고서 '남편도 모르는 여자의 비밀'을 알기 위해 '고해성사'라는 '거대한 권력'을 행사한다. 신부는 그녀를 정기적으로 방문하면서 그녀의 영적 '지도자'의 역할을 맡는다. 미슐레는 "여성들은 고해 신부에게는 단지 그들의 죄만 고백하였다. 그러나 지도자에게는 모든 것을 다 이야기했다"라고 설명한다. 실제로 '한 영혼 위에 군림'하고 '누군가의 신'이 되는 것이 신부의 야심이었다. 그에 따라 그는 그녀의 영혼이 아직도 '자신이 닿을 수 없는 자유의 세계'를 숨기고 있다는 가능성 아래 '더욱 그녀를 통찰한다.' 미슐레는 비밀스럽게 "그는 그녀를 연인으로 바라게 된다——신의 연인. 그는 그녀를 속이면서 자신을 속인다"라고 비판한다.[47]

그러나 미슐레에 따를 때 '[여성의] 영혼의 순결성'을 범하는 것보다 더 나쁜 것은 '경쟁 관계의 권위, 즉 남편의 권위를 침해'하려는 신부의 의도이다. 아내는 매일 남편과 아들에게 '자신이 배운 교훈'을 반복하고, 그것은 "자유의 영역에서 벗어나 습관의 영역으로 들어간 우리 일상의 드러난 부분"에 주입된다. 아내가 털어놓는 비밀을 통해 신부는 남편의 '가슴 깊이 간직한 생각'에 접근하게 된다. 그 결과, "남편은 자신이 잠자리에서 꿈꾸었던 것을 다음날 대로에서 듣고서 깜짝 놀라게 된다."[48]

즉 미슐레에게 있어 교회는 로베스피에르가 비난한 '혁명의 적'만큼이나 자유를 위협하며 침입하는 강력한 타자를 표상한다. 심지어 공화국을 지지하는 사제들조차도 **근대적 이성의 적**(미슐레의 강조)이며, '혁명의 적'이라고 그는 주장한다. 왜냐하면 교회의 이상은 "**무로 돌아가는 것**에 있으며, 인격·의지·활동을 억제하는 기술이기 때문이다."(미슐레의 강조) 《사제·여성, 그리고 가정》은 그러한 '혁명의 적'이 자유로운 인간의 내밀한 마음을 교활하게 '뚫고 들어와서' 인간을 사실상 거세시키며, 인간다움과 자유를 결정짓는 의지의 주권성을 범하는 과정을 묘사하고 있다. 즉 이 책의 목적은 대인 의존이라는 괴물의 모습을 공개하려는 데 있다.[49]

그러나 미슐레에게 있어, 프랑스적 자유가 교권제의 심리적 '구속'이나 교회의 인격적 침해로 인해 위기에 처해 있다 하더라도 구원의 방도가 아주 없는 것은 아니다. 루소와 같이 미슐레는 교육을 통해 인간의 선천적 자유가 재생될 수 있다고 보았다. 《민중》에서 그는 비록 프랑스인들이 "불운에 의해 손상되고 발전에 의해 부패되었지만, 사랑과 능력의 충만함으로 자신의 내적 탁월함을 나타내는 조화롭고 창의적인 천재의 탄생"은 여전히 가능하다고 쓰고 있다. 그러나 그는 "정치 수단의 첫째 과제는 무엇인가? ……둘째는? ……셋째는?"이라고 묻는다. 각 질문에 대한 그의 대답은 모두 '교육'이다. 국가와 혁명에 대한 사랑으로 '사람들을 재결합' 시키고자 애쓰고 '의지력과 도덕의 힘'을 고양하며, '희생의 힘과 아량'을 불어넣는 공교육만이 '선을 가능' 하게 하는 '자유'를 회복하게 할 것이다.[50]

반면에 《사제·여성, 그리고 가정》에서 그는 공교육보다는 그가 '자유'의 교육이라고 주장하는 '가정에서의 교육'을 더 옹호한다. 역설적이게도 그는 가정에서 아들이 어머니——물론 교회와 절연했다는 가정 아래에서——에 의해 교육받는 것을 지지한다.[51] 남편의 자유를 자기도 모르게 배신하는 '여성의 연약하고 속기 쉬운 성질'에 대한 노골적 경멸과, 피어나는 프랑스 아들의 자유를 어머니의 손에 기꺼이 맡기고자 하는 그의 태도는 겉으로 보기에는 분명히 모순되지만 이해할 여지가 전혀 없는 것은 아니다. 언급하겠지만 성별된 이단자들은 아버지나 일반적 의미의 인간으로부터는 명확한 독립성을 가질 것을 요구받았지만, 어머니에게 정서적으로 의존하는 것은 허용되었을 뿐 아니라 미래의 위대함을 예시하는 특징으로 여겨졌다. 예를 들면 앞서 언급했듯이 사르트르의 어머니가 아들에게 보인 '열렬한 애정'과 초기 저작에 대한 무조건적 지지가 그러하고, 푸코가 문학을 직업으로 택했을 때 아버지의 반대에도 불구하고 그의 어머니가 보인 지지가 그러하다.[52]

미슐레 자신은 앞서 언급한 대로 《사제·여성, 그리고 가정》의 두 번째 서문을 어머니에게 헌정하였다: "어머니에게 내가 얼마나 많은 빚을 지고 있는지!" 그는 외친다: "나는 내가 어머니의 아들임을 깊이 느낀다."[53] 본문에서는 감격한 나머지 다소 성급하게 이렇게 단언하기도 한다: "뛰어난 사람들이 모두 **어머니의 아들**이었다는 점은 거의 예외가 없는 일반적 규칙이다."(미슐레의 강조) 그는 아들의 '선천적 충동'을 억제하는 것이 아버지의 역할인 데 반해 어머니는 본능적으로 그의 자유를 길러 준다고 주장한다. 어머니는 사랑하는 아들의 '의지와 도덕적 능력을 보존하고자 하는 간절한 소원'을 가지고 '아들의 원천적 개체성의 보호자'가 된다. 즉 "어머니의 교육에 대한 이상은 행동에 있어서 강하고, 저술에 있어서 생산적인 영웅을 만드는 것"이다. 그녀의 아이가 "보나파르트·볼테르·뉴턴과 같은 사람이 될 수 있을까"라는 질문에, 그녀는 "그가 힘과 생기를 받을 것이며, 강한 심장으로 자유의 관대한 공기를 호흡할 것이다"라고 확신한다.[54]

미슐레에게 있어 어머니에의 의존은 어린 아들의 자유에 아무런 손상도 끼치지 않고, 오히려 의지의 선천적 주권성을 지지함으로써 더욱 고양하는 효과를 가진다. 다소 역설적이지만 미슐레의 내러티브에 있어 그것은 외부 의지에 의한 오염을 막아 주는 또 하나의 수단으로 나타난다. 애국심을 고취하는 공교육과 더불어 타인과 자기 자신의 '계산기의 자기 본위주의'에 심리적으로 구속되어 의지의 순결함을 훼손하는 것을 막아 주어 자율성을 스스로 의식하는 시민이 되게 하는 수단이 된다.

언뜻 보기에, 유명한 세기말 철학의 골격을 구성하는 추상적이고 난해한 앙리 베르그송의 《시간과 자유 의지: 의식의 직접 자료에 대한 소론》(1889)과 《창조적 진화》(1907)만큼 로베스피에르나 미슐레의 격앙된 저술과 동떨어져 보이는 것도 없을 것이다. 그러나 그 자체로서는 사회 비판이나 정치에 무관심해 보였지만, 베르그송은 바로 그 형이상학의 구조 속에서 지금은 익숙한 자유와 대인 의존에 대한 이단적 이야기를 하였다. 그것은 선천적 자유가 외부의 압제자에게 예속되고 있을 가능성을 다시금 환기시켜 주는 것이었다. 실제로 앞서 언급한 바, 그의 강의를 듣기 위해 콜레주 드 프랑스에 운집한 파리 청중들은 강의에서 어렵지 않게 자유의 주제에 초점을 맞춘 기성 질서에의 급진적 비판을 읽어내었다.[55] 앞으로 간략하게 보겠지만, 샤를 페기와 같은 그의 제자들도 스승의 형이상학에서 어렵지 않게 정치적 도덕을 추출해 냈다.

베르그송의 담론에 등장하는 자연의 '생명적' 영역 대 '기계적' 영역, 시간 대 공간, 순수한 '지속' 대 '이미 만들어져 있는' 언어의 범주, 인간의 직관 대 지성 등의 유명한 이분법들은 다가올 정신의 극적 사건을 예시한다. 베르그송은 실재(the real)와 각기 다른 차원에서 접촉하는 인간의 두 자아가 있다고 가정한다. 하나는 생기에 찬 '심층부 자아(moi intérieure)'로서 역동적이고 중단되지 않는 실재의 흐름인 지속(la durée)에 참여하며, 다른 하나는 기계론적 · 경험적 · 사회적 자아로서 직접적으로 '유용한' 것을 판별하여 '일상 행동의 대부분'

을 수행하고, 그렇지 않은 것은 "무의식으로 되돌려보내는 의식의 자동 조작"(베르그송의 강조)을 담당한다. 전자는 자연의 역동적인 비결정성과의 직관적 결합을 통해 자유롭고 자발적으로 활동하는 데 반해 후자는 현실을 계량하고 실질적으로 자신의 이익을 계산하며, 언어의 고정되고 미리 결정되어 있는 영역 안에 머무른다.[56]

전자인 심층부 자아에서 루소의 선천적 자유의 자취를 감지해 내는 것은 어려운 일이 아니다. 상기하자면, 루소에게 자유는 "기계론의 법칙으로는 전혀 불가해한 완전히 영적인" 행동을 수반하는 '의지의 능력'을 의미했다.[57] 한 세기 반이 지난 후 《창조적 진화》에서 베르그송 역시 동물의 경우 "새로운 자동 작용을 만들어 낼 동안만 자동 작용을 멈추는" 반면에, 인간의 경우에는 "그리고 단지 인간만이 자신을 자유롭게 놓아둔다"는 것을 깨닫는다. 《시간과 자유 의지: 의식의 직접 자료에 대한 소론》에서 그는 "자유로운 결정을 가능케 하는 것은 완전한 영혼이다. 우리의 행위가 완전한 인격에서 비롯될 때 자유롭기 때문이다……. 예술가와 그 작품 사이에서 간혹 발견되는 정의할 수 없는 유사점이 행위와 인격 사이에도 있어야 한다"라고 주장한다. 그는 루소와 미슐레를 상기하며, 그러한 천진난만하게 자유로운 행위는 '신선한 어린 시절'의 것이라고 생각한다.[58] 이렇게 베르그송의 자유도 다시 한번 원초적 자유의 타락하지 않은 순결함으로 향한다.

그러나 베르그송의 '근본적 자아'와 더불어 '타자를 끊임없이 잠식해 들어가는 기생적 자아'도 불가피하게 떠돌면서 많은 사람이 '진정한 자유를 알지 못한 채 죽어가게' 한다. 실제로 베르그송이 '지성'이라고 부르는 "이성보다 강하며, 직접 경험보다 강력한 이 마음의 기계적 본능은 분리에 대한 채워지지 않는 욕망"을 특징으로 가지고 있다. 이것은 공간적 범주라는 고정된 기하학을 그것의 분석적 관점이 적절하고도 정확하게 들어맞는 무생물의 영역뿐만 아니라, 그렇지 않은 생명의 지속이라는 시간적 범주에까지 부과하고자 한다. 이러한 축소의 폭력을 수행하는 도구로 무엇보다도 언어가 사용된다. 베르그송은 '야수 같은 말이 개인 의식의 섬세하고 잘 잡히지 않는 인상들을 깔아뭉개고, 인간의 느낌에서 안정적이며 공유되는, 결과적으로 비인격적인 요소들만을 축적'하는 것을 한탄한다. 예를 들어 "우리들 각자는 사랑하고 미워하는 자신만의 방법"을 가지고 있으며, "이러한 사랑과 미움의 방식이 각자의 인격을 반영"하는 데 비해 언어는 "사랑·미움, 그외 영혼을 흔드는 수천 가지 감정의 비인격적인 면"만을 포착하여 "어떠한 경우에도 같은 낱말로서 그 상태를 표시한다." 즉 베르그송이 《창조적 진화》에서 선포하는 대로 "지성은 근본적으로 인생의 이해에 무능력하다는 특징을 지닌다."(베르그송의 강조)[59]

그럼에도 불구하고 "사회 생활이 내적·개인적 생활보다 실용적 의미에서 더 중요한" 이상 우리는 심층부 자아보다 일반적으로는 사회 생활, 구체적으로는 언어의 요구에 더 잘 부합하는 이 기계적인 '자아의 그림자'에게 자유를 양도한다. 그러나 그 과정——'감정을 언어로 표현'하기 위해 응고시키는——에서 우리는 '반사 행동'과 '자동 작용'이 자유를 대체하고 있음을 알게 된다. 우리의 의식은 '점점 생기를 잃어가고 인격을 벗어나게 된다.' '우리의 삶이 시간이 아닌 공간 속에서 펼쳐질' 정도가 되면 '자신이 아닌 외부 세계를 위해 살아'가고 있는 것이다. 결국 우리는 '언어의 고정된 어휘로는 표현하지 못하는 내적 삶'을 포기하고 '인공적으로 재구성된 자아'를 만들어낸다. 이 공리적 이성은 '연결되는 심리적 상태를 침해'하며, "지속 개념에 공간을 도입함으로써 결국은 근본으로부터 내외의 변화·운동·자유에 대해 우리가 느끼는 감정을 무디게 한다."[60]

다시 말하면, 베르그송은 이단적 내러티브를 온전히 인간의 심리 안에서 펼쳐지는 형이상학적 드라마로 재구성하였다. 철학자에 따르면, 선천적으로 자유로운 우리의 심층부 자아——자발적이고 순수하며, 자연의 역동적 시간 흐름에 일치하는——는 언제나 그것에 '기생하는' 그림자인 기계적 이성의 위협을 받는다. 이것은 근본적으로 비정치적 성질의 이야기이지만, 그럼에도 불구하고 놀라울 정도로 로베스피에르 · 미슐레 · 루소 · 스탕달이 두려워했던 것과 닮아 있다. 이것은 로베스피에르의 혁명의 적처럼, 미슐레의 신부처럼 자신만을 위해 일하는 공허한 영혼의 이기주의자이다. 또한 이것은 루소의 세련된 파리지앵과 스탕달의 부유한 부르주아처럼 개인의 자발적 의지에서 순수 · 생기 · 자유를 빼앗음으로써 문명의 범용함과 기계적 습관, 자기 중심적 타산──통괄하여 대인 의존과 허영심──이 그를 지배하게끔 한다. 사실 베르그송의 형이상학적 타자는 인간에게 존재하는 언어라는 영원한 트로이의 목마 때문에 다른 것들보다 더 교활하다. 즉 베르그송에게 타인 지옥은 인간의 담론 의존으로 인해 영원히 내면화되어서 사회적 유용성이라는 거미줄 안에 천부의 자유와 자발성을 언제나 가두고자 한다.

그러나 구원의 가능성은 여기에도 존재한다. 베르그송은 '지속'을 '원래의 순수성'으로 되돌려 놓기 위해서 '우리의 자아를 이전의 상태와 현재의 상태를 분리' 해서 생각지 말고 '그 자체로 살아가게' 해야 한다고 주장한다. 그러나 이것을 실행하기는 극도로 어려운 일이다. 왜냐하면 '현저하게 지성' 에 편향되어 있는 평상시의 의식을 버리고 '바로 삶 속으로 직진해 들어가는 직관' 을 선택해야 하기 때문이다. 이러한 '순수 지속' 은 오직 "깊은 성찰을 통해 우리의 내적 상태가 살아 있어 끊임없이 진행 상태에 있으며, 또한 계량화할 수 없는 것임을 이해"하려는 신중한 노력 속에서 회복될 수 있다.[61] 이렇듯 베르그송의 철학적 내러티브 속에는 로베스피에르나 미슐레의 명백히 정치 · 사회적인 자유의 신화 못지 않게 순결한 인간 의지가 시시때때로 영역을 침범해 들어오려는 정신의 흡혈귀를 피하고 극복하여 승리할 것이라는 전망이 담겨져 있다.

샤를 페기는 유명한 자신의——그러나 베르그송적인——이분법인 '미스티크'와 '폴리티크'를 통해 스승의 철학적 드라마를 즉시 정치와 사회 비판의 틀에 맞추어 재구성한다. 페기에게 있어 '미스티크'는 베르그송의 지속(durée)과 직관적으로 연결되는, 인간 영혼의 모든 자유롭고 약동하는 것을 의미하며, 반면 '폴리티크'는 우리 안의 미리 예정되어 있는 모든 상투적인 것을 표상한다. "모든 것은 미스티크에서 시작해 폴리티크로 끝난다"라는 말은 페기의 유명한 1910년 에세이 《우리들의 청춘》 중에서 가장 자주 인용되는 문장이다. 그는 제목을 통해 4년 뒤 죽기 전까지 그의 저술을 지배할 영혼의 원초적 순수성에 대한 깊은 노스탤지어를 환기시키고 있다. 예를 들어 1911년에는 학창 시절을 추억하며 '모든 것'——사회주의와 그리스도교를 포함하여——이 '순수'했고, '모든 것이 젊었다'고 썼으며, 1913년에는 "교회와 공화국을 같은 마음, 즉 어린아이의 마음으로 사랑할 수 있었던" 자신 세대의 '행복한 유년 시절'을 찬양했다.[62]

페기가 그리는 '미스티크'의 세계는 이 에세이스트가 이따금 찬성하면서 인용하는 미슐레의 '민중'에게 존재하는 '마음의 단순성'이나, 루소가 이야기한 자연인의 낙원을 환기시킨다. 그것은 '미스티크' 안에 자유와 동일시되는 의지의 독립성과 근본적 단일성이 내재되어 있기 때문이다. 그는 1913년에 이렇게 쓰고 있다: "나는 자신이 믿는 바를 믿으면서 그것대로 살아가는 것을 의미하는 자유를 그 무엇보다도 사랑한다." 페기는 마지막 저서에서 베르그송을 옹호하며, 스승의 가르침은 '기성의 것(tout fait)'으로부터 '정신의 자유'를 지키는 정신의 '반습관(contra-habitude)'이라고 평가했다. 또한 베르그송의 철학은 '특별히 자유롭고 근본적으로 자유주의자(libertaire)의 것'이라고 주장한다. 실제로 '프랑스적 자유'는 '베르그송적 자유'에 다름 아니다.[63]

페기에게 있어 자유가 원초적 순수성과 의지의 자발성을 이룬다고 할 때, 그것은 언제나 '폴리티크' ——사방에 존재하는 적을 일컫는 페기의 포괄적 용어——에 의해 사면이 둘러싸여 있다. 그는 《우리들의 청춘》에서 반역자란 '신념을 팔고, 영혼을 팔고, 존재를 팔고…… 그에 상응하는 폴리티크를 얻기 위해 자신의 미스티크를 파는 사람'이라고 선언한다. 그리고 그러한 내적 타락의 전형으로 장 조레스를 든다. 페기는 드레퓌스 사건 동안 그와 더불어 투쟁했음에도 불구하고, 이 사회주의자가 자신의 반교회주의와 국제주의 정치 전략을 촉진하기 위하여 '드레퓌스 미스티크'를 이용한 것을 비난한다. 페기는 장 조레스가 '우리의 미스티크'를 오용함으로써 "우리를 배신했을 뿐 아니라 우리를 더럽혔다"라고 주장한다. 1905년에 그는 "야외와 가을 숲의 조레스, 추론적·웅변적이며 결정짓는 이성을 이용하여 설명하는 능력에 의해 파괴된 시적인 조레스"를 상세히 묘사하며 찬양했었다. 그가 '재앙'이라고 표현하는 그들의 마지막 만남에서 환기되는 조레스의 모습은 "지치고, 굽어 있는, 소진된, 자유로운 삶, 정직한 삶, 소박한 시민의 삶을 버린" 등의 수식어로 묘사되는 '완전히 다른 인간'이다. "영원히 돌이킬 수 없이 그는…… 폴리티크 속으로 뛰어들었고…… 스스로의 파멸의 목격자가 되었다." 1913년 페기는 전날의 동지에 대해 사회주의를 '부르주아 정당'에, 드레퓌스주의를 '국가'에, 심지어 프랑스 전체를 '독일 정당'에 팔아넘겼다고 비판하였다.[64]

그러나 조레스는 빙산의 일각에 불과했다. 로베스피에르가 환생한 듯이 그는 《우리들의 청춘》에서 "처음에 창설자가 오고, 나중에 이익을 취하는 자들이 온다"라고 비판한다. 실제로 페기에게 있어 "현대는 성격상 아무것도, 심지어는 무신론조차도 믿지 않고 아무것에도 자신을 희생하지 않는 사람들로 이루어진다." 그것은 '거대한 **탈신비화** 운동과 불모성'(페기의 강조)을 수반한다. 1913년에 덧붙이기를 "특히 이기주의와 사적 이익의 추구가 이런 정도의 비열함에까지 떨어진 적은 일찍이 없었다"라고 하였다. 그는 베르그송의 이미지로 그

적을 묘사하면서 "오늘날 경제의 과학적이고 냉정한 직각의 규칙적인 협착성"을 성토한다. 실제로 1914년 페기는 베르그송을 옹호하며 "자기 자신의 관료주의와 형식주의의 축적물에 굴복해 버린" 모든 '죽은 영혼'들을 한탄한다.[65] 즉 내부에 존재하는 자기 본위의 '폴리티크'에 굴복해 버린 현대의 프랑스인들은, 페기의 비판에 따르면 국가를 위기에 빠뜨린 동시에 자신의 진정한 자유를 희생시켰다.

그러나 페기의 국가적 멜로드라마에서도 모든 것이 사라지지는 않았다. 무엇보다도 《우리들의 청춘》에서 그는 '진실한 사람은 여전히 미스티크에 충실함'을 주장하며 드레퓌스 옹호자들이 보여 준 굳건한 의지의 고결함을 칭송했다. '드레퓌스 미스티크'를 상기하며 페기는 율동적으로 반복되는 어구를 사용하여 이렇게 외친다: "우리는 우리의 모든 삶을, 우리의 모든 경력을, 우리의 모든 건강을, 우리의 모든 몸을, 우리의 모든 영혼을, 우리의 모든 심장의 생명을, 즉 모든 것을 그 일에 바친 영웅들이었다." 사실 '우리의 드레퓌스 미스티크'의 목적은 **영원한 프랑스의 구원**(페기는 굵은 글씨 부분을 대문자로 표기했다) 이외에는 아무것도 없었다. 나아가 그는 유대인 저널리스트 베르나르 라자레에게서 조레스와 반대되는 '드레퓌스 미스티크'를 몸으로 구현하고 있는 '예언자'의 영웅적 모습을 발견한다: "나는 그렇게 깊은 믿음과 확신을 가지고 있는 사람을 보지 못했다. 그 사람의 양심은 절대적이며, 정복 불가능하며, 영원하고, 자유롭다." 1913년 페기는 이렇게 결론 맺는다: "드레퓌스주의는 절대 자유, 절대 정의의 체계였다."[66]

페기의 가장 유명한 에세이 제목에서도 예시되듯이, 페기의 독자라면 루소에서 스탕달에 이르는 플롯의 구조가 존재함을 알아챘을 것이다: '우리들의 청춘'에 대한 이야기, 오염되지 않은 자유의 에덴, 영원한 적인 이기적인 사익 추구에 의한 침입과 타락, 시민적 도덕으로 갱생할 수 있는 가능성이 그것이다. 그의 유명한 용어인 '미스티크'

에서는 루소적 자유(liberté)의 순결함이 감지되고, '폴리티크'에서는 베르그송의 계산적·실용적 지성의 타락시키는 힘이 느껴진다. 사실 후자의 적은 페기에게 있어서 개개인이 당하는 타인에의 예속과 자신의 내면에 존재하는 이기심의 악마에게 굴복하는 위험을 동시에 의미하는 것으로 보인다. 실제로 페기는 조레스의 배반이나 현대 세계의 '칼로 자른 듯한 냉정한 협착성'을 고발하였지만, 가장 충격적 고발은 로베스피에르적 혁명 지옥이다. 끊임없이 옭죄어 오는 세계 속에서 적들은 내부와 외부에서 자유 시민의 의지를 타락시키고자 음모를 꾸민다.

현대 작가들 중 장 폴 사르트르만큼 타인 지옥을 생생하게 그려낸 이는 없었다. 그는 그 어구 자체를 1943년의 유명한 희곡 《닫힌 방》에서 만들어 냈고, 같은 해에 씌어진 철학적 야심작 《존재와 무》를 통해 그 의미를 철저히 탐색했다. 《닫힌 방》에서 그는 서로의 시선에서 자유로워지지 못해 함께 그 지옥 속에 갇혀 버리는 파리의 부르주아 사이의 악순환의 삼각형을 주조해 냈다. '밤 시간, 눈꺼풀, 거울'을 빼앗긴 그들은 다른 두 사람의 눈을 통해서만 자신을 보아야 하고, 그들 중 한 사람이 표현하듯이 '항상 눈을 뜬 채로' 영원히 타인을 마주 보아야 한다. 게다가 이들 각자는 한 가지씩 비밀스러운 죄를 가지고 있는데, 결국 내적으로나 다른 두 사람에게 털어놓게 된다. 타인의 눈을 통해서만 자신을 볼 수 있기에 그들은 전적으로 거기에서 구원을 추구할 수밖에 없다. 예를 들어 내란중 징집을 회피한 죄로 체포되어 처형되는 스페인 저널리스트 가르생은 새디스트적인 레스비언인 우체국 직원 이네즈의 판단에서 비겁으로부터의 면죄부를 얻고자 한다. 그는 "나를 증오하는 네가 나를 믿어 준다면 나는 구원받을 수 있다"라고 애원한다. 마찬가지로 이네즈는 자기 아이를 죽인 오만한 악녀 에스텔에게 문자 그대로 거울로서의 역할을 담당한다: "거울로 종달

새를 잡는 방법을 알고 있겠지? 나는 너에게 바로 그 거울이야. 결코 벗어날 수 없어." 마지막으로 다른 2명도 이네즈에게 있어 벗어날 수 없는 자기 반영으로서 기능한다. 그녀는 비통하게 외친다: "아, 당신은 심지어 내 얼굴까지 훔쳤어. 당신은 그걸 알았는데, 난 모르고 있었다니." 이와 같이 각자는 다른 2명에게 있어 각자가 나머지 둘의 가해자로 행동하는 한 지옥에서의 '힘의 경제'를 유지하면서 '자신을 응시하는 시선, 자신을 생각하는 형태 없는 생각'으로 남아 있다. 그 결과 이 희곡의 너무나 악명 높은 캐치프레이즈가 생성된다: "타인은 지옥이다(L'enfer, c'est les Autres)."[67]

이와 비슷한 정도로 친숙한 것이 《존재와 무》에 나오는 치욕의 현상학이다. 사르트르는 유한한 존재로서의 자신을 잊어버린 상태로 열쇠 구멍을 통해 타인을 엿보면서 '질투·호기심·악덕에 의해 움직이는' 자신의 모습을 상상한다: "나는 나의 행동이다……. 세계 속에서 내 자신을 잃어버리는 단순한 방법이다." 사실 그는 '진정으로 문 밖에서 엿듣는 중'이라고 정의할 수도 없다: "나는 나의 모든 초월을 통해 이 자아의 임시 정의를 벗어난다……. 나는 결코 아무것도 아니다." 그러나 갑자기 장면은 극적으로 바뀐다: "복도에서 발자국 소리가 들린다. 누군가 나를 보고 있었던 것이다!" 이 시점에서 사르트르는 결론을 맺는다: "누군가 나를 보기 때문에 나도 나를 볼 수 있다." 나아가 그는 자신이 "타자에 의해 관찰되고 판단되는 대상이며, 그러한 타자의 시선이 자신의 존재를 포위하여 낯설어진 세계에 존재함"을 깨닫는다.[68]

다른 말로 하면, 사르트르에게 있어 '타자의 존재'는 '원초적 타락'의 원인이다. 그는 "타인들이 존재하는 세계에 내가 출현한 것이 원죄"라고 주장한다. 왜냐하면 타자의 존재는 나의 자유에 치명적 제한을 초래하며, 그의 '감시의 시선'은 '나에게 겨누어진 총'이며 '가능성의 소멸'을 의미하기 때문이다. 따라서 모든 인간 관계는 근본적으로 불가피한 긴장을 내포한다. 사르트르는 존재론적으로 안정된 하이데거의 '타인과 더불어 존재(Mitsein)'에 '근원적이지 않다'는 평가를 내리면서, '의식 사이에 존재하는 관계의 본질은 갈등'이라고 주장한다: "내가 타자의 감옥에서 탈출을 시도하고 있을 때 그 타자는 나의 감옥으로부터 탈출을 시도한다. 반면에 내가 노예로 만들려는 타자는 나를 노예로 만들고자 한다." 진실로 "우리가 타자에게 비쳐지는 한 우리는 자신을 노예로 생각"할 것이다. 왜냐하면 "나의 존재가 그 중심에서 내 것이 아닌 자유에 의존하고 있으며, 그것이 내 존재의 필수 조건이 되는 한 나는 노예"일 수밖에 없기 때문이다.[69] 이렇게 사르트르는 《닫힌 방》과 《존재와 무》를 통해 타자의 감시하는 시선──이는 헤겔과 하이데거를 통해 이미 그 조짐을 보였었다──이 개인의 자유를 갉아먹는 루소적 의미의 대인 의존의 지옥을 구체적으로 묘사하였다.*

첫눈에 보기에, 사르트르의 존재론은 이전의 잃어버린 선천적 자유에 대한 루소적인(그리고 스탕달적인) 플롯을 단념한 것으로 보인다. 그는 《존재와 무》에서 "순수한 어린아이 따위는 없다"라고 주장하며, 페기와 같은 사람들에게서는 여전히 뚜렷하게 드러나는 원시적 태초에의 낭만적 노스탤지어를 명백히 부정하였다. 동시에 베르그송의 '내적 자아'도 허구로 평가하며 폐기처분한다: "그 자체를 위한 것(the for-itself)──즉 인간 의식──은 완전한 자아 부재의 상태이며, '심층부 자아'라는 것은 있을 수 없다."[70] 그러나 사르트르는 자신의 존재론의 언어와 구조를 통해 자신도 모르는 사이에 익숙한 이단적 내러티브를 서술한다.

---

* 다음장에서 좀더 상세히 설명되겠지만, 사르트르는 1950년대와 1960년대에는 신마르크스주의적 유물론의 언어로 이상의 내러티브를 다시 쓴다. 물질적 '희소성'과 인간의 '욕구'로 인해, 각 개인에게 있어 타자는 '개인 소멸의 물질적 가능성'이 된다. 장 폴 사르트르, 《변증법적 이성 비판 *Critique de la raison dialectique*》(Paris: Gallimard, 1960), 205 참조.

사르트르에게 인간 실존의 첫번째 주요한 의미는 '**존재의 결핍**'(사르트르의 강조)이다. 이것은 자신의 결핍을 인식하고 '존재'로서의 자기 완성을 갈망하는 '무'의 상태이다. 그러나 우리가 의자나 나무처럼 자족적인 '그 자체로서의 존재(being-in-itself)'가 아니기는 하지만, 인간 의식이 오직 존재의 결핍으로만 구성되어 있는 것은 아니다. 왜냐하면 우리는 선택하고 행동하면서 각자의 본질과 '사실성(fac-ticity)'을 창조하기 때문이다. 그러므로 사르트르에게 있어 인간 존재는 '**사실인 동시에 초월**'(사르트르의 강조)이다. 그러나 이 중에서 우리가 '선고받는'――사르트르의 악명 높은 어구에 따를 때――자유를 구성하는 것은 존재의 결핍에서 유래하는 후자의 기능이다: "그 자체를 위한 것은 후자가 결핍이기 때문에 그것을 선택한다. 자유는 실로 결핍과 동의어이다." 자족적 존재와는 달리, 우리는 매순간 선택으로 자신을 재구성하여 영원히 우리의 선행하는 '사실성'을 초월해야 한다. 자유는 그 자체로서는 '아무런 본질'을 가지지 않으면서, 매순간 '존재'와 '본질'을 창조하며 우리의 미래를 선행하고 결정한다. 요약하면, 인간 실존은 "영속적으로 자신을 만들어 가며 고정되기를 거부한다."[71]

이러한 맥락에서 자아 정의――그 정의가 대부분 '가능성의 소멸'을 초래하는 것이지만――의 기회를 제공하는 타자의 역할은 새로운 중요성을 띠게 된다. 되돌아가서 생각해 보자면, 타자가 나타나기 전까지 열쇠 구멍을 통해 훔쳐보고 있던 사람은 '초월'을 통해 '잠정적인 자기 정의'를 피하여 '순수한 무'로서 자신을 경험하고 있었다. 마찬가지로 《닫힌 방》의 등장 인물들도 동료 죄수의 시선에 의해 영원히 고정되기 전에는 과거의 삶으로부터 도망칠 수 있다고 믿었었다. 예를 들어 에스텔은 자신을 '맑고, 밝고, 흐르는 물처럼 투명'한 모습으로 기억하는, 그녀에게 매혹되었던 옛날 애인의 사랑을 그리움 속에서 추억한다. 그러나 타인의 비난의 눈길은 개인으로 하여금 '사실'을 직면할 것을 강요하고, 그들이 관음증 환자 · 비겁자 · 살인자임을 인정케 한다. 사르트르는 이를 "이와 같이 타자에 의해 나의 초월은 발가벗겨진다"라고 요약한다.[72]

타자는 자유——사르트르의 주장에 따르면 '오직 의지의 **실존**'만을 수반하는——를 잠식해 들어갈 뿐만 아니라 우리가 순결한 자아와 무한한 자유에 대한 환상을 유지하기 위해 했던 거짓말에 대한 '나쁜 믿음'(사르트르의 강조)을 불러온다. 실로 《닫힌 방》과 열쇠 구멍 엿보기의 예는 안에서 썩어 들어가고 있는 사람들에 대한 근본적 통찰인 것이다. 가르생과 에스텔은 각자 자신의 행위를 통해 창조된 비겁자와 살인자라는 자아의 본질적인 '사실성'에서 도피하려 하고, 마찬가지로 열쇠 구멍을 엿보고 있던 사람은 염탐꾼으로서의 자기의 '사실성'을 인정하지 않으려 한다. 그 중에서도 사르트르는 에스텔 캐릭터에 '허영심'의 '나쁜 믿음'을 구현해 두었다. 이것은 그가 《존재와 무》에서 설명하고 있는 바 '타자 속에서 자신을 대상-상태로 발견하기 위하여' 타자를 구성하고자 하는 시도이다. 바꾸어 말하면, 허영심이 있는 개인은 자신의 '사실성'을 부인하는 것이 아니라 '초월'을 부인하려고 한다. 그는 타자의 숭배와 찬양을 통해 자신을 자족적 '대상'으로 만듦으로써 존재의 필연적 결핍에서 벗어나려 한다. 사르트르에게 자신을 영원한 실체로 만들려는 이러한 시도는 자신의 '사실성'을 부인하는 것 못지 않게 개인의 나쁜 믿음과 내적인 표리부동을 보여 주는 것이다. 그의 표현 가운데 하나대로 그것은 '카페에서 웨이터 **역할**'(사르트르의 강조)을 하는 것과 같으며, 같은 맥락에서 '잉크병은 잉크병'(그의 또 하나의 유명한 이미지)일 수밖에 없기 때문이다.[73]

인간의 원초적 순수성이 사회에서 타락하는 낭만적——그리고 성경적——비극을 부정하려는 사르트르의 초인적 노력에도 불구하고 그는 그것을 다시 한번 되풀이한다. 사르트르에게 인간의 자유란 그것 자체가 '본질'을 갖고 있지 않는 한 '선천적'일 수도, 존재론적으로 '본질적'일 수도 없다. 그러나 인간 실존의 핵심 의미와 정의를 구성하는 것은 사르트르에게 있어서도 루소에게서와 같이 더럽혀지지 않은 탁월한 의지이다. 실로 우리의 '초월'이 시초부터 나쁜 믿음에 의해 존재론적으로 오염되어 있다 하더라도, 그에 대한 우리의 경험은 사르트르가 완전히 재연하는 대로 공격당하고 있는 원초적 자유에 대한 친숙한 이야기를 정밀하게 모방한다: 초월을 시도하는 자아는 타자의 감시의 시선 속에서 '최초의 타락'을 경험하고 타자들의 세계에 자신이 존재하는 것을 '원죄'로 느낀다. 더욱이 타자는 우리의 자유를 위협하고, '초월을 벗겨'내는 것에서 멈추지 않고 스스로의 내적 부패에 굴복했음을 직면케 한다. 사실 사르트르가 《존재와 무》에서 나쁜 믿음의 예로서 거명하는 악덕의 위협적인 목록——그 가운데 몇 개를 나열해 보면, 자기 기만·허영심·탐욕·질투·증오·새디즘——은 루소가 허영심의 죄로 들었던 것과 다르지 않다.

〈비상구는 없다〉라는 제목에 나타난 절망적 비관주의——《존재와 무》에서 내린 '무용한 정욕'이라는 인간에 대한 악명 높은 정의는 말할 것도 없이——에도 불구하고 사르트르는 인간 자유의 구원에 대한 가능성을 다시 한번 제공한다. 베르그송과 같이 사르트르는 자유를 타성에 젖은 마음의 습관을 깨뜨려야 나타나는, 그의 말로 하면 나쁜 믿음을 폐기할 것을 요구하는 도저한 자기 실현으로 그려낸다. 이와 같이 '진정성' 혹은 진실한 자유는 자기 현혹 없이 우리의 존재론적 상황을 직시하고, 우리의 '초월성'과 '사실성'——자기 자신에 대한 자유로운 선택과 바로 그 선택에 의한 자기 유폐——을 인간 존재의 영원한 딜레마로 인정할 것을 요구한다. 따라서 진정한 자유의 의식은 '자신의 미래에 대한 의식,' 끊임없이 갱신되는 '새로운 자아 창조'에 대한 책임이라는 '격렬한 고통'으로 구성된다. 바꾸어 말해, 우리가 진정으로 자유로워지려면 자신의 행동에서 비롯되는 결과에 대해 '변명하지 말고 절대적 책임'을 져야 한다. 그래서 샤르트르의 레지스탕스 희곡인 《파리떼》(1944)의 주인공 오레스테스는 결국 '원래 주어진 깃털 같은 가벼움'——'자신에의 몰두를 불필요'하게 하는 무한대의 자유——을 거부하고, '변명 없이 자신의 내부에 존재하는 구원 외에는 어떠한 구원도 바라지 않고' 행동하는 자만이 얻을 수 있는 '압도적 자유'를 선택한다.[74]

사르트르가 주장하는 자유의 갱생에 대한 '실제 삶'의 모델은 급진적 극작가 장 주네를 다룬 그의 실존주의적 전기에서 나타난다. 사르트르는 악명 높은 열쇠 구멍 삽화를 강하게 떠오르게 하는 어조로 주네가 열 살 때 절도 '범행중 잡히는' 장면을 묘사한다: "누군가 들어와서 그를 본다. 아이는 시선을 느끼고 자신을 깨닫는다." 그때 "한 목소리가 공개적으로 선언한다: '너는 도둑이다.'" '자신이 **객관적으로 무엇인지**'(사르트르의 강조) 알게 된 어린 주네는 '쥐처럼 갇히게' 된다. 그러나 사르트르의 주인공은 타자의 시선이 자신에게 부과한 이 '본성'을 회피하려 하지 않고 대신 자신의 행동이 야기한 '본질'로서 받아들인다. 처음에는 도둑이라는 자신의 '사실성'에 함몰되어, 판단자와 자신을 동일시하며 자기 혐오의 감정에 빠져든다. 그러나 그 다음 주네는 '순수한 용기,' '절망에서 생겨나는 미친 자신감'을 나타내며 자신의 나쁜 믿음을 버리고 도둑이 될 것을 '의지한다.' 다시 말하면, 자신의 정체성에 대해 '책임을 지기'로 결심함으로써 그는 그것을 실현하고 자유를 회복하게 된다. 그리고 결국 그의 작품이 가지는 전복적 힘을 통하여 주네는 '자신을 도둑으로 만든' 사회에 '그 가공할 만한 객관화의 힘'을 되돌려 주게 된다. 사르트르는 주네가 타자로 하여금 '자기 자신의 사악함에 대한 혐오를 경험'하게 하기 위하여 자신의 '창조적 자유'를 이용하게 되었다고 결론 맺는다. 실로 그는 "모든 면에서 승리를 얻는다. 그는 가난에서도, 감옥에서도, 두려움에서도 벗어난다. 점잖은 사람들이 물질적으로 그를 후원

하며 찾고 숭배한다." [75)

사르트르의 자유와 의존에 대한 이야기는 루소의 반제도적 승리와 명성의 이야기에 놀라울 정도로 부합한다. 사르트르는 자신의 존재론 내에서 잃어버린 최초의 자유에 대한 친숙한 내러티브를 재생산할 뿐만 아니라, 그의 계몽주의 선배가 그러했듯이 단순히 회복된 자유가 아닌 향상된 자유를 약속한다. 사르트르의 '진정한 자유'가 요구하는 고통스러운 자기 절제에서, 정욕의 의식적 절제를 획득하는 가상의 시민만이 누릴 수 있는 '도덕적 자유'를 주장한 루소의 흔적을 감지해 내기는 어렵지 않다.* 이와 같이 사르트르의 진정한 자유는 다시 한번 심리적 자율성과 동일시되어, 개인이 의식으로부터 타자의 감시하는 시선과 자기 자신의 내적 타락을 축출해 낼 수만 있다면, 가장 끔찍한 사회적 지옥에서도 획득할 수 있게 된다.

사르트르와 마찬가지로 푸코도 선천적 자유를 부여받은 원초적 자아라는 낭만적 노스탤지어와 결별하기 위해 극도로 노력했다. 스스로도 인정하는 바 하이데거와 니체에게 받은 영향에도 불구하고, 자유나 의지에 대해 정의내리기조차 거부하던 그는, 앞에서 언급했듯이[76) 《말과 사물》에서 사르트르의 '현대적 코기토(cogito)' ——인간 자아의 현상학——를 부정하고, '인간의 죽음'을 선포함으로써 프랑스 대중의 광범위한 주목을 처음 받게 되었다. 푸코는 그 이후 주장하기를, 개인은 "원소의 핵이나 원시 원자 혹은 힘에 의해 고정되거나, 그에 반발하여 불이 붙기도 하는 복합 불활성 물질로 여겨져서는 안 된다"라고 하였다.[77)

푸코의 1970년대의 주요 저서 《감시와 처벌》·《지식에의 의지》에

---

* 사르트르의 이상이 지각한 개인의 자율성에서 정치적 봉기에 자유롭고 의식적으로 함께 참여하는 동지적 공동체로 변화한 것에 대해서는 제5장에서 상세히 다루어질 것이다.

서 자유로운 개인 주체로서의 '인간'은 찾아볼 수 없다 해도, 주체화의 주제는 그 저서들을 관통한다. 이것의 가장 악명 높은 이미지는 다시 한번 편재하는 타자의 감시 시선이다. 이는 제러미 벤담이 고안한 18세기 후반의 '원형 감옥(Panopticon)'——보이지 않는 관찰자에 의해 모든 감방의 죄수들이 감시될 수 있는 형태의 감옥——으로 구체화된다. 푸코의 원형 감옥은 개인이 "보여지되 볼 수는 없는, 정교하고 혹독한 옥사"이며, 그 안의 개인은 "정보의 대상일 뿐, 결코 의사소통의 주체가 되지 못한다." 이것의 뚜렷한 목적은 "피수용자에게 권력의 자동 작용을 확신시키는 의식 상태와 영구적인 가시성을 주입"하려는 것이다. 푸코는 벤담이 감옥뿐만 아니라 학교·병원·공장 등에도 적용되는 모형을 제공함으로써 '콜럼버스의 달걀' 역할을 하였다고 언급했다.[78]

그러나 벤담이 세운 모든 것을 보는 눈의 가설적 영역은 푸코가 '원형 감옥'이라고 이름 붙인 바, 현대 서구에 실제 현실로 존재하는 것을 상징하는 수단이다. 푸코는 '임상의학·정신의학·아동심리학·교육심리학 등' 현대의 새로운 사회적·과학적 '학문'이 "자신을 감출 수 있는 한 모든 것을 보이게 할 수 있는 영구적이며, 철저하며, 편재하는, 게다가 보편화된 감시의 체계를 구현했다"라고 주장한다. 이러한 '정상화의 시선'——실제로는 '시선의 망상 조직'——은 과학적 '관찰,' 객관적 '조사,' 비개인적인 '연구'의 이름으로 행해지며, 그 힘은 '보이지 않는 상태로 행사되어야' 한다. 동시에 '이것은 종속되는 사람들에게 강제적 가시성'을 부과한다. 실로 이 학문은 "특성을 기술하고 분류하며 세분화한다. 그것들은 개인을 규범과 척도에 따라 분류하고, 타인과 비교하여 계급화하며, 필요하다면 자격을 박탈하고 무력화시킨다." 그것들을 통해 "우리는 직무를 평가받고 선고받으며 분류되고 측정된다." 그러므로 현대의 '훈육적 사회'——우리 자신의 사회——에 대한 푸코의 유명한 비판은 그것이 **'정상화의**

사회'(푸코의 강조)라는 것이다. 이곳의 가장 이상적 처벌 방식은 "끝없는 심문, 사소한 부분까지 끊임없이 확장되는 조사, 보다 더 분석적인 관찰"이다.[79]

심문으로 개인을 침해하는 악몽의 이미지는 분명 앞서 언급된, 미슐레의 심리적으로 탐욕스러운 신부——대상자의 '내밀한 생각'을 '꿰뚫는' 힘을 가짐으로써 '영혼의 절멸'을 초래하는——를 상기시킨다.[80] 그러나 푸코는 여기서 더 나아간다. 그의 정상화의 시선은 단지 개인의 영혼을 굴복시키는 악한 성직자나, '초월성'을 박탈하는 사르트르적 타자에 그치지 않는다. 푸코에 있어서는 정신 자체가 이 규범을 통해 '구성'된다. 우리가 자신을 규정할 수 있는 '정신·주체성·개성·의식'이니 하는 개념들이 바로 '과학적 기술과 담론'에서 비롯되었기 때문에 '진실의 제도화'를 통해 '규범이 개인을 만들고' 있는 것이다. 이와 같이 개인 주체라는 것 자체가 '진실 담론의 망상 조직'과 제도적 '미세-기제'를 통해 순환하는 '권력의 주요 효과'이다. 또한 이러한 '권력'은 '질문과 심문, 진실의 기재를 결코 멈추는 법이 없기'에 우리는 문자 그대로 '진실에 복종'하게 된다. 요약하면, 우리는 푸코의 편재하는 타자와 규범의 언어적·제도적 시선에 의해 단지 통제당할 뿐 아니라, 개인성의 의식적 경험인 '주체성' 자체가 그것에 의해 생산되고 있다는 것이다.[81]

《지식에의 의지》에서 푸코는 '성의 담론' 밑에 숨겨진 과격한 침입과 '주체화'의 혹독한 알레고리를 변주해서 보여 준다. 그는 미슐레가 《사제·여성, 그리고 가정》에서 탐구를 끝냈던 지점에서 출발하여, 17세기 교회에 보편화되어 있던 고해성사의 '사제 권력'에서 '성을 담론으로 전환하는 음모'가 훨씬 전부터 전성을 이루어 왔음을 탐지한다. 푸코가 1981년의 강좌에서 상술한 대로, 그리스도교에서 사제와 신도의 관계는 '개인적으로 완전히 의존할 수 있는' 관계로 여겨졌으며, 개인은 영혼의 '목자'에게 '인격적으로 순종'해야 했다.

그는 자신이 돌보고 있는 신자들의 '영혼에 일어나는 모든 일을 알아야만' 하며, 그들의 '비밀스런 죄'도 예외가 아니었다. 마찬가지 맥락에서 푸코는 현대의학과 정신병리학이 그들의 '시선'을 처음에는 '신경 장애'와 '정신병'에 집중시켰지만 차차 "성적 도착의 모든 증세를 그 영역에 포함시켰다"라고 비판한다. 따라서 그는 〈진찰 · 정신 상담 · 학술 보고서〉에서 '심문하고 감시하고 염탐하며, 수색하고 만지며 드러내는 권력'을 발견한다. 나아가 그는 미슐레를 강하게 연상시키는 어조로 처음에는 아이, 그후에는 여성을 통해 가정이라는 사적 영역에까지 침범해 들어오는 새로운 성의 담론화를 비판한다. 그의 설명에 따르면, "아동과 청소년의 성이 처음 문제화되고, 여성의 성이 병으로 다루어진 것은 '부르주아' 혹은 '상류 계층'의 가정에서였다." 따라서 "의사 · 교육자, 나중에는 정신병리학자를 외부에서 불러 성이 전개되도록 한 주요 동인은 부모와 친척들이었다"라고 한다.[82]

다시 한번 푸코는 《지식에의 의지》에서 "성에 대한 권력의 지배는 언어나 혹은 법률을 만들어 내는…… 담론의 행위를 통해 유지"됨을 강조한다. 나아가 이러한 담론의 힘이 '편재함'을 재강조하면서, 성은 일반적 적용의 한 예라고 언급한다. 이러한 "제한하고 측정하며 평가하고 서열화하는 권력이…… 점점 더 규범으로 작용"하는 한, 우리는 다시금 '정상화의 사회'라는 푸코적 지옥에 빠지게 될 것이다. 실로 《감시와 처벌》에서 주체화에 대한 가장 암울한 비전이 '끝없는 심문'으로 표현된다면, 《지식에의 의지》에서는 '끝나지 않는 고해성사'로 표현된다. 푸코는 그 시작을 '세속과 자아의 포기'를 목적으로 하는 '그리스도교적 심문 · 고백 · 지도 · 순종의 방법'으로 했지만, 가장 잘 알려진 문장을 통해 현대 사회의 핵심에 인격적 침해의 지옥을 배치한다:

우리는 특출한 고백 집단이 되었다. 고백은 어디에나 널리 퍼져 있다. 그것은 사법 제도·의료·교육·가족 관계, 그리고 연인 사이에서도 존재한다……. 인간은 자신의 범죄를, 죄악을, 생각과 욕망을, 아픔과 고민을 고백한다. 그는 가장 말하기 어려운 것을, 극도로 자세하게 말하기 시작한다. 그는 공적으로, 사적으로, 부모에게, 선생에게, 의사에게…… 고백한다. 그는 고백한다——혹은 고백을 강요받는다.[83]

성의 담론은, 마크 포스터가 표현하듯, 푸코가 '개인을 진리의 주체로 구성되게끔 하는 담론/실천을 정의'함에 있어 '한 걸음 더' 나아가게 한다. 푸코는 이 담론적 타자가 '우리의 정체를 폭로'하는 데 그치지 않고, 인문과학의 '진리' 범주를 통해 '우리의 정체'를 규정한다고 주장한다. 그 결과, 예를 들면 19세기 후반에 이르러서야 '동성애에 대한 심리학적·정신병리학적·의학적 범주가…… 구성'되었다고 지적한다. '소돔 사람들은 일시적인 탈선'이었던 데 반해, '동성애자는 개인이며, 과거였고, 병력'이었을 뿐 아니라 '하나의 종(種)'이었다. 동성애자는 푸코의 앞선 저작에 등장하는 광인·환자·죄수——인간 주체 자체는 말할 것도 없이——와 같이, 훈육적 담론에 의해 구성되어 그 안에서 갇혀 살아가도록 만들어진 현실의 조작품이다. 실제로 푸코에게 편재하는 규율과 '권력과 지식의 테크놀로지'는 사르트르의 타자와 같은 기능을 하는 것으로 보인다. 그들은 장 주네를 '도둑'으로 낙인 찍었던 날카로운 어른의 시선보다 결코 덜하지 않은 엄격함으로 개인들을 집단적으로 '고정'시킨다. 그러나 현대의 '규율'과 성에 대한 푸코의 진단은 사르트르도 미처 생각하지 못했던 정도의 대인 의존 —— 부자유——을 밝혀낸다. 로베스피에르의 혁명의 적처럼 푸코의 정상화시키는 타자는 사회적으로 편재해 있다. 그러나 그것은 동시에 베르그송의 내면에 존재하는 기하학적 적처럼 분석적 언어——푸코에게 이 언어는 우리가 무엇이며 누구인지를 실제로 말해 주는 도구이다——의 조직 속에 자신을 은폐하고 있다. 그러므로 푸코의 '개인'은 타자(les autres)의 음험한 시선에 의해 지배당할 뿐만 아니라, 바로 개인으로서의 자기 존재 속에 그것을 함유하고 있게 된다.[84]

푸코는 왜 현대에 개인이 주체로 구성되는지에 대하여 《감시와 처벌》·《지식에의 의지》를 통하여 지금은 널리 알려진 가설을 제시한다. 그는 첫 저서에 나온 원형 감옥이 "생산력을 증가시키고, 경제를 발전시키며, 교육을 보급하며, 공중 도덕의 수준을 높이기" 위한 수단으로 계획되었다는 것을 상기시킨다. 마찬가지로 규율도 '제도를 구성하는 요소들의 순응성과 효용성' 뿐만 아니라 '개인의 효용 가능성'을 높이기 위해 부르주아 사회가 채용한 수단으로 보아야 한다. 푸코는 인터뷰에서 설명하기를, 규율의 감시에서 "무기, 물리적 폭력, 물질적 압박은 필요하지 않다. 그냥 시선으로 족하다. 개인은 검열하는 시선을 느끼고 그 중압감에 못 이겨 자기 자신이 자신의 감시자가 되도록 그 시선을 내면화한다"라고 하였다. 《지식에의 의지》에서도 마찬가지로, 푸코는 19세기에 성이 '제도의 효용 내부로 편입'되어 '공리적 목적을 위해 규제'되었다고 주장한다. 그럼으로써 그것은 '규율'의 지배를 받는 '집단 생체 권력'의 한 축을 이루게 되었다. 그 자체가 '자본주의 발달에 없어서는 안 될 요소'인 이러한 '생체 권력'은 '육체의 통제와 인간에 대한 예측된 관리'를 필요로 한다.[85]

바꿔 말하면, 푸코의 원형 감옥의 감시에 대한 음울한 묘사 뒤에는 《닫힌 방》에서 그려진 사르트르적 지옥에 필적하는 영리 추구의 황량하고 심술궂은 영혼과 공리주의적 효율성——즉 '힘의 경제'——이 역시 잠재해 있다. 로베스피에르의 혁명의 적처럼, 베르그송의 기하학적 지성처럼, 혹은 페기의 '폴리티크'처럼, 푸코의 정상화시키는 타자는 자유를 효용성의 제단에 제물로 올린다: 패놉티시즘은 우선 정치적·경제적 '정상화'의 지배를 통해 개인을 구성한 다음 개인이 그 명령에 따라 행동하도록 유도한다. 이렇게 다시 한번 푸코는 권력과 이익 추구의 타락한 열정을 대인 의존과 연결시킨다.

푸코의 지옥이 스탕달과 로베스피에르로 이어지는 개인 침해와 부패에 대한 두려움을 생생히 반영하고 있다고 할 때, 원초적 자유의 상실과 회복에 대한 내러티브 또한 계승하고 있는가? 위에서 언급한 대로 푸코는 '선천적' 자유 개념을 명백히 부정한다. 그러나 그의 몇몇 유명한 저서는, 그가 채용한 역사적 '계보학'이라는 니체적 형식으로 인해 자연적으로 '태초의' 자유에 접근하는 것으로 보인다. 예를 들어 《감시와 처벌》이나 그보다 앞선 《광기와 문명》(1961)은 현대의 '인문주의자적' 감성과는 동떨어진 잔인한 체형(體刑)과 야만적 행위를 보여 주는 것으로 시작한다: 1757년의 국왕 시해자 다미앵의 처형 장면을, 푸코는 곧 이어질 '형벌의 경제'와 대조하며 역겨울 정도로 세밀하게 묘사한다. 16세기 히에로니무스 보슈의 그림 〈어리석은 자들의 배〉를 통해서는 병원과 담론 내에 갇히기 전의 '광기는 암흑의 자유나 원시적 야만과 구별되지 않는 경험'이었음을 환기시킨다. 1977년 베르나르 앙리 레비가 그의 이전 저작을 '사로잡고' 있는 '흩어져 있는 자연주의'에 대하여 물었을 때, 푸코는 '원시적 생명력 속에서 사물의 원모습'을 발견할 가능성을 암시했던 것을 인정했다. 그러므로 "정신병동 내에서 광기의 자연스러움을, 행형 제도에서 범죄에 대한 보편적 열광을, 성적 금기에서 욕망의 살아 있음"을 발견할 수도 있다. 이 포스트구조주의자는 이러한 '단순화'와 '이분법'을 기성 권력에 맞서는 투쟁의 '새로운 전략'을 촉진하는 '임시 유용한' 수단으로서 옹호하기까지 한다.[86]

푸코가 명백히, 혹은 자신도 모르는 사이에 사회에 의해 침범되지 않은 루소적 이상의 '선천적' 자유로 돌아간다──즉 그가 현재의 '문명 사회'보다 '담론 이전'의 과거를 야만스러운 자유로서 우월시한다[87]──고 주장하는 것은 오류이겠지만, 그는 이 신화가 품고 있는 정치적 잠재력을 예민하게 포착하고 있었던 것으로 보인다. 왜냐하면 편재하는 규율의 노예화하는 감시에도 불구하고 푸코는 다시 한 번 현대 사회에서 해방의 가능성을 투명하게 그려내고 있기 때문이다. 담론의 정상화의 시선으로부터 해방되는 이미지가 없다면 푸코의 많은 유명한 선언들——'인간의 죽음'이나 '얼굴을 갖지 않으려는' 열망, 또는 '주변화'되고 '억압된 지식'의 '재출현' 등——은 무용지물에 지나지 않는다. 1983년 푸코는 비판적 지성은 **'지배되지 않을 어떤 결연함'**(푸코의 강조)에서 출발해야 한다는 자신의 이전 주장을 반영하며, 자신의 비판은 '변혁이 가능한…… 자유의 공간'을 열어젖히는 수단이라고 평가하였다. 이 말은 분명 '성의 엄혹한 지배'로부터 '해방'될 것을 강력히 요구하는 《지식에의 의지》에 부합한다. 나아가 같은 책에서 그는 19세기에 쏟아져 나왔던 '동성애의 종류와 변종에 관한 담론'들이 동성애가 '자신들을 위하여 이야기할 수 있는 역담론'도 가능하게 했음을 언급한다.[88] 다시 말해 사르트르의 주네가 타자가 부여한 '도둑'의 꼬리표를 내면화한 후 다시 자신의 자유를 긍정할 수 있었던 것처럼, 푸코의 동성애자는 자신을 가두려는 담론의 시선을 부분적이나마 자신의 해방을 위하여 이용하는 데 성공한 것이다. 그렇다면 푸코에게도 타인의 지옥으로 떨어져 버릴 위험에 처한 자유 내러티브——구원의 가능성은 언제나 열려 있는 채——가 정치적으로 필요불가결한 신화로서 존재한다고 할 수 있다.

3

만약 푸코에게 루소의 내러티브 중 '임시 유용한' 잔여물이 존재한다 하더라도, 그것은 확실히 의도적 고안에 의한 것은 아니다. 푸코는 1977년의 인터뷰에서 루소가 구상한 사회 패러다임 내에 개인 종속의 지옥이 침투해 있음을 감지해 냈다. 그는 '모두의 의견'이 '개개인을 지배하는 루소적 이상 사회'에 두려움을 느끼며, 그러한 '여론의 지배'에서는 '집단의 익명적 시선'을 통해 권력이 순환하게 되어 '은밀한 영역이 용인되지 않을 것'이라고 비판한다.[89] 바꿔 말하면, 푸코는 루소의 '일반 의지'의 부풀려진 보편성·일반성·객관성 속에서, 훈육적 담론의 조상이 되는 구속과 심리적 의존의 중핵을 이루는 '전문가'의 보편적이며 '객관적인 일반 의지'를 발견한다. 그러한 비인격적 '규범'은, 루소에게 그랬듯이 푸코에게 있어서도 개인 침해를 막아 주는 것이 아니라 오히려 그것의 현현이다. 그런즉 그가 그토록 추구한 자기 삭제의 열망은 모든 것을 꿰뚫는 규범의 시선에 종속되는 것에 대한 도저한 두려움에 다름 아니다.

역설적이지만 지옥과 의존에 대한 푸코의 기술은 루소의 그것과 반대되기도 하고, 동시에 일치하는 것처럼 보이기도 한다. 그 이유는 제임스 밀러가 시사한 바, 푸코가 그의 포스트모던적인 악몽을 루소의 계몽주의적 꿈에서 발견한다고 할 때,[90] 문제의 진단은 그렇다 치더라도 루소가 제안하는 해결책에는 이의가 있을 수밖에 없기 때문이다. 푸코는 '사회 내 인간'이 '타인의 의견에만 의존하는' 한, 가장 깊은 심리적 감옥에 갇히게 될 것이라는 주장에서는 루소와 완전히 일치한다. 마찬가지로 루소도 해방은 타인에 의해 '지배당하지 않는 결연한 의지'에서 시작해야 한다는, 그의 우상 파괴적 후예의 말에 전적으로 동감할 것이다.

이와 같이 루소의 유토피아적 비전에 대한 푸코의 반감에도 불구하고, 그의 '정상화하는 시선'으로부터의 탈출이라는 포스트모던적 환상——쥘리앵 소렐의 '경멸에 대한 공포,' 로베스피에르의 혁명의 적에 대한 두려움, 미슐레의 침해하는 신부의 우화, 베르그송의 지성의 잠식에 대항하는 투쟁, 페기의 '폴리티크' 반대운동, 사르트르의 고뇌어린 '타자'와의 직면과 더불어——은 정신적 의존과 해방에 대한 루소 내러티브의 변주이다. 이 내러티브는 외양의 여러 변화에도 불구하고 그 의미는 거의 변한 것이 없어 보인다. 요약하면, 성별된 이단자들 모두가 이기적 영리의 노예가 되는 것을 타자에의 종속과 동일시하였다. 또한 자유는 필연적으로 타자(les autres)나 실리 추구로부터의 자율적 독립과 연결되었다. 즉 자유와 정신적 의존에 대한 이단적 우화는 '소극적 자유'를 추구하는 고전자유주의의 모델에 대한 영구 비판을 형성한다.

4

사회 비판

이단자 내러티브 내에서 개인의 자유를 위하여 모든 대인 의존이 제거되어야 한다는 말은 사회 전체에도 똑같이 적용될 수 있을 것이다. 따라서 영웅적 지식인들은 사회적 명성과 자율성을 확립한 후 곧바로 기성 질서의 치사한 탐욕, 정치적 부패, 정신의 타락을 비판하는 작업에 착수한다. 사실 사회 인습에 대한 통렬한 비판만큼 성별된 이단자들의 저서에 확연하게 드러나며, 사회 비판자와 해방자로서 그들이 자임한 역할을 잘 정의해 주는 것도 없다. 이 장에서는 다음에 따라 성별된 이단자들이 근대 프랑스의 '기성 질서' 비판의 원형을 창출해 냈음을 밝혀나갈 것이다: 그들은 공통적으로 1) 상류 사회와 부르주아 계급, 2) 교회와 그에 상응하는 세속의 부분들, 3) 중앙집권적 국가와 의회정치를 공격하였다. 앞으로도 보겠지만, 이 비판들을 통해 굴종의 그림자가 진정한 자유를 이루는 의지의 자율성을 덮어 활력이 완전히 제거된 세계의 모습이 드러난다.

1. '상류 사회'와 부르주아 계급

부르주아 계급을 비웃는 프랑스 문화의 관례는 적어도 작품에서 사회의 벼락출세자(parvenu)들을 귀족적 입장에서 비판한 몰리에르 시대까지 거슬러 올라간다.[1] 《적과 흑》은 그러한 관례가 혁명 후에 행사되는 모습을 고전적으로——이단적 전통에서 볼 때——보여 준다. 스탕달의 이 소설에는 '오만한 부자들'이 간단히 '사교계'라고 지칭하는 것에 대한 쥘리앵 소렐의 '증오와 공포'가 가득 배어 있다. 작가는 지방 소도시 베리에르의 작은 '상류 사회'나 쥘리앵이, 앞서 말한 대로 "허영심·무미건조함·오만함, 그리고 생각할 수 있는 모든 종류의 자기 자랑밖에는 없다"고 느끼는 파리라는 '새로운 바빌론'에서 모두 이 '사교계'를 발견한다. 예를 들어 그는 제1장 서두에 쥘리앵의 우상인 나폴레옹의 말을 인용하고 있다: "무수한 프랑스인들이 자신의 쾌락과 허영심밖에는 아무것도 알지 못한다." 좀더 구체적인 예를 들자면, 작가는 아름답고 세련된 마틸드 드 라 몰을 '파리가 숭배하는 문명의 과다 속'에서 자라난 '불모의 영혼'이라고 묘사한다. 《적과 흑》이 1830년의 프랑스에 들이대었다고 공언하는 그 유명한 '거울'은 무엇보다도 '과도한 문명이 초래하는 불행한 결과'를 보편적으로 비추는 듯하다.[2]

스탕달은 극도의 세밀함으로 '사교계'를 해부하는 중에 특별히 비판의 렌즈를 등장 인물 가운데 한 사람이 이름 붙인 대로 '부르주아 귀족'에게 집중한다. 공장주이자 베리에르 시장 레날, 시립 빈민구호소 소장 발레노와 같은 인물들을 통해 그는 신흥 사회 계급을 가차없이 풍자한다. 서술자의 설명에 따르면, 겉으로 보기에 자신의 '유서 깊고 뼈대 있는' 가문을 자랑스러워하며, '언제나 궁정 예절을 모방하는 데 열심'인 레날은 '빌려 준 돈은 마지막 한푼까지 정확하게 받아내고, 빌린 돈은 가능한 한 늦게 갚는 재능'밖에 없는 인간이다. 마찬가지로 발레노는 동류의 다른 인간들과 더불어, '돈·승진·훈장과 관계없는 것에 대한 야만적 냉담과 비열함'의 화신이다. 그는 '자신의 이익에 거스르는 것이라면 무엇을 막론하고 맹목적으로 증오'한다. 쥘리앵이 발레노의 집에 저녁 초대를 받아 갔을 때, 그는 '가구한 점 한 점의 가격을 모두 들어야' 했다. 다음 장면에서 스탕달의 주인공은 부르주아 명망가들——지방 세금징수관·과세관·경찰서장과 2,3명의 관료——사이에 앉아 식사를 하면서, "이 식당의 맞은편 벽에는 사치스럽고 천박한 취향의 물건들을 사들이기 위해 그들 몫의 식사를 **사취당한** 죄수들이 있다"(스탕달의 강조)라는 생각에 괴로워한다. 진실로, 쥘리앵에게는 소장의 집에서 '비천한 무엇인가'가 느껴졌다: 그곳에서는 "훔친 돈의 냄새가 났다."[3]

스탕달은 신흥 부르주아 계급이 지닌 실제적 악덕의 목록을 폭로한다. 그 중 가장 뚜렷하게 나타나는 것은 돈에 대한 애착과, 그에 필연적으로 수반되는 물질적 이익의 비열하고도 부정직한 추구이다. 서술자는 '이익을 산출하라'는 말이 베리에르 '사람 4분의 3의 사고방식을 대변하는 대명제'라고 말한다. 그와 관련된 부르주아 계층의 결점은 발레노가 보여 주듯 사회적 약자에 대한 냉담한 자세이다: "나는 그 거지들을 가두어 버렸지!" 이렇게 빈민구호소 소장은 파티에서 자신의 책임을 다하지 못한 것을 자랑스러워한다. 세번째 병폐는 귀족을 흉내내고 상업과의 관련을 부인하는 레날 시장의 위선적인 태도에서 구체화되어 나타난다. 파리에서 쥘리앵은 "자신이 상인의 딸이었다는 것을 사람들이 잊어버리게 하는 것 외에는 인생의 목적이 없어 보이는" 외국 백작 부인을 만난다. 스탕달은 사회적 인습에 무조건 굴종하는 이러한 사회적 위선을 부르주아 계급의 가장 결정적 악덕으로 여겼다. 쥘리앵과 불륜에 빠진 레날 부인은 "남편은 **세간**에서 당신에 관해 말하고 있는 것을 그대로 믿을 것"(스탕달의 강조)이라며 그를 안심시킨다. 또한 세련되고 귀족적인 마틸드도, 앞에서 말한 대로, 스탕달에게는 베리에르 시장과 동일한 '여론과 타인'——거의 '부르주아'와 동일한 의미——의 창조물이다.[4]

즉 스탕달은 탐욕, 자기 중심적 야망, 위선, 무엇보다도 굴종이라는 부르주아 계급의 악덕에 의해 황폐해져 가는 사회 질서를 묘사한다. 성별된 이단자들의 저서도 본질적으로 동일하게 앞서 말한 굴종의 불길한 유령이나 부르주아적 결점들로 가득 찬 문명 사회의 초상을 그려낸다.

근대 프랑스 사회에 대한 최초의 비판은 역시 루소에서 비롯된다. 그는 구제도에 대한 계몽주의적 비판을 성공적으로 기성 제도——자신이 속한 문인 집단을 포함하여——에 대한 전방위적 공격으로 변환시켰다. 이 제네바의 반철학자는 1750년대의 유명한 문명 비판과 뒤이은 동료 철학자들에 대한 비판을 통하여, 프랑스의 구질서뿐만이 아니라 떠오르고 있는 파리의 '부르주아 귀족주의'에도 일침을 가했다.

스탕달에게는 사교계(la société)의 악덕으로 나타났던 물질적 탐욕과 불평등의 사회악이 루소의 처음 두 저서에 나오는 잘 알려진 '문명' 묘사에서도 뚜렷이 나타난다. 그는 《학예론》에서 문명이 "우리의 도덕을 더럽히고, 취향의 순수성을 훼손"했다고 주장한다. 좀더 구체적으로 표현하면, 문명은 '어떻게 해서든지 부자가 되어야겠다'는 욕망은 물론 '사치' 취향을 일반화시켰다. 그는 두번째 저서에서 계속해서 주장하기를, 이러한 물질적 욕망으로 인해 한쪽에서는 '감각적 욕구'를 과도한 정도까지 '자극하고 충족'시킬 수 있는 '극도로 게으른 부자'들이 존재하는 한편, 다른 한쪽에서는 '기회가 생겼을 때, 초라하고 부족한' 음식이나마 '허겁지겁' 먹어두어야만 하는 '극도의 노동에 시달리는' 빈자들이 대조를 이루는 불공평한 세계가 형성되었다고 말한다.[5]

그는 《연극에 관해 달랑베르에게 보내는 편지》(1758)나 《신엘로이즈》(1761)에서도 기본적으로 같은 요지의 비판을 되풀이하지만, 여기에서는 좀더 구체적으로 자기 자신도 속해 있는 새로운 '계몽된' 사회 질서에 초점을 맞추고 있다. 전자에서 그는 '대도시,' 구체적으로는 파리를 가리켜 "나태, 무기력, 쾌락의 추종, 과도한 욕구에 의해서 상상력이 고갈된 교활하고 무가치한 인간들이 극악함과 범죄를 양산"

해 낸다고 비판한다. 《신엘로이즈》──루소는 이 책이 분명 '상류 사회(le monde)' '고상한 취향의 사람들' '철학자들' 의 마음에 들지 않을 것이라고 공언했다──역시 '극도의 호사스러움이 눈뜨고는 보지 못할 불행과 공존하는 세계에서 가장 불평등한 도시"인 파리에 대한 비판으로 가득 차 있다.[6]

이러한 물질주의의 부패 밑으로 스탕달 못지 않게 루소에게도 더욱 불길한 정신의 병폐──즉 입신 출세에 대한 욕망과 외면의 위선──가 스며든다. 후에 스탕달이 그러했듯이, 루소는 사회를 '위선적 인간들과 분열된 욕망의 집합' 으로 보았다. 모두 '명성·명예·출세' 를 향해 '미친 듯이' 달려가는 '적대·경쟁·적의가 편재하는' 세계이다. 《신엘로이즈》에 나오는 루소의 유명한 분신 생 프뢰는 모든 파리지앵은 "자신의 이익을 추구할 뿐, 아무도 공동의 이익에는 관심이 없다"라고 말한다. 나아가 '자신의 이익에 배치' 되는 경우 그들은 항상 '음모와 술책' 을 꾸민다.[7]

루소에게 있어서, 인간이 심리적 자율성의 원시 낙원에서 추방되는 때는 그가 '타인을 의식(regarder)하고 자신도 의식되기를 원할' 때이다. 즉 우리의 사회적 허영심(amour-propre)이 본능적 자기애(amour de soi)를 가리기 시작할 때이다.[8] 루소가 묘사하는 사회가 완전히 전개되도록 하는 것은 특히 점점 더 우리 안에 침투해 들어오는 '성질 급한 허영심의 활동' 이다. 그는 두번째 논문에서 "허영심이 관여하여 발전하는 모든 인간의 기능을 보아라. 상상력과 기억이 작동하고, 이성은 활발해지며, 지성은 거의 완성의 최고점에 이른다"라고 외친다. 그러나 이러한 인간 발달의 최정점에서 '개개인의 신분과 지위' 는 '재산의 몫과 남을 만족시키거나 해칠 수 있는 힘' 또는 무엇보다도 '그의 재치, 아름다움, 인격의 카리스마, 기술, 재능' 에 의존하게 된다. 이러한 능력이 있어야만 "존경을 받을 수 있기에 인간은 그것을 소유하든지, 혹은 소유한 척하든지 해야만 했다." 즉 '그들 자체가 아닌 어떻게 보이는가'가 '인간의 관심사'가 되었다: "존재와 외양은 완전히 분리된 다른 것이 되었다."[9]

사회적 기만과 위선에 대한 동일 이미지가 《연극에 관해 달랑베르에게 보내는 편지》에서는 '모든 것이 외양으로 판단되는 도시, 파리'에 대한 고발로 나타난다. 또한 《신엘로이즈》에서 생 프뢰의 수도 비판으로 한번 더 강조된다. 루소의 주인공은 파리에서 사람들은 "결코 자신이 생각하는 바를 말하지 않고, 다른 사람들이 생각해 주었으면 하는 것을 말한다"라고 탄식한다. 실로 "그들이 속해 있는 당파가 어디냐에 따라 좌우명을 바꾸고, 각료 앞에서는 굽실거리는 아첨꾼이 반대자 앞에서는 불온한 반역자"가 된다. '철학자 집단'도 예외는 아니다. 생 프뢰는 '학자와 문인들 사이'에서 '거짓말의 이유가 교묘하게 설명'되고, '모든 도덕은 순전히 말장난'에 지나지 않는다고 주장한다. 사실 파리지앵들이 보이는 '진실에 대한 열정은 사익 추구를 가리기 위한 가면'에 지나지 않는다. 그러므로 그들이 무엇을 말할 것인지 예측하려면 "인격이 아니라 이해 관계를 알면 된다."[10]

이러한 사회적 이중성의 가장 불행한 부산물은, 스탕달에게서와 마찬가지로 루소에게도 문명인이 "독립보다는 권위를 사랑하며, 구속에 복종하며, 반대로 남을 구속하는" 경향이 증가하는 것이다. 첫번째 논문에서 현대 사회의 '굴종적이며 기만적인' 순종을 비난했던 그는 두번째 논문을 다음과 같은 거슬리는 공명음의 비판으로 끝맺는다: "문명인은…… 증오하더라도 권력자의 비위를 맞추며, 경멸하더라도 부자에게 아첨한다. 그들에게 시중드는 영예를 갖기 위해 무슨 일이든지 중단하며…… 그들의 노예임을 자랑스러워한다. 그리고 그러한 영예를 공유하지 못한 사람들을 업신여긴다." 이러한 루소의 고발은 생 프뢰가 말하는 파리 상류 사회의 아이러니한 '첫번째 처세훈'에 다시 한번 반영되어 있다: "**반드시 다른 사람들이 하는 대로 할 것.**" (루소의 강조) 주인공은 파리에서의 '오랜 체재'가 '그 자신의 의지조차 타락시킬' 것을 걱정하며, '아마 1년 정도만 여기에서 지낸다면 나는 부르주아가 되어' 있을지도 모른다고 생각한다: "자유인의 영혼도 잃어버리고, 시민으로서의 규범도 가지고 있지 않을 것이다." 후에 덧붙이기를, 보통의 프랑스인이라 할지라도 '부자들을 항상 흉내낸다면' 결국에는 "그들이 흉내내는 사람들보다 더 멍청한 사람이 되어 있을 것이다."[11]

이와 같이 루소는 스탕달이 《적과 흑》에서 그랬던 것처럼 탐욕, 자기 중심적 야망, 위선의 사회적 악덕을 비판한다. 또한 가장 혹독한 비판은 문명 사회에 관영(貫盈)한 굴종과 구속의 몫으로 남겨둔다. 요약하면, 스탕달의 사교계(la société)와 같이 루소의 세계(le monde)는, 쇠락하는 귀족 사회보다는 부패와 굴종을 국가 전체로 확장시키며 새롭게 부상한 신흥 '부르주아 상류 계층'에 대한 초상이다.

1793년 로베스피에르는 《사회계약론》의 유명한 서두를 반향하며, "인간은 행복과 자유를 위해 태어나지만…… 사회 도처에서 그를 타락시키고 억압한다"라고 주장한다. 혁명 사회를 루소적 틀 안에서 재구성하고자 한 이 자코뱅 지도자의 시도는 악명을 떨칠 정도로 성공적이었다. 혁명 기간중 로베스피에르는 '자본가'·'부당 이득자'·'투기꾼'·'경제적 상류 계층'——즉 혁명 프랑스의 신흥 '부르주아 상류 계층'——을 비난했다. 예를 들어 1791년 참정권 제한에 반대하면서, 그는 "모든 사회적 악습은 인민의 일반 이익과 배치되는 특수 이익을 주장하는 부유층의 소행"이라고 단정했다. 또한 다음해에는 가격 통제정책을 지지하면서, "이 무자비한 흡혈귀들은 그들의 극악한 탐욕을 채우기 위하여 공급이 중지될 때 얼마나 많은 가족들이 굶어 죽어갈 것인지를 냉정하게 계산한다"라며 비난한다.[12]

그러나 로베스피에르가 이러한 탐욕이나 불공평보다도 더 개탄했던 것은 혁명 사회에서 확대되어 가는 도덕적 타락이었다. 조든의 요약에 따르면, "로베스피에르의 비난 어휘 중 이기주의라는 말이 가장 중심이 되었다." 그리고 실제로 이 낱말은 그의 악명 높은 논문인 〈정치적 도덕성의 원리에 관하여〉(1794)에서도 그가 근절할 것을 약속하는 여러 사회악의 선두를 이루고 있다. 그외 '나태'·'허영심'·'요령'·'성적 매력'·'편협'·'감각적 권태'——즉 '군주제의 모든 악덕과 불합리성'——등의 나머지 죄악들은, 루소를 따라 문명화된 허영심에서 비롯되는 정신적 타락의 목록처럼 읽혀진다.[13]

나아가 이 자코뱅 지도자는 혁명 시기의 사회 질서 내에 생겨난 사회적 가면과 위선을 벗기는 루소적 임무를 자임하여 맡는다. 예를 들면, 혁명 초창기에 그는 라파예트를 혁명적 열정의 가면 뒤에 '귀족적 편견'과 '사적 이익'을 감추고 있다고 비난하였다. 해가 지나면서 점점 더 그는 적들에 대해 "서투른 모방으로 혁명의 숭고한 드라마를 망치기 위해 애국심의 가면"을 쓰고 있다고 비난하였다. 실제로 앞에서 언급했듯이 로베스피에르는 혁명 사회를 독특하게 양분하였다: 1794년에 선언한 바, 한편에는 '순수하고, 소박하며, 정의를 사랑하고, 자유를 옹호하는 시민의 무리'가 있고, 다른 한편에는 "당파적이며, 음모를 꾸미는 어중이떠중이들, 시끄럽고, 거짓을 일삼는 사기꾼들…… 악한, 외국인, 반혁명적인 위선자들"이 존재한다고 하였다. 국민공회에서 행한 마지막 연설에서 로베스피에르는 이 후자의 '분파'를 설명하는 데 있어 즉시 생 프뢰의 파리 사회 비판을 떠올렸다. 그는 격앙된 어조로 혁명 프랑스는 '음모자들'·'비밀 그룹'·'비밀 결사'의 천지가 되었다고 주장한다: '미덕의 가면으로 끔찍한 영혼을 감추는 데 능란한 반역자들'이 활개치며 활동한다. 그 결과 "다수는 무력화되고 배신당하는 데 반해 불의한 세력과 외부의 힘은 득세한다! 여기에 은폐가 있고 위선이 있으며 기만이 존재한다." 필연적으로 '위선적 외양으로 자신을 은폐'하고 있던 '반역자들'은 '자신들의 고발자들을 고발'하여, '진실의 목소리를 묻어' 버릴 것이라고 그는

예언한다.[14]

바꾸어 말하면, 로베스피에르에게 있어 사회적 타락과 위선의 증가가 초래하는 가장 심각한 결과는 역시 혁명의 심장부 내에 굴종이 다시 나타나는 일이다. 이미 1791년에 그는 '독재에 현혹되고 구속된 인민의 자유'에 대해 말하기를 꺼리면서 '부패에 의해 심하게 물든 궁정의 관료'들이 '보편적 자유를 떠벌리는' 것에 대하여 놀라움을 표시했다. 그후 그는 정기적으로 동료 시민들에게 '궁정에서 엎드려 있거나 대신이나 그 부인의 발 앞에 머리를 조아리는' 자칭 혁명가에 속지 말도록 경고했다. 또한 무엇보다도 철학자나 루소 시대의 '백과전서파(Encyclopedists)'와 같이 '글은 대담하나 연회장에서는 고분고분한' 온건주의자와 지식인들을 경계하라고 충고했다. 그렇다면 1794년 로베스피에르가 자신을 '속고 속이는 사람들로 가득한 세상'에서 '자유의 근본 원칙'을 옹호한 자로서 변론한 것은 그리 놀랄 만한 일이 아니다. 그는 "우리가 대중의 자유를 파괴하는 악덕 앞에서 후퇴한다면…… 전제정치를 복귀시키는 악덕에 우리가 패배한다면 혁명이 무슨 의미가 있겠는가?"라며 간절히 탄원한다.[15] 로베스피에르는 설령 '문명' 사회의 특징이 혁명적 사회 질서 자체에 나타났다고 하더라도 굽힘 없이 루소적 비판을 수행한다. 즉 그는 혁명 시기에 나타나기 시작한 '부르주아 상류 계급'의 탐욕·야심·위선을 비판하며, 진실한 자유가 소멸할 위험에 처한 사회의 모습을 그리고 있다.

미슐레가 《프랑스 혁명사》에서 혁명 시기의 사회에서 로베스피에르가 폭로한 부르주아의 악덕을 로베스피에르 본인에게서 찾아내고 있다는 사실은 역설적이기는 하지만 그리 놀라운 일은 아니다. 미슐레의 신랄한 로베스피에르 묘사에 따르면, 그는 정성들여 '옷을 갖추어 입고 가발을 쓰고 분을 바른' 채, 대중 봉기의 '위험한 사회'에서 '일신의 안위'를 위태롭게 하지 않기 위하여 조심한다. 미슐레는 이 자코뱅주의자의 '지루한 성격'과, 나아가 '맥빠지는 연설에 배어 있는 지칠 줄 모르는 나의 관념' 속에서 '명백한 위선'을 찾아낸다.(미슐레의 강조)[16]

그러나 사실 미슐레의 이상적 혁명 사회와 사회적인 영역의 윤곽은 그의 자코뱅 상대와 많은 부분에서 일치한다. 역사가는 로베스피에르 못지 않은 예리한 시선으로 혁명의 '유일무이한 영웅인 민중'과 '부르주아 상류 계급'을 구분한다. 이 '명실상부한 근대의 지배자'는 '다수는 아닐'지라도, '읽고 쓰고 계산하고⋯⋯ 언어화하며, 서식(paperasser)을 채울 수 있는' 능력을 통해 드디어 혁명의 '지배자'가 되었다. 또한 그는 로베스피에르처럼 명백하게 당대의 사회 영역을 이분화한다: 《민중》을 통하여 "구프랑스에는 세 계급이 있었다. 반면 새로운 프랑스에는 오직 두 계층이 존재한다――민중과 부르주아"라고 선언하였다.[17]

미슐레는 1793년의 '사업가'나 '은밀한 투기꾼'들을 비판하든지, 또는 1846년의 탐욕스런 은행가나 산업자본가들을 비판하든지간에 '부르주아 물질주의'를 혐오한다. 그러나 육체의 죄보다는 정신적 죄에 대한 책임을 더 혹독하게 묻는다. 예를 들어 자유주의 혁명가인 미라보에 대하여 미슐레는 그의 경제적 탐욕보다는 '야망과 교만으로 가득 찬 마음의 진정한 타락'을 책망한다. 이 역사가는 주장하기를, 사실 부르주아 혁명가들이 근본적으로는 '관대하고 사심이 없었으나' '증오'와 더불어 '이기주의와 두려움 때문에 부패'(미슐레의 강조)했다고 한다. 더 정확히 말하면, 그가 나중에 이름 붙인 바 "'모든 사람은 자신에게로, 모든 사람은 자신을 위하여'라는 위대한 부르주아 원칙"에 의해서였다. 미슐레는 스탕달의 풍자적 어구를 반영하여 《민중》에서 말하기를, 부르주아는 "원칙에 있어서는 관대하지만 행동에 있어서는 이기적이며, 언제나 기성 권력의 편에 선다"라고 주장한다.[18]

미슐레에게도 역시 혁명 시기와 당대의 '부르주아 상류 계급'은 사회적 야심과 위선이라는 친숙한 악덕을 표상한다. 나아가 이러한 죄악은 상응하는 결과를 낳는다. 예를 들어 미슐레는 1793년의 파리 살롱에서 루소와 로베스피에르의 방탕한 도시적 세계를 발견한다: "이곳은 당파에 속해 있지 않은 사람들과 반혁명분자들, 사건에 신물나고 질리고 궤멸당한 사람들, 이상과 열정을 포기한 사람들이 모여 음란한 쾌락을 즐기던 누추하고 더럽고 우울한 세계이다." 미슐레는 여기에서 "우리는 가장 저열한 수준의 이기주의에 빠진 우리 자신의 모습을 발견한다"라고 말한다. 후에 언급한 바에 의하면, 이러한 작은 사회적 부패가 혁명 프랑스 내에서는 매우 고립되어 있는 듯이 보일지라도 이들은 "산업 사회가 발전함에 따라 우리 시대의 진정한 장애와 약점이 될 사회적 분화의 시작을 반영한다. 그는 《민중》에서 '우리'의 세계가 '이해 관계'·'적대'·'경쟁'들로 인해 완전히 분열되었음을 개탄한다. 프랑스 민중은 '습관과 타성'에 묶여 일반적으로 "그들의 이익을 위태롭게 하기를 두려워하며, 그것에 집착하는 극도의 이기주의자들"인 부르주아 계층에 이끌려 "불운과 그들 자신의 진보에 의해 망가뜨려졌다."[19]

마지막으로, 미슐레는 그가 《민중》에서 '기계주의'라고 언급한 바 있는, 현대 사회에서 인간들의 생산물과 '사회적 행위'가 '단일한 자동 방식'이 되어가는 경향을 가장 우려하였다. 그는 이러한 현상을 가장 직접적으로는 산업 혁명과 관련시키면서 영국 중산층의 '권력과 부'는 이 시기에 '비약적으로 증가'하였지만 "일종의 암울한 일률성, 즉 인간과 사물 사이의 보편적 유사성이 '신사' 계급을 관통하였다"라고 말한다. 이러한 현상은 영국에만 국한되지 않는다. 미슐레는 《프랑스 혁명사》에서 프랑스의 혁명 부르주아들도 "같은 원료——이기주의, 안위, 안락과 희생 없는 자유——의 영국산 아편을 흡연했다"라고 주장한다. 그리고 그러한 '자유'는, 미슐레가 강조하는 바 '영혼이 개입하지 않는 기계적 평정'에서 나온다.[20] 이런 관점에서 볼 때 미슐레가 《민중》의 첫권 전체를——앞서 언급한 대로[21]——중세 프랑스의 여러 사회적 '예속(servage)'에 할애하고 있는 것은 이유가 있다. 로베스피에르·루소·스탕달과 같이, 그 역시 자유를 포기할 위험에 직면해 있는 프랑스 사회를 묘사하고자 했기 때문이다.

　베르그송에게는 언뜻 보아 '사회'나 부르주아에 대한 명백한 비판이 나타나지 않는다. 그러나 앞서 언급된 그의 철학의 유명한 이분법 ——자연의 '생명적' 영역 대 '기계적' 영역, 마음의 '직관적' 영역 대 '지성적' 영역[22]——자체에 이러한 비판이 내재되어 있는 것으로 보인다. 왜냐하면 베르그송은 사회와 그것의 요구를 명백히 '기계적' 영역과 지성에 속한 것으로 분류하기 때문이다. 이 철학자는 《시간과 자유 의지: 의식의 직접 자료에 대한 소론》에서 "우리에게는 외적인 생활, 즉 사회 생활이 내적·개인적 생활보다 실용적으로 더 중요하다"라고 주장한다. 그래서 본질의 '순수 지속'보다는 자신의 기계적 틀을 중요시하는 지성이 '일반적으로는 사회 생활의 요구, 구체적으로는 언어에 더 잘 적응'하므로 우리의 의식하는 자아——즉 '표면적 자아'——는 '근본적 자아'보다 지성을 더 선호하게 된다. 베르그송은 미슐레의 영국식 '기계주의'에 대한 비판을 반영하며, 우리의 일상 생활이 '고통과 쾌락'만을 뚜렷이 구별하는 데 지나지 않는 존 스튜어트 밀류의 심리적 결정주의를 신뢰하고 있음을 개탄한다. 그러나 '공교히 짜여진 인습적 자아의 휘장'이 찢어지면 공리적인 사회적 가면을 우리의 진정한 자아로 여기고 있던 '근본적 불합리'가 드러날 것이라고 그는 주장한다. 왜냐하면 우리 내부의 것 가운데 '언어로 옮겨지고' 분석될 수 있는 것은 "사회 전체에 의해 주어진 인상의 비개인적인 나머지 부분, 즉 공통적인 요소"에 제한되기 때문이다.[23]
　이와 같이 베르그송은 '사회와 사회 관계의 증진'을 위해서 모든 개인은 부르주아적 이기주의자가 될 수밖에 없다고 암시한다. 우리들은 기계적으로 자신의 옹색한 이익과 진부한 욕망을 추구한다. 동시에 사회적 유용성의 단일한 논리 이면에서 창조적 개성을 가리는 일종의 형이상학적 위선을 자행한다. 나아가 사회적 자아의 정신적 타락과 순응주의는 한층 더 비참한 결과를 도출한다. 베르그송은 '일상 행위의 대부분이 의식적 자동 작용'의 결과임을 한탄한다. 그렇게 될 수밖에 없음은 '주위의 모든 것이 그렇게 해야 얻을 수 있는 것'이기 때문이다. 그러나 우리가 이러한 '기생하는' 사회적 자아로 하여금 우리의 마음을 전적으로 다스리도록 허용한다면, 또한 '우리 자신이 아닌 외부 세계를 위해' 살아간다면 점차로 '자동 작용이 자유를 가리게' 될 것이다. 즉 인간은 "다른 자동 작용을 만들어 낼 동안만……자동 작용에서 벗어나는" 동물과 다름없는 존재가 될 것이라고 그는 《창조적 진화》에서 강변한다.[24] 이와 같이 베르그송 철학의 내러티브에는 부르주아 계층이 생산해 내는 사회적 굴종에 대한 명백한 비판과 함께 우리 모두의 내부에 존재하는 보편적 부르주아 근성에 대한 비판이 깃들여 있다.

베르그송의 제자 페기에게서는 부르주아 사회에 대한 비판이 분명하게, 반복적으로 나타난다. 페기의 책에서는 한 페이지가 멀다 하고 '부르주아적 세계'·'부르주아주의'·'부르주아 사보타지'·'부르주아 정신'에 대한 비난이 쏟아져 나온다. 페기에 의하면 '모든 악, 모든 타락, 모든 범죄'를 세상에 들여온 것은 '명백히 부르주아 자본가와 대부르주아 계층'이다. 또한 페기에게 있어 이 부르주아 지배 계층이 근대 사회에 이식시킨 가장 큰 죄악은, 스탕달과 마찬가지로 '배금주의의 보편적 유포'이다. 그는 《우리들의 청춘》에서 "모든 것이 다 돈이다. 돈이 현대를 지배한다"라고 개탄한다. 다른 저서에서 반복하기를 "돈의 세계가 된다는 것은 절대적으로 완벽한 물질성의 세계가 된다는 것이다"라고 하였다. 페기도 루소나 로베스피에르 못지 않게 그러한 물질적 탐욕이 가져오는 '빈자와 부자의 급격한 분리' 현상을 걱정하며, "모든 사람이 완전히 두 계층으로 나누어지는…… 괴물과 같은 현대 파리"를 거부했다.[25]

그러나 부르주아의 "탐욕과 배금주의'가 페기에게 있어 단지 사회적 불평등만을 의미한 것은 아니다. 그가 '부자의 이기주의' 혹은 '부르주아적 이기주의'라고 이름 붙인 것들의 목록——이는 로베스피에르나 스탕달 담론의 흔적을 지닌다——은 친숙한 정신적 악덕들을 열거하기 시작한다. 예를 들어 페기는 미슐레와 같이 '계산하고, 비용을 아끼고, 시간을 아끼는' 부르주아적 '검약'과 '지혜'를 공격한다. 왜냐하면 그렇게 "아끼고 **절약하는** 사람은…… 자신의 가장 소중한 재산인 자유와 창조성을 소외시키고 있기"(페기의 강조) 때문이다. 루소와 같이 페기도 무엇보다 동료 문인 집단의 입신출세주의와 위선을 비난한다. 그는 《우리들의 청춘》에서 스스로가 '지식인이자 부르주아'인 '작가·평론가·사회과학자(sociologues)'들이 '노동 세계의 파괴'에 대해 자신들이 아닌 노동자를 비난하고 있다고 주장한다. 4년 후, 그는 소르본의 지식인들을 비판한 베르그송을 지지하면서 소르본의 지식인들이 '학문'이라고 부르는 것은 다음과 같은 것이라고 비판한다:

석학의 안락함과 전문가의 예정된 출세이다. 그들이 말하는 과학적 방법이란 자신들이 이미 세워놓은 방법을 의미한다. 그들이 말하는 진보란 자신들의 경력의 진보를 이른다. 그들이 말하는 보장·안전·확립은 자신들의 직업의 보장·안전·확립을 의미한다. 그들은 평온하게 안주해 있는 시민의 봉사자이며, 그래서 그들은 평온하게 안주해 있는 시민의 봉사자에게 적합한 부동의 철학을 소유하고 있다.[26]

페기는 특별히 스승 베르그송의 용솟음치는 산문적 어조로 강변하기를, 그 중 가장 최악의 사실은 부르주아의 '이러한 기계주의, 경제적 자동 작용'과, 이렇게 '과학적이며 냉정하고 경직되어 있고 규칙적이며 정확하고 뚜렷한…… 협착성'이 '물질주의·기계주의·결정론·연상주의로 물든 마음,' 즉 '보편적 불모성'과 '보편적 예속'의 원칙을 반영한다는 것이다. 페기의 주장에 따르면, 진실로 항상 '이것의 대가'는 결국 '자유'로써 치러지게 마련이다. 왜냐하면 '인간은 내일의 평화(오직 돈으로만 살 수 있는 평화)를 얻기 위해…… 오늘 자신의 자유를 팔기' 때문이다.[27]

페기에게 있어 부르주아 계층의 정신적 부패는, 로베스피에르에게서와 마찬가지로 거의 문자 그대로 '생명력과 자유의 소멸'을 초래한다. 그의 부르주아 계층은 스탕달·루소·미슐레의 그것과 마찬가지로 닥치는 대로 먹어치우면서 확장을 계속한다. 페기는 《우리들의 청춘》에서 프롤레타리아 계층의 '점진적 부르주아화'에 우려를 표시했으며, 1913년의 《돈》에서는 미슐레의 '민중(peuple)'이 '부르주아와 자본주의 정신에 완전히 감염'되어 가는 것을 비탄스러워했다. 《돈》과 후속작인 《속 돈》에서는 '모든 사람이 부르주아'라고까지 고발한다. 그는 "민중은 더 이상 존재하지 않는다"라고 주장한다: 민중 계급은 "오직 하나의 생각——부르주아가 되려는——만을 가지고 있다." 현대 사회주의조차도 '노동자의 세계에 부르주아적 욕망을 불러일으키는 것'에 다름 아니다. "위계를 바꾸어 노동자들에게 더러운 부르주아가 될 것을 권유"하는 것이다.[28] 요약하면, 페기가 그려낸 자유의 포기라는 암울한 초상 속에는 전쟁 전 프랑스 사회의 모습이 압축되어 있다.

사르트르에게 있어 사회와 부르주아 비판은 거의 숙명적인 것이라 해도 좋을 성격을 띤다. 그의 저작은 '부르주아 세계'와 그 세계의 '우편향적 인간들'·'부르주아 휴머니즘'·'부르주아적 거짓 보편주의'·'과학·산업·도덕률'·'사회적 기계'——통칭하여 '개자식들 (les salauds)'과 그들이 만들어 낸 '괴물' 사회——에 대한 악명 높은 비판의 기록이다. 앞에서 언급한 대로 사르트르의 《닫힌 방》에서 '나쁜 믿음'의 전형들——저널리스트 가르생, 우체국 직원 이네즈, 요부 에스텔——은 《존재와 무》에 등장하는 관음증 환자·카페 종업원·바람둥이 여자와 더불어 모두 부르주아이다. 사르트르의 첫 소설 《구토》에 나오는 지방 도시 '부빌'은 스탕달의 '베리에르'에 대한 후대의 거울 이미지를 제공한다. 주인공 로캉탱은 '재정 상태가 풍족한' 시 의회와 지방 주교가 '1천4백만 프랑이 드는' 화려한 교회——엄청난 크기의 대성당——를 건축하기 위하여 1887년 '불레바르 마리탬의 신흥 부유층'과 '상류 부르주아' 사이의 타협을 중재했던 일을 설명한다. 로캉탱의 조소 어린 요약에 따르면, 지금 그 도시에는 '허옇게 살찐' 주식 중개인·상인·소상인들과 그들의 경박한 부인들이 살고 있다. 다시 한번 스탕달——아마도 로캉탱이 좋아하는 작가는 아닐 것이다——의 어조를 환기시키며, 사르트르의 주인공은 '진정한 숙녀의 조건에 물건의 가격을 알지 못한다는 것이 포함 '되는 한, 새 공장 설계자의 부인을 '숙녀'로 '잘못 알 사람은 없을 것'이라고 신랄하게 꼬집는다. 소설의 다른 부분에서 로캉탱은 부빌 박물관의 벽에 걸린 채 자신을 바라보는 '유명 인물'들의 이름을 열거한다:

> 상업회의소 소장 보수아르 씨, 부빌 항만 자치회 대표이사 파비 씨, 가족과 함께 그려져 있는 실업가 불랑주 씨, 부빌 시장 라네캥 씨…… 상업협의회장 티부스 구롱 씨, 마리탬 증권거래소 소장 보보 씨.[29]

로캉탱은 조롱하듯이 불랑주는 아마도 '근면하며 절약하는' 사람이었을 것이며, 티부스 구롱은 '남에게 가혹한 만큼 자신에게도 엄격했을 것'이라고 추측한다. 사르트르의 분신은 '작은 틀 안에 우아하게 그려진 이 아름다운 사람들'에게 작별을 고하며 유명한 이별의 인사를 날린다: "안녕, 개자식들."[30]

이와 같이 부르주아 사회에 대한 비판은 사르트르에게도 스탕달 못지 않게 중요한 출발점이 되었으며, 가장 쉽게 느껴지는 부르주아 사회의 특징은 탐욕과 물질주의의 만연이었다. 《존재와 무》에서 사르트르는 아예 탐욕을 인간의 존재론적 본질에 위치시킨다.[31] 그는 우리가 '소유하고자 하는 기투'를 통해 영원히 추구하도록 운명지어진 '존재'의 희미한 그림자를 상징적으로 포착하고자 한다고 설명한다. 사르트르는 루소의 영향을 반영하며 "사치품의 원시적 형태에는 내가 소유하고 있는 사람들(노예, 태어날 때부터 하인이었던 사람들)로 하여금 나를 위하여 **만들게 했던** 물건을 소유한다"(사르트르의 강조)라는 감정이 있다고 주장한다. 마찬가지로 현대 사회에서는 '돈이 끊임없는 타락을 통하여' 그러한 역할을 담당하여 거의 인간 주체와 '세계 내 대상 전체' 간의 사유화의 결속에 해당하는 '대상과 나의 마술적인 결속'을 상징하게 된다. 사실 '사유화로 상징화된 관계를 인식하는 것은 불가능'하지만, 그럼에도 불구하고 나는 "소유물의 총체를 존재의 총체로 보게 된다. 나는 내가 소유하고 있는 **것이다.**"(사르트르의 강조)[32]

그러나 이러한 부르주아 물질주의는 사르트르의 '나쁜 믿음'의 가장 무거운 죄악인 위선과 기만이 외부적으로 드러난 데 불과하다. 사르트르는 부르주아 계층의 '나쁜 믿음'을 서술함에 있어, 루소·로베스피에르·페기의 전통을 이어 가장 신랄한 경멸은 문인 집단을 위하여 남겨둔다. 예를 들어 그는 그러한 인간들이 '자신들에게 타이르는 거짓말'의 전형인 기계적 암기의 '자의적 낙관주의' 철학을 가지고 있는 《구토》의 유명한 '독학자'를 통해 '인간의 모든 사고방식을 녹여 하나로 만드는' 부르주아 지식인들의 이기적인 '휴머니즘'을 경멸한다. 여기 사르트르의 주인공이 이야기한다: '관료들의 특별한 친구'인 '급진적 휴머니스트'와 이른바 '좌파 휴머니스트'가 있다.

그의 주된 걱정은 인간의 가치를 유지하는 데 있다. 그는 인간을 배신하지 않기 위해 어떠한 정당에도 속하지 않으며, 그의 동정은 초라한 사람들을 향해 있다……. 그 공산주의 작가는 제2차 5개년 계획 이후로 인간을 사랑해 왔다. 그는 사랑하기 때문에 비판한다……. 인간을 있는 그대로 사랑하는 휴머니스트가 있는가 하면, 당위로서의 인간을 사랑하는 휴머니스트가 있다. 자신이 원하여 그들을 구하기를 원하는 사람이 있는 반면에, 자신도 모르게 그들을 구하게 되는 사람도 있다……. 그들은 서로를 증오한다: 물론 개인으로서지 인간으로서는 아니다.[33]

사르트르는 고발의 손가락을 자신에게 돌리는 것도 잊지 않는다. 전후 3부작 《자유에의 길》에 나오는 마티외——뚜렷이 사르트르적인 주인공——는 '자신의 계급에서 탈출하기'위해 '좌파 평론지'에 글을 쓰는 자타 공인의 '부르주아'이다. 그는 공산주의자 친구 브뤼네로부터는 '부르주아, 더러운 지식인, 감시견'이라는 비난을, 부유한 변호사인 형 자크로부터는 위선자라는 비난을 받는다. 형은 그가 '자신이 부르주아라는 것과, 그것을 부끄러워한다는 사실에서 회피'하려 한다고 비난한다. 자크의 마지막 평가는 실로 소르본과 그 기성 학문 질서에 대한 폐기의 고발을 상기시킨다:

너에겐 쾌적한 아파트가 있고, 정기적으로 받는 풍족한 월급이 있지…… 그리고 너는 그런 생활을 즐기고 있어——평온하고 정돈되어 있는 전형적인 관료의 삶…… 그런데 너는 자본주의 사회를 비난해. 자신이 그 사회의 운영자이면서…… 너는 부르주아 계층을 경멸하지만, 동시에 너 자신이 부르주아이며 부르주아의 자식이고 형제이기도

하지. 그리고 부르주아처럼 살아가고 있어.[34]

사르트르에게 있어 부르주아의 나쁜 믿음이 초래하는 가장 최악의 결과는, 스탕달·베르그송·미슐레에 있어서와 마찬가지로 자유가 기계적인 순응으로 타락하는 것이다. "보수적인 사고의 점잖은 사람은 귀가 멀고 말이 막히고 움직일 수 없게 된다"라고 그는 《성 주네》에서 선언한다. 그는 자신을 '순종과 선행의 자동 기계'로 규정하면서, '자신이 정해 놓은 기준을 벗어나는 거칠고 자유로운 것'을 거부한다. 그리고 이것이 사르트르가 묘사하는 부르주아 사회의 일반적 모습이다. 로캉탱은 부빌의 시민들이 "일과 후에 사무실을 나와 집과 광장을 만족스러운 눈으로 바라본다"라고 말한다. 왜냐하면 그들은 그것이 "그들의 훌륭하고 굳건한 부르주아의 도시"(사르트르의 강조)인 것을 알고 있기 때문이다. 또한 그들은 "하루에도 백 번씩 모든 일이 기계적으로 이루어지고, 세계는 고정된 불변의 법칙에 따라 움직인다는 증거를 가지고" 있다. 마찬가지 이유에서 마티외는 점령된 1940년의 파리가 '이미 죽어' 있었으며, '엄숙하고 실용적인 기능물의 세계'로 대체되었다고 선언한다. 레지스탕스 시기의 희곡인 《파리떼들》에서 파리를 상징하는 도시 '아르고' 역시 '빈사 상태의 부패한' 도시로 묘사된다: 시민들은 지배자들이 반란을 막기 위하여 설정해 놓은 '선행'의 틀에 갇혀 있거나, '공포'와 '원한'을 생산해 내는 조작된 인습의 도덕률에 사로잡혀 있다.[35] 그렇다면 사르트르에게 있어서 부르주아 문명은 최선의 경우 도덕적 자동 작용을 양산해 내거나, 아니면 최악의 경우 보편적이며 실제적인 예속 상태를 초래하는 것으로 보인다.[36]

푸코는 이 주제를 특별히 효과적으로 구현하고 있다. 이 포스트구조주의자의 최초 저서 《광기와 문명》(1961)은 문명——'광기'를 처음

조작해 내고 길들인 '망가진 사회'——전체에 대해 루소의 숨겨진 비판을 감행한다. 푸코는 1961년의 인터뷰에서 "광기는 오직 사회에서만 존재한다"라고 단언한다.[37] 다음으로 그는 '한 집단이나 계급'은 스스로 구성된 주체로서 '타인들에게 동일한 지배력'을 행사한다는 마르크스의 명제를 완전히 부인하면서, 사르트르가 '부르주아 자본가나 산업 사회'를 언급한 것처럼 18세기 이후로 '정치적 지배 계급'으로 등장한 부르주아 계층으로 돌아간다. 즉 부르주아가 현대 세계에 행사하는 '사회적 헤게모니'에 대해서 언급한다. 푸코는 1977년의 인터뷰에서 '자신의 담론이 지니고 있는 모호성'의 하나로 사회 계급의 문제를 든다. 그러나 그 문제를 해결하려고 하지 않고 대신 이렇게 말한다: '부르주아 계층'을 '실재인 동시에 허구인 주체'로 생각지 않으며, 부르주아 계급이 노동 계급에 대하여 자신의 이익을 '강제로' 실현시키는 것을 고발하지 못한다 하더라도, "그러한 노동 계급의 도덕화가 다름 아닌 부르주아적 전략"이며, 바로 그 전략이 "부르주아 계급이 부르주아 계급이 되게 하며, 그 영향력을 행사할 수 있게 한다고 말할" 수 있다.[38]

푸코는 부르주아의 지배가 단지 경제적 이익 추구에만 한정된 것이 아니라는 것을 분명히 하면서도, 앞서 언급했듯이[39] 그 자본주의적 영리 추구에 본질적인 경멸감을 표현한다. 예를 들어 《감시와 처벌》에서는 현대의 '훈육적 권력'이 '자본주의 경제의 성장'과 함께 출현하여 그것에 봉사했음을, 《지식에의 의지》에서는 현대에 이루어진 '성의 담론화'가 '경제적으로 유용하고, 정치적으로 유순한 성'의 확립에 목적이 있었음을 지적한다. 나아가 후자의 저서는 '성의 범람'이 '의학·정신의학·매매춘·포르노그래피' 등에 의해서 '매개되는 허다한 경제적 이해 관계'에 의해 '보장되고 촉진되어' 왔다고 주장한다.[40]

그러나 푸코에게 부르주아 사회의 가장 경악스러운 악덕은 역시 물질적 탐욕이 아니라 다른 사람들에게도 그러했듯이, 계몽적 법률과 사회 개혁이라는 인도주의적 휘장 뒤에 실제적 권력 구조를 숨기고 있는 치밀한 위선이다. 푸코는 현대 사회의 법적 상부 구조와 자유주의적이며 민주적인 '공동 주권'의 이론이 성공적으로 "체제 안에 내재되어 있는 지배의 요소와 실제 과정을 은폐하는 우파 시스템"을 구성한다고 주장한다. 널리 알려진 《감시와 처벌》에서의 주장에 따르면, "대의정치에 의해 가능해진, 공식적으로 분명히 법제화된 평등 체제의 확립"에 의해 18세기 부르주아 헤게모니의 출현이 가려졌다. 그리고 이 상부 구조의 '어두운 면'이 '임상의학·정신병리학·아동 심리학·교육심리학'과 같은 새롭고, 일견 자비로운 뉘앙스의 학문을 구성하였다. 그 결과 범죄는 '정신병리학·범죄학·심리학 등의 전문가'의 영역이 되었고, 성은 '의사·교사…… 정신과 의사'의 영역이 되었다고 주장한다. 푸코에게 부르주아의 이중성은 역시 제도화된 사회과학에 종사하는 '문인 집단'에서 가장 극명하게 나타난다. 그러한 자들이 '소소한 일상의 육체적 작동 기제'와 '미시(微視) 권력의 시스템'을 현대 사회에 공급함으로써 사회 통제가 확립되고 유지될 수 있기 때문이다.[41]

마지막으로, 푸코는 사르트르·베르그송·스탕달과 같이 부르주아 사회의 기계적 허울에 가려져 있는 사회적 예속의 확대를 폭로한다. 그는 미슐레나 페기가 이미 했을 법한 어조로 '부르주아 권력은 자가 증식적'이라고 선언한다. 다른 책에서 부연 설명하기를 '훈육적 권력'은 '굴복당한 힘을 증가시키고' 동시에 '굴복시키는 힘의 효율성'을 향상시키는, '물질적 강압의 촘촘히 짜여진 틀을 전제로 삼고' 있는 '부르주아 사회의 뛰어난 발명품'이라고 말한다. 이와 같이 푸코의 '정상화의 사회'와 '패놉티시즘'의 망은 사회가 자유를 생산해 낼 수 있는 가능성을 철저하게 제한——완전한 배제는 아닐지라도——하는 것으로 보인다.[42]

2. 교 회

문명 사회에 대한 이단자들의 내러티브는 공통적으로 탐욕·이기심·위선, 무엇보다도 굴종을 통하여 모든 사회적 개체를 지배하고, 그들의 자유를 소멸시키는 '부르주아 사회'의 확대를 특징적으로 묘사하고 있다. 교회와 그 세속적 부분에 대한 묘사도 그와 다름없이 암울하다. 근대 프랑스 지식인 사이에서 반교회주의도 부르주아 비판만큼 추앙받는 전통이었음을 고려할 때, 이는 당연한 일이다.[43]

원형이 되는 스탕달의 소설에서, '부르주아적' 악덕은 부르주아 계층에만 한정되는 것으로 보이지는 않는다: 《적과 흑》에서 가톨릭 성직자는 그들만큼 탐욕스럽고 위선적이며 비굴하다. 그래서 쥘리앵은 베리에르에 온 젊은 주교의 품위 있는 모습에 감탄하여, 명성과 재력에 대한 세속적 야망을 다시 품게 된다. 쥘리앵은 혼자 중얼거린다: "사람이 지위가 높아질수록 태도도 멋있어지는구나…… 그런데 수입은 얼마나 될까? 아마 2,30만 프랑은 되겠지." 훨씬 이후에 스탕달의 주인공은 자신이 선택한 직업에 대해 생각하면서 이렇게 말한다: "20년 전이라면 나는 아마 군복을 택했겠지…… 하지만 요즘 시대엔 사제복을 입어야 마흔 살쯤에 10만 프랑을 연봉으로 받을 수 있어." 그러나 스탕달의 세계에서 쥘리앵의 이러한 성직 출세주의는 전혀 특별한 일이 아니다. 베리에르 시민의 비공식적 모토가 '이익을 산출하라'였고, 쥘리앵이 다니는 신학교의 젊은 농부의 모토는 '**현금과 즉시 교환 가능**한 숭고한 사상'(스탕달의 강조)이었다. 또한 마틸드는 비슷한 세속적 동기——서술자의 표현에 따르면, '이미 권력과 쾌락의 단맛에 빠진 신부의 냉정한 이기주의'——를 이용하여 '주교직으로의 빠른 승진' 가능성을 암시하는 것으로 유력한 예수회 신부의 도움을 얻는 데 성공한다. 그 신부는, 서술자의 묘사에 따르면 "자신의 야망이 이루어질지도 모른다는 생각에 흥분과 전율로 그녀의 발 앞에 거의 엎드릴 지경이 되었다."[44]

스탕달 소설에 나오는 성직자들의 세속적 욕망은 부와 서품의 승진에만 그치지 않는다. 쥘리앵은 꿈꾼다: "얼마나 많은 추기경들이 나보다 비천하게 태어나 정부의 고위 관료가 되었는가!" 스탕달의 성직자들은 정치 권력과의 타협——그리고 열렬한 추구——을 통해 기성사회의 계급제에 대해 레날이나 발레노 못지 않은 비굴함을 보인다. 쥘리앵이 다니는 신학교의 아베 카스타네드 신부는 어린 신입생에게 말한다: "너의 인생과 순종을 통해 교황의 관대함이 헛되지 않게 하라. 그러면 너는 아무런 간섭도 받지 않고 명령할 수 있는 멋지고 높은 자리에 앉게 될 것이다. 정부가 네 월급의 3분의 1을 치르고, 너의 설교에 의해 인도되는 신도들이 나머지 3분의 2를 대는 쫓겨날 염려 없는 자리이지."[45]

부르주아 계층에 대한 그의 가장 혹독한 비판이 그 굴종성에 있었듯이, 교회에 대한 스탕달의 가장 신랄한 비판 역시 교회가 그 핵심 계층과 일반적으로는 대중 전체에게 요구하는 노예와 같은 순종성에 향해진다. 아베 카스타네드 신부가 제자에게 했던 충고는 라 몰 후작이 소집한 비밀 정치 회합에서도 음울한 어조로 반영된다. 한 '고위 성직자'——곧 추기경으로 밝혀지는——가 회원들에게 말한다: "로마의 지시를 받는 성직자들이 평민들에게 말하는 유일한 집단이다. 5만 명의 신부들이 위에서 정한 같은 날짜에 같은 말을 되풀이한다. 병력의 중심이 되는 이 평민들은 세상의 다른 어떤 사람들의 말보다도 사제들의 말에 자극을 받는다."

심지어 고결한 아베 피라르 신부조차도 "성경을 너무 깊게 읽는 데서 오는 **개인적 의심**"(스탕달의 강조)에 대한 그의 책임을 경고하며, "교회의 관점에서는 내적 복종이 모든 것"이라는 앞서 언급한 서술자의 의견을 재확인해 준다. 결국 신부의 의견이 스탕달 소설의 비극적

절정에 중심 역할을 담당한다. 레날 부인이 쥘리앵을 고발했다고 털어놓는 것은 그녀의 의지에 의한 것도, 그녀 자신의 말에 의한 것도 아니다. 그녀는 갇혀 있는 연인에게, 고발장은 그녀의 '정신적 목자'인 '젊은 신부'에 의해서 작성되었음을 알린다. 그녀는 "종교가 나에게 이런 일을 하게 하다니"라고 한탄한다.[46]

그러나 스탕달 소설이 종교적 믿음이나 영성 자체를 비판하고 있는 것이 아님을 주목할 필요가 있다. 실제로 2명의 성직자── '선량한 보좌 신부'인 셸랑 신부와 앞에서 언급한 피라르 신부──는 진심으로 경건하고 정직한 영혼으로 묘사된다. "종교를 위선과 돈에 대한 욕심과 불가분의 관계로 여기고 있던" 쥘리앵은 피라르 신부가 이끄는 공부 모임의 진실한 경건함에 놀라게 된다. 또한 스탕달의 주인공은 레날 부인에 대한 살해 시도가 실패로 돌아갔다는 소식을 듣고 자신이 '사제들의 위선'에서 구해 내려 했던 '하나님의 숭고한 섭리와 진리'를 받아들이게 된다. 나아가 그는 성경 속의 하나님── '잔인하며 복수를 갈망하는 편협한 독재자'──이 아닌 '공평하며 자비로우며 완전무결한 볼테르의 하나님'을 표상하는 '진정한 종교'를 꿈꾼다.[47] 이와 같이 스탕달의 주인공은 그 자신이 《적과 흑》의 사회적 세계에서 진정한 의미의 영성을 나타내게 된다.

그러므로 스탕달은 신자들의 개인적 믿음이 아니라 이기주의, 위선, 사회적 굴종이라는 낯익은 악덕이 발견되는 지상의 교회 제도를 향해 비판의 물길을 튼다. 마찬가지로 성별된 이단자들의 반교회주의도 영성을 부정하는 것이 아니라, 오히려 영혼의 모든 '기성 질서'에 저항함으로써 '진정한' 영성의 옹호를 천명하게 된다.

루소의 종교적 견해는 열성적 학생인 에밀을 교육하는 유명한 '사부아 지방의 보좌 신부'를 통해 가장 분명하게──또한 이단적으로*──표현되고 있다. 성직을 박탈당한 이 신부는 '종교'와 '종교 의식'을 혼동하지 말라고 가르친다. 하나님은 결코 '사제가 입는 옷이나…… 제단 앞에서 행하는 동작' 등 '예배 외적인 부분'에는 관심이 없으실 것이기 때문이다. '분파'나 '파벌'의 '이전투구'에서 멀리 떨어진 루소의 이 대변인은 특별히 가톨릭 교회의 '고정된 교리'를 거부한다. 이것이 신앙을 '타락'시킬 뿐 아니라 '인간을 거만하고 편협하며 무자비하게' 만들기 때문이다.[48]

《신엘로이즈》에서 루소는 가일층 신랄해진 기성 교회 비판을 세계 시민적인 귀족 올마르에게 맡기고 있다. 그에게 가톨릭은 '오직 서품에만 관심'을 두는 '헛된 가식'의 종교이다. 올마르는 자신이 만난 신부들 중에 신의 존재를 실제로 믿는 사람은 3명뿐이었다고 말하며, 사제들이 '대중 앞에서 가르치는 것을 사적으로는 조롱'하고 있음을 고발한다. 마찬가지로 루소는 《사회계약론》에서 '사제들의 종교인 로마 가톨릭'의 '반사회적 조항'과 '신학적 편협'을 비난한다. 《고백록》에서는 더욱 공공연하게, 종교의 본질을 흐리는 '오합지졸'들과 '음모'를 꾸며 자신을 현재의 궁지로 몰고 간 '예수회 파벌'을 비난한다.[49]

이와 같이 스탕달에게서와 마찬가지로 루소에게도 기성 종교를 더럽힌 것은 야심과 위선이었다. 진실로 가톨릭 교회는 두 작가 모두에게 그것이 속해 있는 사회의 타락을 여실하게 반영하는 기제이다. 루소에게 있어서도 교회가 저지르는 가장 큰 죄악은 신앙의 체계나 세속적 부패가 아니라 개인의 의지와 이성 위에 '군림하려는' 시도이다. 《고백록》에서 루소는, 스탕달을 연상시키는 어조로 '신교도는 적어도 자기 스스로 결정하는 법을 배워야만' 하는 데 비해, "로마가톨릭의 신앙은 절대적 복종을 요구한다"라고 비판한다. 사실 '그리스도

---

* 루소가 《에밀》에서 천명한 종교적 견해 때문에 추방당했다는 것은 이미 언급한 바 있다. p.63 참조.

교가 복종과 의뢰를 설교하는' 한 '진정한 그리스도교인'은 '노예로 만들어진다'고 그는 《사회계약론》에서 고발한다.[50]

그러나 루소의 반교회주의는 조직적 종교에서 그치지 않는다. 사부아의 신부는 '모든 것을 결정하며, 어떠한 의심도 허용치 않는 교회'를 비판한 후, 그와 마찬가지로 '오만하고 강제적이며, 심지어는 회의주의를 주장하면서도 독단적인 철학자들'을 향해 비판의 응어리를 분출한다. 루소의 전직 신부는 묻는다: "마음 깊은 곳에 유명해지겠다는 비밀스러운 욕망을 품지 않은 철학자가 단 1명이라도 있는가?" 이 자칭 회의주의자들은 개인적 영예를 위해서 '망설임 없이 전인류를 속이며,' '종교계의 경쟁자'보다 '백배 더 강압적이며 전제적인 자세'로 '독단적 결정을 강제적으로 우리에게 적용'하려 한다. 《고백록》에서 루소는 그러한 믿음이 '백과전서파' 학자들과 어울리면서 '흔들리기'는커녕 더욱 '강화'되었다고 적고 있다. 결국 루소는 자신을 반대하는 무리들 속에 '예수회 신부들'과 '얀센주의자들' 뿐만 아니라 '백과전서파'와 '철학자들'을 포함시킨다.[51]

요약하면, 문인 집단은 루소에게 부상하는 부르주아 지배뿐만 아니라 지식인적 교회가 구체적으로 구현된 모습이었다. 따라서 그는 스탕달과 마찬가지로 철학에 있어 회의주의나 유물론을 신뢰하지 않았다. 실제로 루소의 이단적 신부는 에밀에게 '신부와 사제의 권위'에 반대되는 그의 '내면의 빛' —— '양심과 이성의 빛' ——을 따르라고 가르치며, 유명한 '자연 종교'를 주창한다. 이것은 신이 '우리의 눈·양심·판단을 통하여 보여 주는 것'에서 흘러나오는 '내면의 음성'을 듣는 것이다. 《사회계약론》에서도 마찬가지로 그는 '교회당·제단·의식'이 아닌 '자연의 성스러운 권리나 법칙'에 기반한 '진정한 신성,' '지고의 신에 대한 순수한 내면의 숭배와 영원한 도덕적 책임감'을 지지한다. 심지어 《사회계약론》의 악명 높은 시민 종교도 그에게는 시민의 개인적 '의견'이나 '내세'에서의 몫에 대하여 왈가왈부하지 않는 '순수한 시민적 신앙 고백'의 의미를 가진다.[52] 이와 같이 루소는 신앙을 전적으로 부정한 것이 아니라, 성속을 막론한 모든 기성 교회에 반대하면서 자율적인——따라서 '자유로운'——개인의 영성을 옹호하였다.

'사학자들'은 루소의 종교관, 특히 사부아와 지방의 보좌 신부가 주장한 '신앙 고백'이 로베스피에르와 혁명 세대 전체에게 영향을 끼쳤음을 오래 전부터 인정해 왔다.[53] 실제로 로베스피에르는 혁명 초기부터 그의 시대가 끝날 때까지 다소 틀에 박힌 반교회주의를 신봉하였다. 예를 들면, 1790년 그는 교회가 '토지를 소유'하는 것은 '종교를 위해서나 국가를 위해서나, 혹은 그 자체로서도' 좋지 않음을 주장하며 교회의 토지를 몰수하는 성직자 기본법(Civil Constitution of the Clergy)을 지지하였다. 1794년에는 "신부들이 도덕을 대하는 태도는 돌팔이 의사가 약을 다루는 태도와 같다"라고까지 선언하였다. 신부들은 "그들이 생각하는 대로 투기하고, 변덕스러우며, 탐욕스럽고, 잔인하며, 무자비한" 하나님을 만들어 내서, "오직 자신들에게 이익이 되는 십일조·부·명예·쾌락·권력을 요구할 목적으로 그를 이 땅 위로 불러내었다"라고 주장하였다. 실제로 가톨릭 성직자들이 '비열·오만·불성실·방탕·거짓'의 화신으로 존재하는 한, 신은 '우리가 그들에게 왕의 마차를 끄는 짐승처럼 매이기를' 의도하지는 않았을 것이다.[54] 로베스피에르는 이와 같이 가톨릭 교회의 세속적 탐욕과 위선, 무엇보다도 사회를 자신의 지배에 복속시키려는 열망에 대한 루소의 고발을 충실히 되풀이한다.

한편 그는 1793년에 '이성의 종교'를 세우려는 혁명 무신론자들의 '열광'을 비난함으로써 루소가 행한 철학자들과 세속의 정통파들에 대한 비판도 역시 반영한다. 그는 '무슨 권리로' '진리·이성·철학'의 장사꾼들이 '자유의 이름으로 예배할 자유'를 공격하는지 묻는다.

실제로 그는 1794년 봄에 "무신론은 공화국에 대한 음모와 연계되어 있다"라고 비난했다. 그 직후에 행한 국민공회에서의 마지막 연설에서도 다시 한번 '공화국을 파괴'하려는 '무신론과 부도덕의 불순한 사도'들을 고발하였다.[55]

그러나 로베스피에르의 반교회주의는 선대의 루소나 후대의 스탕달과 마찬가지로 결코 믿음의 부인은 아니다. 이성의 숭배를 대신하는 그의 대안은 사부아와 보좌 신부의 '자연 종교'보다는《사회계약론》의 시민 종교에 근접해 있다.[56] 공식적 신앙 조항과 만들어진 국가적 축제로 가득한 그의 악명 높은 종교는, 무엇보다도 혁명 '시민 사회'는 '완전한 도덕의 토대' 위에서 건설되어야 한다고 주장한다. 그러나 그가 생각하는 국가의 후원을 받는 종교란 기성 교회의 교리를 강요하는 것이 아니라, '자연의 보편 종교' 안에서 '모든 종파'가 융합——'어떠한 강제도, 박해도 없이'——하는 것이다. '사회 질서'를 교란시키지 않는 한, 이 자코뱅주의자는 단언한다: "예배의 자유는 존중될 것이다." 더욱 적절하게 그의 생각이 표현된 것은 "자유와 도덕은 동일한 신성함의 가슴으로부터 나온다. 어느것도 다른 하나가 없이 인간 사이에서 존재할 수 없다"라는 주장이다. 그러므로 진정한 자유는 기성 종교와 계몽주의적 유물론 둘 다와 화해할 수 없으며, 오직 '억압받는 순수자들을 지키시고 관용한 죄를 벌 주시는 절대자'를 믿는 선량한 시민들의 신앙과 양립——동일하지는 않더라도——할 수 있다. 지고의 존재 숭배는 로베스피에르에게 기성 가톨릭 교회와 '이성'으로부터 혁명이 구원되기 위하여 반드시 수용해야 할 자유롭고 진실한 영성을 표상한다.[57]

미슐레에게는 바로 로베스피에르가 자코뱅주의자들의 '대제사장'이자 '교황'으로서 교회 전제주의를 표상하는 존재였다. 이 역사가는 로베스피에르야말로 "왕의 심장이 아니라 신부의 심장을 지닌 채 평생 동안 영혼의 지배자"가 되기를 열망하였다고 주장한다. 제도화된 종교의 '진정한 독재'가 '잔혹한 마키아벨리즘'과 "이단 심문자의 영혼, 조직의 영혼, **신부의 영혼**"(미슐레의 강조)을 지닌 자코뱅주의자의 모습을 하고서 복수를 위해 나타난 것이다. 미슐레에게 있어 자코뱅 클럽과 가톨릭 성직자는 혁명 시기의 프랑스에 존재한 '두 개의 거대한 조직, 거대한 권력'――즉 둘 다 똑같이 억압적인 교회의 모습을 가졌다.[58]

두 기관 중 더 오래 된 것에 대한 미슐레의 공격은, 앞서 언급한 대로[59] 강도 면에서 독보적인 위치를 차지한다. 《사제 · 여성, 그리고 가정》에서 그는 가톨릭 신부는 '우리의 적'인 동시에 '**근대 정신**과 자유의 적이며'(미슐레의 강조) 따라서 '혁명의 적'이라고 선언한다. 이러한 결정적 선포 이전에도 그는 《프랑스 혁명사》에서 "나라 전체와 비교해 볼 때 터무니없이 부유한 성직자 계급은 본질적으로 불의하며 불공평한 괴물들"이라고 주장하였다. 예를 들어 아비뇽 교황청은 수 세기 동안 '교황들의 바벨 탑' '대주교들의 소돔' '추기경들의 고모라'가 되어왔다. 당연하게도, 혁명이 일어나자 '고위 성직자'들은 '강렬하고도 영웅적으로 저항'했다: 그들은 "초기 그리스도교인들이 믿음을 지켰던 것처럼 **자신들의 재산**을 지켰다!"(미슐레의 강조) 나아가 성직자 자신들은 "믿음이 없었으면서도 믿음을 가진 사람들 중에서 자신들의 앞잡이"를 구했다. 따라서 혁명은 계속되는 '대예수회 기업'의 '죄악과 거짓말'――즉 '사제'의 '위선'――에 맞서야만 했다.[60]

그의 가톨릭 교회 비판에서도 탐욕 · 야망 · 위선이라는 낯익은 스탕달의 악덕이 다시 한번 나타난다. 미슐레의 반교회주의는 신도들의 자유를 정복하려는 사제의 시도에 대한 비판과 더불어 그들의 비굴함을 소상히 묘사하는 데에서 절정에 이른다. 그는 루소를 반영하며, 《프랑스 혁명사》에서 '복음서' 자체가 '권위에 대하여 복종 · 굴복 ·

순응'하는 책이라고 정의한다. 그러므로 신부들이 '교회의 독재와 그것으로부터 자유롭게 해줄 혁명 사이'에서 선택해야만 되었을 때, 그들은 '타성적 순종을 재선택'하였다. 더욱 심한 것은, 미슐레가 《프랑스 혁명사》에서 자신의 이전 이론——이는 스탕달이 그려낸 레날 부인과 그녀의 '정신적 목자' 이야기에 놀라울 정도로 구현되어 있다——을 재요약한 것에 따르면, 교회가 여성 신도의 심리를 속속들이 꿰뚫어 봄으로써 사회적 자유를 만성적 박탈 상태에 빠지게 한다는 사실이다. 1792년 〈신부·아내, 그리고 매수인〉이라는 글에서, 그는 어리석은 '부인'이 '신부들에 대한 충성과 의존'으로 인해 자신도 모르는 사이에 '반혁명의 지지자'가 된다고 고발한다.[61]

이와 같이 미슐레는 자코뱅 클럽이든 가톨릭 교회든 기성 교회를 사회의 자유에 대한 상존하는 중대한 위협으로 보았다. 그러나 루소나 로베스피에르와 마찬가지로 이 역사가도 회의적인 유물론에는 분명한 반감을 보인다. 그는 《민중》에서, 어린 시절에 '종교적 교육이라고는 조금도' 받지 않았음에도 불구하고 어느새 믿음은 "내 안에서 자라고 있었다. 그것은 나 자신만의 것으로서 살아 움직이는 자유로운 생물체와 같았다"라고 회고한다. 나아가 그는 스탕달이 그랬던 것처럼, 성직자의 경우에 있어서도 교회 제도와 진정한 영성 사이에 분명한 구별을 둔다. 그는 《사제·여성, 그리고 가정》이 '신부'를 반대하는 글이 아니라 오히려 '위선적 권위'가 초래한 그들의 '노예 상태'를 비판한 글임을 천명하면서, 이 반교회적 논문이 성직자들에게 '개인적 혹은 사회적 해방과 구원의 기회'가 되기를 희망하며 끝맺는다.[62]

미슐레에게 있어서도 진정한 자유와 영성은 '혁명에 대한 믿음'과 밀접하게 연결되어 있다. 그래서인지 《민중》의 말미에서 그가 제시하는 국가적 계획의 모습은 역설적이게도 로베스피에르가 주장한 지고의 존재 숭배와 닮아 있다. 그는 모든 프랑스 아동들이 먼저 '어머니가 보여 주는 사랑과 자연의 신'에 대한 믿음을 배우고 난 후 '아버지가 나타내는 강건한 국가, 자랑스러운 역사, 프랑스적 정서의 신'을 믿어야 한다고 역설한다. 그는 '보이지 않는 지고한 통일성 속에 보이지 않게 존재하는 신'인 '조국(the Fatherland)'이 "너의 제1복음이 되게 하라"고 선언한다.[63] 요약하면, 미슐레 역시 기성 종교를 비판했지만, 그것이 개인의 영성이나 《조국》에서 주장한 대중 종교의 옹호에 걸림돌이 되지는 않았다. 그는 이 두 가지가 기성 교회에 반대하면서 사회의 자유를 신장시킨다고 주장한다.

거의 가톨릭으로 개종할 뻔했던[64] 베르그송은 액면적 의미의 반교회적 성상 파괴자가 되기에는 가장 알맞지 않은 인물로 보인다. 그러나 과학적——특히 사회과학——실증주의에 대한 그의 빛나는 비판은 미슐레에 필적하는 반교회주의적 의미를 담아내기에 충분하다. 《창조적 진화》에서 그는 '실증과학'은 인간의 '지성'이 쌓아올린 지고의 업적이지만, '지성'에 내재된 '기계적' 성질로 인해 '삶을 이해'하는 데는 언제나 부적합하다고 주장한다. 이 철학자는 《시간과 자유의지: 의식의 직접 자료에 대한 소론》에서 과학의 '주된 목적'은 '측정하고 예상'하는 데 있다고 주장하며, 그러므로 '과학이 보는 것은 실제적 유용성'에 한정된다고 《창조적 진화》에서 반복한다. 더욱이 실증과학은 물질 세계에서 '최적의 행위 수단을 제공'하겠다는 공리적 야망에 있어서도 '사물의 본질'을 보여 주지 못하고, 진정한 '지속' 대신에 그것의 '인공적 대용품'만을 보여 주는 실수를 계속 범한다. 예를 들어 '진화 결과의 단편적 모습들로 진화'를 재구성하려는 영국의 다윈주의자 허버트 스펜서의 시도는 실증생물학의 전형적 오류를 보여 준다. 그는 생물들의 '모자이크'를 모아 '전체를 **모방**'(베르그송의 강조)한 후, 자신이 자연의 진정한 '설계'와 '창조 과정'을 기술했다고 '생각'한다.[65]

요약하면, 베르그송은 '실증과학'을 기성 교회와 같은 존재──로 베스피에르에게는 이성에 대한 세속적 숭배에 해당하는──로 보면서, 그것이 지니고 있는 형이상학적 탐욕과 이중성을 고발한다. 그는 실증주의의 사제들이 실재를 이용 가능한 것으로 축소시킬 뿐만 아니라, 그러한 물질적 환원주의를 과학적 진리라는 허울로 가리고 있다고 비판한다. 그에 따를 때 가장 악질적인 것은 '존재의 생기'를 '고립'시키고 '인위적으로 가두려는' 사회과학의 열망이다. 즉 사회과학자들은 인간 행동의 실재에서 '질적인 요소'를 '제거'하고 '오직 기계적이며 비인격적인 요소'만을 남겨둠으로써, 자유로운 인간 존재 대신 '허깨비 자아, 자신을 공간 속에 투사하는 자아의 그림자'를 형성시킨다.[66] 베르그송의 내러티브에서 실증주의학파는 루소·미슐레·스탕달 내러티브의 가톨릭 교회가 그러하듯이 사회의 자유를 위협한다.

그러나 베르그송이 고발한 것은 과학 그 자체가 아니라 과학의 기성 질서가 지니고 있는 지배의 욕망이었다. 과학적 분석은, 베르그송이 인정하는 바 대상의 '외부 세계'와 공간의 '동일한 매질'을 측정하는 데에 유용하다. 그러나 자신의 기계적 척도를 진정한 시간(지속)과, 무엇보다도 생명 자체의 '활기찬 약동(élan vital)'에 적용하는 것은 '영역을 넘어서는' 것이다. '철학의 진정한 기능'이 요구되는 곳이 바로 이 후자의 영역이라고 그는 역설한다. '생명과 의식'의 '상승'을 포착하며, 인간 의식을 '그것이 유래한 생명의 원리'로 돌려보내는 데 있어 "철학자는 과학자보다 더 깊게 나아가야 한다." 즉 철학은 '우리를…… 정신적 삶으로 인도'하며, 따라서 '과학의 진정한 연장'이 된다.[67] 이와 같이 베르그송의 세속의 반교회주의는 과학적 믿음의 거부가 아니라, 기성의 믿음에 맞서는 진정한 정신적 자유의 옹호이다.

1907년 공식적으로 가톨릭으로의 개종을 선포한 페기는, 심지어 베르그송보다도 더 반교회주의자로서 적합하지 않아 보인다. 그러나 이 이단적 에세이스트는, 클로드 니콜레의 표현대로 세기말 프랑스에 존재한 '모든 권력'——드레퓌스파·사회주의, 무엇보다도 가톨릭 교회를 포함하여——과의 투쟁에 있어 당대의 가장 철저한 반교회주의자로서 모습을 드러내었다. 실제로 페기는 개종에 즈음해서 유물론, 뒤르켐류의 사회주의, 조레스적 사회주의가 결합하여, 그가 보기에 변종 '드레퓌스파'를 형성하려는 움직임을 맹렬히 비판하기 시작했다. 세속 자유주의 기성 질서에 대한 그의 비판은 1914년 죽음을 맞이하기까지 누그러지지 않은 채로 계속되었다. 예를 들어 그는 《우리들의 청춘》에서 점점 늘어가는 '소르본'의 '직업 지식인' 권력을 비판하였으며, 《돈》에서는 '현대의 경제적 자동 작용'에 복무하는 '과학적 성역'—— '경험과 실질적·경험적·실험적 유용성'을 교리로 하는——을 비난하였다. [68]

　나아가 다시 태어난 가톨릭 신자 페기는 자신의 교회마저도 그냥 지나치지 않았다. 그는 《우리들의 청춘》에서 '오늘'의 가톨릭은, '부르주아의 종교이며 부자들의 종교'라고 경고한다. 루소의 올마르를 상기시키는 어투로, 페기는 '선한 부르주아 신부와 같은 성직자들'은 '복음서를 가득 채운 부자에 대한 저주와 돈에 대한 경고'를 잊어버린 '자칭 가톨릭교도'이거나 '거짓 그리스도교도'에 불과하다고 비난한다. 그는 사실 교회가 1905년 국가로부터의 공식 분리를 선언하기는 했지만, 그럼에도 불구하고 "부르주아와 국가의 공식 종교——즉 부자들의 공식 종교——로서의 역할은 중단하지 않았다"라고 결론내린다. [69]

　동시에 그는 동시대 가톨릭 지식인들—— '모더니스트'이든 정통주의자이든——에게도 너그럽지 않다. '지식인과 성직자들, 학자적 성직자와 성직자적 학자' 모두 페기에게는 같은 무리에서 갈라져 나온 것에 불과하기 때문이다. 1911년 그는 가톨릭 모더니스트는 회의주의적 '지식인 집단'에게 '웃음거리가 되지 않기 위해서 자신이 믿는 하나님을 배신'할 사람이라고 공언했다. 2년 뒤 그는 모교 에콜 노르말에서의 강의에서 청년 가톨릭 신자들에게 소르본의 군림하는 '정치가'들과 어울리지 말 것을 경고했다. 그는 스탕달을 상기시키는 어조로 '자유주의자들과의 역겨운 사귐이야말로 진정한 도덕적 타락'이라고 꾸짖는다. 그러나 동시에 그는 '베르그송 대신 스콜라 철학을 선택하는 호교론(護敎論)의 젊은 중추들'에 대해서도 경멸감을 감추지 않는다. 아퀴나스의 철학 자체가 '유물론적이고 주지주의적이며, 연상주의적이고 기계론적'이기 때문이다. 즉 이것 역시 '결정론'을 대변한다.[70]

페기에게 모든 제도화된 권력들은, 그것이 세속이든 종교이든 혹은 유물론적이든 스콜라 철학적이든 탐욕·야심·위선으로 오염되어 부패하고 황폐한 상태를 의미한다. 그래서 그는 루소·로베스피에르·미슐레와 같이 진정한 믿음을 지킬 것을 선서한다. 1909년 페기는 '진정한 그리스도교 신앙'은 '결코 외부적·피상적…… 역사적 사건'이 아니라 '개인의 깊은 내면에서 일어나는 은밀한 사건'이라고 주장하였다. 그러므로 '우리의 그리스도교'는 "결코 국가의 종교나 부자 교구의 종교가 될 수 없다"라고 다음해에 썼다. 1914년 베르그송을 비난하는 '영적 생활의 사기꾼'들에 맞서 페기는 그를 '자유의 정신'을 일깨워 준 사람으로 칭송하였다. 페기는 베르그송의 종교적 적들에게 예수와 그의 복음은 전혀 '결정론'적이지도 않았고, '이른바 과학적 질서로 불리는 연역적·수리적·물리적 체계'와도 거리가 멀었음을 상기시킨다. 그는 '교회가 그 자신의 기계주의에 굴복하지 않기 위해서는' 베르그송적인 자유가 절대적으로 필요함을 주장한다.[71] 이와 같이 가톨릭에 대한 그의 공인된 믿음은 해방된 진실한 영성을 위하여 기성의 교회 권력과, 그외 세속의 권력과 투쟁하는 데 있어 전혀 걸림돌이 되지 않았다.

사르트르는 종교적 영역이든 비종교적 영역이든, 정신적 정통주의에 대하여 동등하게 비판적인 태도를 취했다. 사실 그에게 반교회주의는 부르주아 비판과 마찬가지로 자명한 일이다. 예를 들어 《구토》에서 마을의 부르주아들이 매주마다 몰려드는 '거대한 성전'을 세우는 데 일조한 가톨릭 교회는, 실제로 부빌 시의 탐욕과 허식에 깊이 연루되어 있다. 로캉탱은 부빌 시민들의 주일 관례를 묘사하며, 거기에 숨어 있는 위선적 의식을 열거한다: '오랜 시간에 걸친 풍성한 일요일의 정찬,' '교회 묘지나 양친 댁'의 방문, '매주 일요일 정오경에 우아하고 고상한 사람'들을 위하여 문을 여는 '사치품점' 들르기가 그것이다. '부활절 휴일'이나 '크리스마스 철야'는 물론이다. 마찬가지로 《자유에의 길》에서 마티외는 전시중 파리를 "새로 멋지게 지어진, 그러나 아무 쓸모 없는 거대한 흰 덩어리와 같은 교회"에 비유하였다.[72]

이보다 더 심한 비판이 그가 1945년 '인간성의 숭배'라고 낙인 찍은 정통 휴머니즘에 나타난다. 《구토》의 허위적인 '독학자'는 '전혀 믿음이 없으면서도 영혼의 교감'을 위해 규칙적으로 일요 미사에 출석한다. 로캉탱은 아둔한 휴머니스트가 '인간의 모든 의견을 융합하여 하나'로 만드는 과정에서 '소화한' 정신의 분파들——반지성주의 · 마니교적 이분법 · 신비주의 · 비관주의 · 무정부주의 · 이기주의——을 열거한다. 사르트르는 그러한 비판에서 자신의 정치적 경향인 사회주의와 공산주의도 면제시키지 않는다. '독학자'는 '정식 사회당원'임을 자랑스럽게 공언하며, 브뤼네는 《자유에의 길》에서 가장 긍정적으로 그려진 공산주의자이지만, 그럼에도 불구하고 마티외를 포섭하는 데 있어서는 스탕달이 묘사한 성직자처럼 행동한다. 그는 '자유를 포기하면 모든 것이 주어질 것'이라고 설득한다. 마티외는 웃으며 대답한다: "당신은 꼭 신부처럼 말씀하는군요."[73]

사실 사르트르는 스탕달과 같은 지점에 서서 공산주의 '권력'이 그

아들들에게 완전한 복종을 요구하는 것을 비난한다: "나는 소련 중앙 위원회를 믿어." 브뤼네는 3부작의 마지막 권에서 동료인 전쟁 포로 슈나이더에게 이렇게 말한다:

나는 역사에는 법칙이 있으며, 그 법칙으로 인해 노동자 국가와 유럽 프롤레타리아는 공동의 이익 아래 연대할 수 있다는 걸 알고 있어. 네가 너의 집의 토대에 관심을 두지 않듯이, 나도 이러한 전제에 의심을 품지 않아…… 그 확실함이 나를 지탱하고 보호해 주지.[74]

슈나이더는 이 말에 분개하며 대답한다: "나쁜 놈은 바로 너야…… 당이 너를 지지하고, 정치적 정통성 내에서 교육받았을 때 잘난 척하기는 쉬운 일이지."(사르트르의 강조)[75]

이와 같이 사르트르의 반교회주의는 다시 한번 정신의 모든 제도화에 맞서 자유의 옹호를 구성한다. 나아가 역설적으로 제도화된 정신에 대한 동일한 공격은 이 실존주의자의 유명한 무신론을 더욱 강조해 주는 것으로 보인다. 사르트르는 《존재와 무》에서 '종교에서 신'이라고 부르는 존재가 탁월하고, 스스로 존재하며, 자족적인 동시에 완전히 자유롭다면, 그러한 자유는 당연히 '존재'의 중심에 존재하는 존재론적 '무'이므로 '신의 개념'은 그 자체가 '모순된' 것이 된다고 하였다. 그러나 '자신의 존재를 선택'해야 하는 결정적 순간에 도달하면 우리들 대부분은 종교적 믿음이 제공하는 '선험적 선'의 세계——즉 그가 《실존주의는 휴머니즘이다》에서 표현하고 있는 바 '신을 축출하는 데 전혀 도움이 되지 않으며,' 오히려 정직·성실·가족에의 헌신과 같은 '일정 가치'를 인정하는 휴머니즘적 유물론, 곧 '선험적 실존'의 영역——로 도피한다.[76]

이와 같이 신에 대한 믿음이나 여하한 종류의 '이성 숭배'는 사르트르에게 있어 철저한 노예로 타락하게 만드는 일종의 '나쁜 믿음'이자 존재론적 위선을 의미한다. 그래서 그의 알레고리적 희곡 《파리떼》에서 아르고의 시민들은 미리 정해진 '응보'와 완전한 '선'을 표상하는 주피터가 그들에게 '유순한 용인과 철저한 굴종'을 요구할 때, 그 앞에서 '형체 없는 유령과 같이 어둠 속에서 땅을 기어' 다닌다. 반면에 주인공은 '선'과의 분리를 주장하며 주피터의 손아귀에서 벗어나는 데 성공한다. 그는 거짓된 신에게 "나는 노예도 주인도 아니며, 나는 나의 자유**이다**"(사르트르의 강조)라고 선포한다. 그러므로 "나는 나 자신의 것 이외에 어떠한 다른 법칙도 가지지 않는다"라고 결론내린다.[77] 심지어 무신론조차도 그에게 있어서는 영혼의 부정이라기보다는 '신'과 그외 미리 예정된 계획으로부터 영혼의 자율성——즉 진정한 자유——을 지키기 위한 모든 시도를 의미한다.

세속과 교회 권력에 대한 푸코의 비판은 이미 대략적으로는 설명했었다. 예를 들어 사르트르와 같이 그는 마르크스주의와 정신분석학파를 '포괄적이며 전체주의적인 이론'이라고 비판한다. 또한 이 포스트구조주의자는 미슐레의 전통에 서서 '개인을 굴종에 처하도록' 강요하는 '그리스도교적인 심문·고백·지도·순종의 기제'를 비난한다. 예를 들어 그는 《지식에의 의지》에서 자주 언급되는 반종교개혁〔종교개혁으로 유발된 16-17세기의 가톨릭 교회 내부의 자기 개혁운동〕의 '사제' 계율——죄인은 "완성된 행위뿐만이 아니라 관능적 접촉, 불순한 시선, 음란한 말 등 모든 것을 고백해야 한다"——을 비판한다. 그는 그러한 성적 계명을 '때때로 영혼의 계율책에 적혀 있는' 말을 하는 듯이 보이는 19세기 사드 후작과 비교하는 신랄함을 보인다. 푸코는 가톨릭 '사제직'이 '신자'의 '완전한 의존'과 '인격적 예속'을 필수적으로 요구한다고 주장한다. 신부는 교구민의 '영혼에 일어나는 모든 일,' 무엇보다도 '은밀한 죄'를 알아야만 한다. 기성 종교에 대한 그의 묘사에는 교회의 부패와 위선이라는 익숙한 악덕도 물론 포함된다. 흡혈귀와 같이 개인의 심리를 파고들어, 그가 표현한 바 '매일매일의 죽음'을 초래하는 영혼의 침해에 대한 묘사는 특히 미슐레와 스탕달의 그것을 상기시킨다.[78]

세속의 근대성이 교회가 연출했던 멜로드라마와 유사한 상황——눈에 띄지 않게 진행되므로 한층 더 교활한——을 만들어 내고 있다는 푸코의 주장은 널리 알려져 있다. '인문과학이 새로운 진리의 체계…… 지식적·기술적·과학적 담론의 총체'임을 자처하며 가톨릭 교회의 자리를 대신해 들어왔으며, 따라서 '정신병리학·범죄학·심리학'의 과학적·기술적 전문가들인 '간수·의사·교회사(敎誨師)·정신과 의사·심리학자·교육학자'들이 신부의 역할을 대체하였다. 바꾸어 말하면, 루소·베르그송·페기가 그랬듯이 푸코도 근대 부르주아 지식인을 세속의 사제에 비유한다. 또한 주기적으로 둘을 명확히 비교해 보여 준다. 예를 들어 1977년 강좌에서 '권력망'이 예전에는 '영혼을 통하여' 들어왔었는 데 비해, 현재는 '몸과 치료'를 통해 들어온다고 설명했다. 후에 부연 설명하기를, 따라서 '사회적 몸'은 '의학적 간섭의 장'이 되었으며, 의사는 '사회적 몸'을 다루는 기술자인 동시에 '공중 위생'을 대표하여 침입하는 자가 된다.[79]

이 새로운 사회과학의 사제는 전임 가톨릭 사제와 마찬가지로 위선적이다. 푸코는 그 예로서 《지식에의 의지》에서 '신경질'적이거나 '근거 없는' 여성의 '히스테리,' 아동의 '수음'이 19세기에 '제거되어야 할' 악으로 여겨졌으면서도, 오히려 '적으로서가 아니라 조력자'로 사용되었던 것을 비판한다. 미슐레의 이중적인 '영혼의 지도자'가 심약한 '아내'를 통해 내밀한 가정사로 들어가는 길을 보았듯이, '성의 학의 지배자'는 아동과 여성을 통해 '가정 영역'으로의 **'직통로'**(푸코의 강조)를 발견한다. 푸코는 또한 반교회적 선배와 더불어 그러한 '권력'에는 은밀한 '쾌락'이 수반됨을 주장한다. 그것은 '심문하고 청취하고 감시하고 탐지하고 촉진(觸診)하고 폭로하는 권력'의 '쾌락'

이다. 그는 《감시와 처벌》에서 '한 세기가 넘도록 우리의 인간성을 이런 식으로 즐겨온,' 그러한 '인간에 대한 학문'은 '과학적' 심문과, 그것이 나타내는 '끔찍한 권력'이 생산해 낸 '비열하고 악질적인 세부 기록'이라고 요약한다.[80]

요약하건대, 푸코의 반교회 사상은 교회와 세속의 사제들이 지닌 위선과 사회 지배의 야심에 대한 비판이다. 또한 첫째는 '소모적이며 억압적인' 가톨릭 의식과 '19세기에 출현한 성과학(scientia sexualis)' 사이, 두번째는 종교와 세속의 자기 공개 의식과 '인간의 주체화'〔영어의 subjection이라는 말은 주체화와 복종, 구속의 의미를 함께 지닌다〕 사이에 역설적인 연관을 맺어 주는 고해 제도에 관한 비판이기도 하다. 푸코는 근대의 고해 제도——의학 · 범죄학 · 심리학——가 겉으로는 언제나 '자유를 외치면서도' 실제로는 '과학 담론의 법칙에 따라 우리의 내밀한 증거를 탈취'해 감을 고발한다. 예를 들어 심리학이라는 '고해의 과학'은 '객관적' 사실이라는 신성한 근거 위에서 '치료, 혹은 정상화의 간섭'을 정당화한 후, '용서하고 위로하며 지도하는 힘'을 전유한다. 《감시와 처벌》에서 그는 '종교 심판'이 논리적으로 '공개 처형'을 요구하듯이, 사회과학 권력이 발달시킨 '훈육적 방법'은 '자연히 개인 감시의 관행을 요구하기' 마련이라고 설명한다.[81]

베르그송과 마찬가지로 푸코는 '과학의 내용 · 형식 · 개념'을 궁극적으로 부인하지는 않으며, 또한 미슐레가 그랬듯이 근대 과학의 '사제'들을 그 자체로 비난하는 것이 아니다. 단지 그는 "권력이 일정 개인이 타인에게, 혹은 일정 계급이나 집단이 타계급이나 집단에게 행사하는 고정되고 통합된 지배의 형태가 되어서는 안 된다"라는 것을 주장할 뿐이다. 사실 '주체'를 '약화' 시키고 '탈락' 시키는 것은 쉴새 없는 '심문 · 조사 · 사실의 기재'를 통하여 제도적 권위를 행사하는 이들 과학적 '사실의 담론'들이다. 그러므로 "우리는 사회에 존재하는 조직화된 과학 담론의 기능과 제도에 반대한다"라고 푸코는 결론 짓는다. 바꿔 말하면, 근대 세속 권력과 같은 과학의 대중적 신성시에 반대한다는 것이다. 마지막으로, 푸코는 다른 반교회주의의 선구자들처럼 새로운 정신의 구속으로부터 해방될 수 있는 길을 열어놓는다. 다만 그는 로베스피에르의 이성 숭배의 비판이나, 베르그송의 반실증주의 '철학' 대신에 '반과학'을 제시한다: 유명한 '반심리학 담론'이 대표하는 학문의 '계보학'이 그것이다. 푸코의 이 계보학은 과학적 '진리'로의 '실증적 복귀'가 아니라 반대로 '주변적이며, 단속적이고, 부적합하며, 비논리적인 지식'을 해방시키는 수단이다. 근대 세속 권력으로부터 억눌려 온 진정한 정신적 자유의 탈환을 기도하는 것이다. [82)]

2. 국가와 '정치계'

이단자 내러티브에서 종교나 세속의 '교회'가 부르주아 사회의 부패 · 위선 · 굴종의 면을 표상하는 한 면이라면, 국가와 의회정치는 또 다른 한 면을 표상한다. 근대 프랑스 정치 비평에서 반교회주의나 부르주아 비판 못지 않게 두드러지는 것이 중앙정부와 '정치계'에 대한 비판이다. [83)]

스탕달이 제시한 원형에서 시작하자면, 《적과 흑》의 세계에서 정치적 지위 · 후원 · 권력이 보편적 욕망의 대상이라는 것은 이미 언급하였다. 예를 들어 레날은 지방 관료로서 자신의 위치를 자랑스러워하며 전혀 필요가 없는 성벽――관료제의 비유――의 건축을 통해 '임기를 영구화' 시키고자 한다. 그는 그 일로 '파리까지 세 번이나 특별한 여행'을 다녀온다. 그는 후에 '여러 가지 음모'에 가담하는데, 그 중에는 '베리에르의 제2부시장보다 제1부시장'의 자리를 확보하기 위하여 '브장송의 지사'와 결탁한 적도 있었다. 마찬가지로 발레노는 마을의 사업가에게 "너희들 중 가장 바보 2명을 내게 다오"라고 말한다. 다음으로 변호사에게 '가장 어리석은 2명'을, 마지막으로 의사에게 '가장 솜씨 없는 돌팔이 2명'을 부탁한다. 그리고 '무역에 종사하는 가장 뻔뻔한 2명'을 넣은 다음 그는 말한다: "이제 정부를 구성하면 되겠군."[84]

이러한 부당 이득과 권력 남용은 스탕달의 정치 세계 내에서 지위나 당적에 상관없이 만연한 고정 현상으로 보인다. 《적과 흑》에 나오는 염세철학자 생 지로는 이렇게 말한다:

자신의 특권을 확대시키고자 하는 왕은 언제나 있으며, 수십만 프랑과 함께 명예까지 획득한 미라보를 기억하며 의원이 되고자 하는 야심가들도 언제나 존재한다……. 또한 과격분자들도 의원이나 각료가 되겠다는 야망에 언제나 무뎌지기 마련이다. 국가라는 배에서 모든 사람들은 조타수가 되고 싶어한다. 벌이가 좋기 때문이다.[85]

그는 심지어 보나파르트조차도 "전장에서만 위대했을 뿐, 튈르리궁전의 각료 · 의식 · 만찬은 다른 우둔한 군주들과 같았다"라고 끝맺는다. 쥘리앵도 소설의 끝부분에서 같은 어조로 "위대한 당통도 도둑질을 했으며, 미라보도 배신했고, 나폴레옹도 이탈리아에서 거액을 훔쳤다"라고 말한다.[86]

그러나 스탕달이 더욱더 분개하는 것은 정부의 제도화된 독직(瀆職)보다는 의회 정치가들의 위선적인 야심과 굴종이다. 그래서 그는 권력 앞에서 굽신거리는 이른바 왕정복고 시대의 '자유주의자'들——허울뿐인 의회의 '야당'——을 꼬집어 비판할 기회를 간과하지 않는다. 예를 들어 특히 베리에르의 '자유주의자'들이 하층 계급 출신의 쥘리앵을 왕을 접견할 수 있는 의장대에 포함시키는 것에 반발하는 장면이 그것이다. 또한 스탕달은 귀족과 왕당파가 모인 라 몰 후작의 만찬장에 '위대한 자유주의자 생클레르 씨'를 포함시킨다. 마틸드의 구혼자 가운데 한 사람이 '어떻게 저런 극단적 사상을 가진 고결하고 독립적인' 사람이 이 집에 받아들여졌는지를 묻자, 그녀는 이렇게 대답한다: "당신이 말하는 그 독립적인 사람이 지금 데쿨리즈 씨——반동주의자——에게 바닥까지 절을 하고 있군요. 그의 손을 잡았을 때, 나는 그가 손을 입에 대려는 것이라고까지 생각했어요." 가시 어린 풍자는 쥘리앵이 '남작 지위를 내려 준 장관에게 감사를 드리러' 파리에 온 발레노를 만나는 장면에서도 볼 수 있다. 빈민구호소 소장이었던 그는 현재 베리에르 시장직의 '여당측 후보'로서 다가오는 선거에서, '자유주의자의 지지를 받는' 오랜 숙적 레날과 맞붙기로 되어 있다. 서술자는 쥘리앵이 "레날 씨가 예전부터 자코뱅주의자였었음이 밝혀졌다"라는 이야기에 "쓴웃음을 지었다"라고 쓰고 있다.[87]

이와 같이 스탕달에게 있어 국가 제도는 교회 제도와 마찬가지로 경직되고 부패해 있다. 선출된 의원들은 개인과 사회의 자유를 증진할 수 있는 효율적 기제를 마련하는 데 힘쓰기보다는 권력에 영합하여 직업적 이익을 획득하려는 모습만을 보인다. 그래서 성별된 이단자들의 담론에서는 의회정치에 대한 심원한 불신이 사회 해방을 열어 주는 것처럼 묘사되고 있으며, 행정의 부패와 비효율에 대해서도 같은 경멸을 보낸다.

루소는 혁명 이전 정부와 정치에 대한 비판을 통해 영원한 명성을 획득했다. 그는 두번째 논문에서 인류는 '자유를 보장하기 위해 정치 제도'를 창안해 냈지만, 결국 '스스로 족쇄를 찬' 셈이 되었다고 한탄한다. '사유재산제를 법률로 규정'하여 '교활한 약탈을 불변의 권리'로 전환시킴으로써, 최초의 정부는 '빈자에게는 새로운 족쇄를, 부자에게는 새로운 권력을 부여'하였다. 실제로 루소는 '불평등의 형성'

을 '빈부'의 관계를 처음으로 '인정한 법과 사유재산의 확립'에서 시작하여, '강자와 약자'의 관계를 허락한 '지배의 제도'를 거쳐 '주인과 노예'의 관계를 확립한 힘이 '합법적인 것에서 독단적인 것'으로 바뀌는 과정으로 파악한다.[88]

이와 같이 루소는 물질적 불평등과 사회적 억압의 제도화가 국가라고 생각한다. 심지어 그는 《사회계약론》에서 '개개 연합체'를 보호하고 지키면서, '자유를 침해하지 않는 연합의 형태'를 추구하면서도 정부를 경직되고 부패한 것으로 묘사한다. 루소가 상상한 국가에서 '행정 권력'은 '국민의 주인이 아닌 대리자'로서 임명된 직위에 배치되며, '일반 의지'에 의해 언제든 박탈될 수 있다. 그는 주장하기를, 정부라는 존재는 본질적으로 그것의 독자 '인격' 또는 '단체 의지'를 발달시키는 경향이 있는데, 그 결과 '의회·평의회…… 권리·직위·군주적 특권'이라는 순서에서 볼 수 있듯이 "폐해가 많아질수록 지위는 높아지게 된다"라고 말한다. 나아가 그는 스탕달을 환기시키며, "최고위에 오르는 사람들――특히 군주제에서――은 얼간이나 사기꾼·술수가인 경우가 많으며, 이들은 잔재주로 궁정 요직을 차지한다"라고 경고한다. 그는 모든 정부 조직에서 "사회 제도가 규정하고 있는 것과는 정반대로, 언제나 일반 의지가 가장 약하고, 단체 의지가 그 다음을 차지하며, 개인의 의지가 가장 강하다"라고 결론 맺는다.[89]

루소는 의회정치가 전제하는 상호 작용도 전혀 신뢰하지 않는다. 그는 '대의 사상'을 '봉건국가'의 '사악하고 불합리한 체제'의 유물로서 조롱하는 반면에, 모든 시민이 직접 입법에 참여하는 고대 그리스의 폴리스를 지지한다. 루소는 공동체 내에 '음모'와 '부분적 연합'이 출현하는 것을 경계하면서, 시민의 정치적 회합이 '서로 아무런 연관 없이' 이루어져야 한다고 주장한다. 그리하여 "각 개인은 부분적 연합의 의견이 아니라 오직 자신의 의견만을 표명해야 한다"라는 것이다. 사실 루소에게 있어 '대립되는 견해와 논쟁'의 출현은 '일반 의지'가 타락했음을 의미한다. 그는 "개별적 이익들이 모습을 드러내고 작은 집단이 큰 집단에게 영향력을 행사하게 되면, 공동의 이익은 변질되고 적대자가 생기게 된다"라고 주장한다. 또한 이러한 '타락하고자 하는 경향'이야말로 모든 '정치체'의 '피할 수 없는 본질적인 결함'을 드러낸다고 루소는 말한다. 그의 주장에 따르면 "정부는 끊임없이 주권자에 대립"하고, 그 결과 "군주는 불가피하게 주권자를 억압하며 사회 계약을 파기한다"라고 한다.[90] 요약하면 스탕달과 마찬가지로 루소에게 있어서 정부는 필연적으로 물질적 타락과 관료제적 경직성——또한 의회정치는 사리사욕——의 길을 걷기 마련이며, 나아가 정치체 자체도 스스로에게 구속되는 방향으로 나아가게 된다.

로베스피에르는 자기 자신이 자코뱅 클럽을 이끌고 권력의 정점에 이르고 있음에도 불구하고, 공공연히 자신을 정부의 적으로 선언했다. 야당에 있을 때에 그는 혁명의회가 '왕실과 각료의 진의'를 조사할 것을 계속 촉구했다: 1791년에 언급한 대로, 자유에 정부의 '불신임'이 요구되는 것은 마치 정열에 질투가 빠져서는 안 되는 것과 같기 때문이다. 1793년 그는 〈인간과 시민의 권리 선언 제안〉에서 "인민이 주권자이며, 정부는 그 소유물이며, 공무원은 그 피고용인"이라고 선포한다. 거기에는 계속해서 "모든 자유국가에서 법은 무엇보다도 지배자들의 권력 남용에 대하여 대중과 개인의 자유를 보호해야 한다. [그러므로] 국민을 선하게, 행정관을 부패한 것으로 상정하지 않는 모든 제도는 악하다"라고 씌어 있다. 역설적이게도 정부에 대한 이러한 부정적 견해는 로베스피에르 자신의 집권에도 그대로 적용된다. 이 자코뱅 지도자는 '혁명의 적들에 대한 가차없는 자유의 투쟁'을 통하여 '공화국'을 건설하는 공안위원회 의장으로 있는 동안, 비록 '혁명정부'라 할지라도 '국민은 신뢰하되 자신에게는 엄격'해야 한다고 주장했다. 행정관은 '공공의 이익'을 위하여 '자신의 이익'을 희생해야 하며, '권력에 대한 집착'보다 '평등'을 우선시해야 한다. 또한 '대의체가 존재한다면' 그것은 "끊임없이 모든 공공 관료들을 감시하고 통제해야 한다."[91]

위의 인용에서 알 수 있듯이, 대부분의 혁명 시기 정치가들과 같이 로베스피에르도 정치적 대의의 문제에서 루소와 명백히 갈라진다. 그러나 앤 사다가 잘 표현해 놓았듯이, 그도 의회의 '정치 거래'에 대해서는 루소 못지 않게 극심한 경멸감을 표시한다.[92] 그는 1791년 《프랑스인에게 고하는 연설》──데이비드 조든의 요약에 따르면──에서 "그의 동료들 대개가 행하는 타협과 적응, 사익 추구의 행태를 격렬하게 반대했다." 이 자코뱅주의자는 결국 자신이 속한 정당은 민중의 예언자로 묘사하는 반면, 그에 반대하는 다른 정당──예를 들어 '지롱드당'이나 '극단 **혁명주의자들**'의 '정당'(로베스피에르의 강조)──은 정치 패거리나 분열을 일으키는 무리로 묘사하였다. 국민공회에서의 그의 마지막 연설은, 앞에서도 언급했다시피, 정부 내 '파벌의 우두머리와 그에 속한 관료들,' '의회'를 '분열'시키는 사람들, '혁명'에 반대하는 '공작'을 끊임없이 계획하는 '정당들'에 대한 고발로 가득 차 있다. 그는 "나는 오직 두 정당밖에 모른다. **좋은** 시민의 정당과 **나쁜** 시민의 정당이 그것이다. 애국심은 정당의 일이 아니라 마음의 일이다"(로베스피에르의 강조)라고 선언한다.[93]

로베스피에르는 궁극적으로는 루소의 정치 타락의 법칙을 지지한 것으로 보인다. 1794년 〈정치적 도덕성의 원리에 관하여〉에서 그는 "개성과 자유를 상실하게 되면 그 나라는 민주정치에서 귀족정치로, 다시 군주정치로 이행하면서 극도로 부패하게 된다. 이것은 마치 정치체가 노화의 과정을 겪으면서 소멸하는 것과 같다"라고 쓰고 있다. 그렇게 '모든 사물이 거치는 과정을 따라' 정부도 결국은 '인민의 이익'을 망각하고 '몇몇 타락한 개인의 손아귀에 들어가게' 된다. 이러한 관점에서 로베스피에르가 축출되기 전날 밤 국가의 임박한 불행을 예언하고 있는 것은 그리 놀랄 만한 일이 아니다. 그는 혁명정부가 "불순한 무리의 손에 떨어진다면, 그 자체가 반혁명의 도구가 되어 버릴 것"이라고 역설한다. 그렇게 되면 반혁명분자들은 '의회 내에 격렬한 논쟁'을 불러일으키며, 이제까지 '숨기고 있던' 반동적 성향을 드러내기 시작할 것이다. 그는 계속하기를 '그들이 의회를 지배하는 데 실패'하면, 국회를 '두 부분으로 분열시켜 비방과 중상이 난무하게 만들 것'이라고 예측한다. 그럼으로써 '의회와 국민을 분리'시키고 '공화국을 혼란으로 몰아' 간 후, 최종적으로 '전제정을 부활'하고자 한다![94) 요약하면 로베스피에르는 정부는 필연적으로 권력 남용과 부패에 빠지기 마련이며, 당파와 논쟁의 정치가 그 타락을 이끈다고 보았다.

미슐레는 앞에서 본 것과 같이, 로베스피에르의 정부 비판에 동의하면서도 비판을 그 자코뱅 지도자에게 다시 되돌린다. 이 역사가는 '생명의 활기가 고갈된 평안과 질서'를 확립하는 데 있어, '모든 정부'는 '사회의 실질적 내용(fond)'을 고갈시키고 '형식'만을 취한다는 점에서 '동일하다'고 주장한다. 그러므로 로베스피에르——미슐레의 묘사에 따르면 '정확하고 신중하며 확고한 정치가'——는 "**그 자체가 정부였다.**"(미슐레의 강조)[95)

이 역사가는 혁명의 연대기에서 새로 태어난 나라에 바쳐진 '노고'보다는 '음모'를, 혁명에 따르는 막중한 업무를 담당한 수많은 '지혜롭고 신중하며 공정한 사람들'보다 '비난받아 마땅한 지도자들과 당수들'을 강조하여 다루게 된 것에 대해 양해를 구한다. 그러나 그는 전자의 사람들도 그냥 지나치지 않는다. 예를 들어 그는 그들에 대해 '말을 지나치게 신뢰하여 자주 그리고 길게 말한…… 변호사들'이라든지, '제도만 세워두면 만사가 즉시 해결'되는 '서류상의 자유'를

믿는 사람들이라고 꼬집기도 하였다. 더욱 신랄한——동시에 유명한
——것은 '지롱드당'과 단명으로 끝난 그들의 혁명정부 지배에 대한
서술이다. 그는 주장하기를, 평범한 시골 출신들로 이루어진 지롱드
당은 '어느 날 갑자기 자신들에게는 전혀 낯선 주목과 사치의 세계'
에 밀려 들어왔다. 당연히 이들은——쥘리앵 소렐처럼——"파리 사
교계의 강한 유혹을 받는다." 그러나 스탕달의 주인공과는 달리, 미
슐레 내러티브 내의 이들은 '은행가와 상인' '살롱' '아름다운 여인
들'로 이루어진 부패의 그물로부터 빠져 나오지 못했다. 미슐레에 따
르면, 이렇게 지롱드당은 급속히 부패하여 '당파·사교 모임·동인
집단'으로 전락하였으며, 끝내는 '공화국의 적'이 되었다. 1792년 여
름 반대파들은 이들을 가리켜 '부자와 어중이떠중이들의 앞잡이,' 심
지어 '위선적인 애국자'라고 불렀다.[96] 다시 한번 말하면, 미슐레——
다른 사람들과 마찬가지로——에게 혁명정부는 사회의 불모성·황
폐·위선의 온상을 표상했다.

미슐레는 그가 비판한 로베스피에르와 마찬가지로 '정치 거래'에도
별반 호감을 가지지 않았다. 그의 《프랑스 혁명사》에는 같은 '공화주
의자들 사이'의 '정치적 책략'과 '분열'에 대한 조롱과 '**절대 정의**'
(미슐레의 강조)와 극도로 대립하는 '정치가들의 논리'·'이익'·'계
책'에 대한 혐오가 나타나 있다. 지롱드당이 미슐레 내러티브에서 방
탕을 표상했다면, 자코뱅 클럽은 한층 더 나쁜 '마키아벨리적 정당'
을 상징했다. 그는 자코뱅 클럽이 "혁명을 타락시킨 원칙을 고민 없
이 수용했다"라고 비판한다. 그 원칙은 "도덕적 원칙에는 공공의 영
역과 사적인 영역이 있다. 필요할 경우, 전자는 후자를 소멸시킬 수
있다"라는 것이다.[97]

최종적인 그의 결론은 '지롱드당과 자코뱅 클럽은 본질상 별 차이
가 없는 동류의 정치논리가들'이라는 것이다. 이유는 그들 모두 혁명
의 '정략적이고 추악한' 면을 보여 주기 때문이다. 그는 이들 '분석가

의 무리'·'열렬 형식주의자'·'정략적 계산가'·'추상의 광신자' 들은 혁명의 진정한 '깊이와 생기'를 알지 못했다고 평가한다. 그는 《민중》에서도 근대 '행정 제도'와 '정치 기구'를 비판하는데, 이유는 그에 속한 관료들이 "마치 기요틴이 인간을 다루는 것처럼 대여섯 가지의 공식에 맞추어 인간의 결정적 본질을 **추출해**"(미슐레의 강조) 내기 때문이다. 미슐레는 또한 그러한 국가 인간들에게 '생명·본질·삶에 대한 느낌'이 싸늘하게 결여되어 있다는 것을 발견하며, 동시에 그러한 정치적 '기계주의'에서 '로베스피에르와 생 쥐스트 시대의 많은 사람들을 경악케 한 심문의 귀재와 경찰'을 정밀하게 분별해 낸다.[98] 미슐레에게 본질적으로 정부는 전제정치로 진행될 수밖에 없으며, 정당정치는 그것을 완화시키기보다는 오히려 악화시키는 역할을 한다.

베르그송은 겉으로 보기에는 교회의 경우에 그랬듯이 국가의 반대자도 아닌 것처럼 보인다. 비록 페기는 비정치적으로 보이는 스승의 철학에서 정치 비판적 의미를 끌어내기는 했지만, 그 자신이 명백하게 의회정치에 대한 비판을 표명한 적은 없었다. 그러나 인간 심리와 그것에 '잠재된 기계주의'에 대한 그의 사상은 정부에 대한 형이상학적 비판을 내재하고 있는 것으로 보인다. 이 철학자는 '이성의 기계적 본능은 고정된 조건, 기성의 설명, 환원 불가능한 명제를 수단으로' 실재를 '이미 정해진 틀,' 즉 '기성의 관념에 맞추어진 기성의 옷'에 '구겨넣으려' 한다고 비판한다. 그래서 《창조적 진화》에서 그것은 '생명의 탐구'에 있어서 '살아 있는 것을 필연적으로 무기력한 것으로 다룬'다고 환기하며, 《시간과 자유 의지: 의식의 직접 자료에 대한 소론》에서 그것이 우리 마음을 완전히 다스리도록 허용하게 되면, 그 '고정된 관점'으로 인해 마음은 '경직'되고 '석화'되어, 끝내는 '자동 작용'이 '자유를 잠식해 버릴' 것이라고 경고한다. 즉 우리 자신의 '기계주의'가 우리를 완전히 '다스리게' 될 것이다.[99]

요약하면, 베르그송에게 실증주의의 기초를 이루는 '기계적 이성'과, 그것이 이루는 '기성품(tout-fait)'들의 황량한 세계는 완고하게 침투하는 이성의 관료제로 구성된다. 이러한 내부의 지배 체제는 미슐레의 그것과 같이 필연적으로 인간의 '생명 에너지'를 빨아들인다. 미슐레의 정치적 '기계주의'나, 루소의 부패한 '행정력'과 마찬가지로, 이 정신의 관료제는 인간의 영혼 위에 영원한 전제 왕조를 세우고자 한다.

페기는 유명한 '폴리티크' 개념을 통해 스승에게서는 단지 암시적으로만 나타나던 것을 명백히 드러낸다. 앞에서도 이미 언급했다시피, '폴리티크'는 페기에게 있어 인간 세계의 모든 불순하고 경직된 것을 광범위하게 지칭하는 용어이다. 페기 자신은 1914년에 '형이상학적 경화'에 굴복한 것이라고 표현한 바 있다. 그에 따라 이 에세이스트는 소르본에서 '편안히 안주하며 세금을 받아먹는 사람들'의 '부동의 철학'을 고발한다. 또한 '로마가톨릭'의 관료제가 "제도 자체의 지나친 형식주의로 인해 죽은 것이 되고 말았다"라고 비판한다.[100] 이와 같이 페기의 '폴리티크'는 베르그송의 '기성품'이 제도 영역에서 구체화된 것이다.

이런 관점에서 페기가 가장 깊은 적의를 드러내는 영역은 당연히 정부이다. 그는 《우리들의 청춘》에서 '활기찬' 정권에서 '증명'되어야 할 불모의 '명제'로 퇴락한 제3공화국을 경멸하면서, 미슐레를 떠올리게 하는 어조로 "권력을 잡은 공화주의자와 이론상의 군주주의자는 같은 방식으로 사고한다"라고 비판한다. 왜냐하면 그 둘 다 '정치적 언어를 공유'하고, '정치적 입장에서 행동'하는 '정략가'들이기 때문이다. 반면에 그는 '세속 권력'과 '현정권'에 대항하는 드레퓌스파를 영웅으로 칭송하는데, 그들은 "국립고등학교 교장·검열관·장학사·감찰관·중등교육 관리자·장관·의원"——즉 '정치적 인간'들이 만들어 내는 '모든 기제, 모든 서열 제도'——에 저항한다. 페기는 저항의 이유에 대해 '국가와 마찬가지로 그 앞잡이들, 즉 행정부·하원·상원'은 본질적으로 '모든 숭고한 것과는 관련이 없기' 때문이라고 역설한다.[101]

나아가 이 전 드레퓌스주의자는 의회정치에 대해서도 비슷한 혐오감을 표시하면서 '정당들의 협잡'이라고 표현한다. 페기는 스탕달적인 경멸을 담아 "정부는 선거를 꾸미고 선거는 정부를 꾸민다. 서로 손발이 맞아 돌아간다"라고 단언한다. 또한 각 정당간의 차이점도 허울에 불과하다는 것을 지적한다. 페기는 '정치꾼·정략가·의원'보다 '훨씬 더 충심으로 정치적'인 사람들은 '반정치꾼·반정략가·반정치적인 반의회주의자'가 된다고 신랄하게 풍자한다. 그래서 그는 정치적 중심 세력인 집권 급진당과 함께, 원외에서 활동하는 왕당주의자들인 '악시옹 프랑세즈(Action Française)'의 우파와 혁명적인 생디칼리슴(총파업·사보타주 등의 직접 행동으로 생산과 분배를 노동조합의 수중에 넣으려는 운동)의 좌파를 동시에 비난한다. 그는 모든 정당과 이익 단체에 같은 종류의 정치적 동기가 내재되어 있음을 발견한다: "어느곳이나 의회와 대동소이한 원리가 존재한다……. 의회에서 벌어지는 속임수·기회주의가 도처에 널려 있다." 실제로 페기는 《우리들의 청춘》에서 '정치가들은 단지 그 직업'을 가지고 있다는 이유만으로도 '일급 범죄의 유죄 판결'을 피할 수 없을 것이라고 꼬집는다. 1913년 그는 '조레스주의(jaurèsism)'를 경멸조로 정당의 정치 기술이라고 부르며, 그것은 '특혜·강제·심문·사기·협잡을 얼버무리는 핑계'라고 단언한다.[102] 다시 한번 말하면, 이와 같이 페기에게 있어 정부와 의회는 필연적으로 황폐하고 이중적이며 타락한 영역일 수밖에 없었다.

페기의 내러티브에서 정치적 타락——'미스티크가 폴리티크로 오염·저하·부패·변질·쇠퇴하는 것'——은 루소·로베스피에르·

미슐레에서 그러하듯이 피할 수 없는 것으로 나타난다. 실제로 앞에서 인용한 국가에서는 "형식으로 인해 내용이 소멸된다"라는 미슐레의 명제는 "모든 것은 미스티크로 시작해 폴리티크로 끝난다"라는 페기의 공리를 미리 보기라도 한 듯하다. 또한 이러한 정치적 타락이 초래하는 결과에 대한 비전도 동일하다. 페기는 관료제의 '정체성'이 '자유와 생기'를 소멸시키고, '그것을 살리겠다고 나선 의회정치 제도'도 살리기는커녕 그것의 '미스티크를 배척하는 입장'에 서게 된다고 주장한다. 사실 "자유를 주장하는 정치가들보다 자유의 미스티크에 더 큰 위협이 되는 것도 없다"라고 페기는 경고한다.[103]

사르트르에게 국가의 부패는 기성 종교나 부르주아 계급의 그것처럼 자명한 일이다. 실제로 이 실존주의자의 저서는 관료와 정치가에 대한 혐오로 가득 차 있다. 예를 들어 《구토》의 로캉탱은 부빌 시의 광장을 내려다보고 있는 '귀스타브 앵페트라즈'——세기말의 학교 시찰관——의 동상을 국가의 상징으로 보고 습격한다. 사르트르의 분신은 이 '청동의 거인'이 '왼손에는 모자를 들고 오른손은 서류더미에 둔 채'로, '그 종이들로부터 얻는 거대한 지식과 권위'의 힘으로 여전히 그 도시의 '편협하고 경직된 사상'에 복무하고 있음을 묘사한다. 로캉탱이 신랄하게 묘사하는 또 한 사람은 '목화 대상(大商)'으로, 경찰에 들어가 결국 하원의원이 된 '올리비에 블레비뉴'이다. 로캉탱은 '5피트에 지나지 않는' 이 정치가가 마치 '상자 속의 용수철 인형'이나 '성질 고약한 꼬마' 같은 그의 초상화 속에서 '금방 튀어나온 모습'을 하고 있다고 꼬집는다. 《자유에의 길》에서도 관료의 위상은 별반 호전되지 않는다. 이전의 사회주의자 장관은 '붉은 귀를 가진 생쥐'라고 묘사되고, 마티외——앞에서 그가 형으로부터 같은 비난을 받았던 것을 기억할 것이다——는 자신을 '단지 관료일 뿐 그 이상은 아니'라며 질타한다. 결국 그는 '자기 존중을 동기로 모든 것

——빈곤·질병·전쟁——을 견디는 관료 특유의 우울한 금욕주의'에서 1938년 프랑스 군에 입대한다. 더구나 마티외는 음울하게 "나는 자신을 존중하지 않는다"라고 생각한다.[104] 이와 같이 사르트르에게 국가 영역은 기껏해야 소소한 야망·위선·황폐를 생산하는 공간에 지나지 않는다.

앞서 든 예와 사르트르의 공개된 행동을 통해서도 명확히 드러나는 바, 이 실존주의자는 의회정치에 대해 일말의 공감도 품고 있지 않다. 실제로 그에게 지속적 악명을 부여한 가장 큰 계기는, 그 자신이 소설 속 자기의 분신인 마티외를 경멸조로 묘사한 어구대로 '정치에 관심 없는 정부 관료'에서 열렬 혁명가이자 마르크스주의자로 변한 것이었다: "나는 정치에 맞는 사람이 아니었다." 그는 1972년 일생을 회고하며 이렇게 말했다: "그러나 정치가 나를 크게 바꾸어 놓았고…… 결국은 정치에 뛰어들 수밖에 없게 되었다." 그 말대로 1945년 이후부터 사르트르는 점차로——동시에 많은 논쟁을 일으키며——국회 밖 정치의 투사가 되어갔다. 예를 들면 1952년에서 1956년까지의 구소련과 중국, 1958년의 알제리, 1960년의 쿠바, 그리고 1968년 5월의 프랑스에서 그러했다. 그러나 지금까지 보아왔듯이, 심지어는 마르크스주의조차도 그에게는 철학적 교조나 공식 정당을 의미하지 않았다. 사르트르는 1957년 마르크스주의의 역사결정론과 '비인간화' 경향을 거부하면서, 마르크스주의는 '인간을 해체'하는 것이 아니라 '인간에 대해 깊이 연구'해야 한다고 선언했다.[105]

다시 한번 사르트르에게 모든 정치 행위는 영혼의 골화——베르그송의 '기성품'이나 페기의 '형이상학적 경화'에 대한 비판을 이어받아, 그가 《자유에의 길》에서 '영혼 내부의 죽음'이라고 명명한——를 의미했다. 예를 들어 《파리떼》에서 신과 그의 기름 부은 왕인 아에기스투스는 '질서'를 향한 '열망'에서 아르고 시민들의 '죄가 냉각된 지방처럼 굳어'지도록 그들 사이에 '원한'을 만들어 내고자 노력한다. 심지어는 혁명조차도 사르트르가 《변증법적 이성 비판》(1960)에서 언급한 대로 루소적 의미의 '제도,' 즉 '물질에 속박된 관료적 행위,' '경직된 관행'으로 변질되는 것처럼 보인다. 사르트르는 혁명이 '제도'화되면 '자유'는 완전히 사라지고, "무력함과 위압, 공포와 나태가 동반해서 나타난다"라고 한탄한다.[106] 요약하면, 사르트르에게 있어서 기성 정부——그것이 의회정부이든, 혁명정부이든——는 '그 자체로서의 존재,' 즉 존재론적 '사실성'에 대한 인간 염원의 또 다른 예로서 필연적으로 노예 상태를 향해 진행하게 되어 있다.

마지막으로, 푸코의 거의 모든 저작은 근대 국가——'우리의 신분 증명이 제대로 되어 있는지 감시'하는 '관료'와 '경찰,' 좀더 넓게는 근대 정치적 주권의 진정한 근원으로서 '국왕'을 대체한 '새로운 권력의 물리학'이 존재하는——에 대한 거부로 읽혀진다. 예를 들어 이 포스트구조주의자는 근대에 '단일하고 엄격한 행정 기구'로서 경찰이 창설됨으로써, 근대 국가는 "보이지 않는 한 모든 것을 보이게 할 수 있는 지속적이며 철저하고 편재하는 감시 도구"를 갖추게 되었다고 주장한다. 푸코는 18세기의 파리 경찰은 '48명의 국장(com-missaires)과 20명의 경위' 그리고 유급 '감시자'와 '비밀첩보원'· '밀고자,' 심지어는 '매춘부'들로까지 구성되어 "근대 국가와 동시에 확장된 훈육의 일반화를 도왔다"라고 역설한다. 경찰력은 단지 '법과 질서를 유지'하고 '적들과의 투쟁에서 정부를 지원'하기 위해서 뿐만 아니라, '도시의 물품 공급·위생·보건·상업과 공업에 필수적으로 요구되는 규격 등을 책임'지기 위해서 '창안'되었기 때문이다.[107]
교육과 의료 관련 전문직도 규범적 경찰력으로서 국가에 복무하는 기능이 실제 경찰에 못지 않다. 푸코는 《감시와 처벌》에서 단언한다:

정상적인 것은 표준화된 교육의 도입이나 에콜 노르말의 설립과 더불어 교육에 있어서 강제의 원리로 확립된다. 또한 의료에서는 보건의 일반적 규율을 적용할 수 있는 국가적 의료직과 체제를 조직하려는 시도에서 확립된다.[108]

예를 들어 잘 알려진 대로 《감시와 처벌》에서 푸코는 근대에 성은 '통제되며 조정되어야 하는 어떤 것, 분석적 담론에 의해 관리되어야 하는 것'으로서 나타났다고 주장한다. 그래서 그것은 '국가적 용무'가 되었으며, 결과적으로 "**국민의 생체정치학**, 생명의 정치적 테크놀로지"(푸코의 강조)를 발달시켰다.[109] 이와 같이 푸코에게 있어서도 편재하는 사회과학의 담론들과 그 '전문가들,' 또한 문자 그대로의 정부와 그 구성원들은 미슐레·페기·사르트르를 이어받아 위선적이며 부패한 관료 기구를 형성한다.

나아가 그는 '국가 주권을 통해 모든 개인의 고유 주권'을 보장하는 듯이 보이는 '자유주의적 권력 개념'과 더불어 '정당'을 거부한다. 그는 그러한 "민주화된 주권은 근본적으로 훈육적 강압의 기제를 근거로 결정된다"라고 주장한다. 실로 푸코에게 '의회제와 대의정치'는 패놉티시즘을 구원하기보다는 그것을 가장하는 수단으로 여겨졌다. 그리고 그 가면 뒤에는 '개인화하는 동시에 전체주의적인 국가,' 즉 때로는 '파시즘과 스탈린주의'라는 '병적인 형태'로, 때로는 서구 민주주의라는 인자한 모습을 띠면서 '개인을 주체화'하는 '개인화의 정부'가 존재한다. 이러한 '개인 생산의 현대적 형태'에 대해 푸코는 제도화된 정부가 시민의 자유를 보장한다고 주장하면서도, 실은 그들을 '주체'로 구성하고 있음을 절개해 보여 준다.[110]

이상과 같이 성별된 이단자들의 묘사에 따르면, 문명 사회는 날로 확장되어 가는 '부르주아 지배'의 탐욕·위선·노예 근성, 그리고 영혼을 부양하기보다는 오히려 부패시키는 종교적·세속적 기성 교회,

그리고 필연적으로 정치체의 활기찬 에너지를 고갈시키는 정부로 인해 병들어 있는 것으로 보인다. 실제로 스탕달의 '부르주아 지배'는 물질적 이익과 사회적 출세에 대한 욕망과 '여론'이 지정하는 '프로그램'에 대한 노예적 순응으로 사회(la société)를 물들인다. 마찬가지로 미슐레의 가톨릭 교회와 푸코의 사회과학 전문직도 은폐된 '투시의 선'——'아내'에 대한 '영적 지도,' 가정에 대한 '의학적 개입,' 종교적·정신의학적 고백 의례——을 통해 사회적 예속을 활발히 생산한다. 또한 정부와 의회정치——루소는 '행정력,' 페기는 '폴리티크,' 푸코는 '주체화의 모태'라고 불렀던——는 필연적으로 사회의 생명력을 침해하는 비효율적이며 이기적인 집단으로 변질된다. 요약하면 이단적 내러티브에서 '타자'가 개인의 자유를 위협하는 것과 마찬가지로, 부르주아·교회·국가로 구체화된 제도적 타자는 사회 전체의 자유를 위협한다.

5

자유의 순간

1

이제까지의 기술에서 알 수 있다시피, 이단적 내러티브는 사회에서 자유가 처해 있는 임박한 위험뿐만 아니라 '부르주아 사회' 자체와 '소극적 자유'——경제적·정치적으로 모두——를 주장하는 자유주의적 사상을 비판한다. 상술하면, 로베스피에르는 '자본가'와 '부자'를 '부당이득자'이자 '냉혹한 흡혈귀'라고 부르며, 미슐레는 '부르주아 물질주의'와 그 부산물인 '이기주의, 희생 없이 얻어지는 안녕·안락·자유'를 고발한다. 베르그송은 자유주의자와 공리주의자들의 '고통과 쾌락'의 산술을 '자동 작용'으로 평가하며, 이것은 진정한 자유를 훼손할 뿐이라고 비난한다. 페기는 부르주아적 '신중함'이 '계산'하고 '경제적 법칙'에 맞춤으로써 '자유를 소외'시키고야 만다고 비판한다. 스탕달의 아부하는 정치적 자유주의자 생클레르나 미슐레의 '정치논리가'와 '이론상의 자유'만을 주장하는 사람들, 페기의 '의회 사기꾼'과 '범죄자들,' 사르트르의 의회 '소인배' 올리비에 블레비뉴는 이단적 내러티브 내에서 자유의 회복보다는 절멸을 상징한다.[1]

왜냐하면 타인에의 의존을 거부해야 존재 가능한 시민 사회 내에서 자유는 경제적·종교적·정치적 이득의 무제한적 추구가 아니라, 의지의 절대적 자율성을 의미하기 때문이다. 루소의 에밀은 '언제나 자신의 외부에서 살아가는 사람들'과는 달리 '여론의 압력'에 전혀 영향받지 않으며, 그 결과 '신과 같은 독립성'을 유지할 수 있다. 베르그송은 사회의 관습적 요구를 대변하는 정신의 '기생적' 지성을 반대하고 자율적인 '심층부 자아'를 옹호한다. 사르트르는 사회적 '타자'의 감시하는 '시선'을 차단하고 자기 자신을 창조하는 '진정한' 개인을 찬양한다. 푸코는 원형 감옥의 '규율'의 사회적 응시로부터 '구속된 지식'의 해방을 지지한다. 총괄하면 이들 성별된 이단자들은 자유를 구애 없는 '행복의 추구'와 대립되는 의지의 독립성으로 파악하였으며, 부르주아 사회와 그것이 야기하는 절망적인 심리적 의존 속에서도 각각 자유의 재생——그 수단이 이상주의적인 '사회 계약'이든, 프랑스인의 애국심 재교육이든, 영혼의 '깊은 반성' 혹은 자아 창조에 대한 개인의 굳건한 책임이든간에——을 비전으로 제시하였다. 실로 성별된 이단자들의 신화는, 제2장에서 암시된 대로 기성 질서의 중핵에서 자유의 구원을 논하고 있다는 것이다.

고전자유주의에 나타나는 정치·경제적 자유를 이토록 무색하게 하는 지적 전통을 고려할 때, 사회 안에서 진정한 자유는 구체적으로 어떻게 경험되는가? 어떤 환경에서 타자나 기성 질서의 무력화시키는 힘을 극복하고 개인과 사회의 심리적 자율성이 발현될 수 있는가?

《적과 흑》은 이 질문에 대하여 다시 한번 유용한 출발점을 제공한다. 앞서 나온 대로, 이 소설에서 쥘리앵 소렐은 부패하고 비굴한 사회에 나타난 자주적 '영혼의 소유자'이다. 그가 지닌 '경멸에 대한 공포'와 '숭고한 행위'에 대한 동경은 '세상 사람들이 행복이라 여기는 것, 즉 명예·부·사회적 지위'를 획득하는 데 장애가 된다. 사교계라는 비겁한 스탕달적 세계에서 쥘리앵은 '격렬한 성품'으로 '사회와 불화하는 치외자'로 구별된다. 그러한 '강한 성품'은 그를 '죽음으로 몰아갈 수' 있을 정도로 위험하다.[2]

스탕달의 주인공은 이러한 예언에 거의 문자 그대로 도달한다. 그러나 《적과 흑》의 내러티브에서 레날 부인에 대한 쥘리앵의 습격은 그가 자백한 대로 '형법 1342조'에 해당하는 '고의적 범죄,' 즉 '비천한 살인자'의 만행이라기보다는 '영혼의 숭고함'을 보여 주는 '고귀한 복수 행위'이다. '극도로 모욕당한 후'에 그는 이렇게 반추한다: "나는 죽어 마땅하다. 그러나 그것으로 끝이다. 나는 나의 원한을 인간다움으로 푼 후 죽는 것이다." 진실로 쥘리앵의 범죄는 그가 맞서고자 한 사회의 위선적 질서를 폭로하기에 충분하다. 이 범법자는 처형 전날 밤 이렇게 독백한다:

형벌의 고통을 무기로 주어진 일을 금지하는 법이 있는 곳 외에 **정의**는 없다. 법을 초월한 곳에서 맹수의 힘이나, 배고픈 생물의 **욕구**, 즉 결핍만큼 **자연스러운** 것도 없다……. 아니 이 세계에 건재하는 사람들은 단지 들키지 않은 운 좋은 좀도둑들에 지나지 않는다……. 나는 살인을 기도했고, 즉시 유죄 선고를 받았다. 그러나 이 한 가지 행위를 제외하고, 나에게 선고를 내린 발레노는 나보다 백배는 사회에 더 유해한 놈이다.(스탕달의 강조)[3]

쥘리앵의 범죄는 스탕달에게 있어서 타락한 세계에서 분출하는 진정한 자유, 자율성을 상징하였다: 그것은 진실로 국가의 법이나 '타자'의 사회적 원규가 지배하는 것에 대한 윤리적 거부였다.

더욱이 주인공의 범죄가 '사회' 전체를 대변하여, 특히 억눌리고 억압받는 자들을 위하여 행해진 것이라면 정당성을 획득한다. 이러한 논리는 재판시에 그들 자신이 항변하는 것이기도 하다: '당신들은 나에게서 정부에 반항하는 농민의 모습을 볼 것'이라고 쥘리앵은 선언한다. 《적과 흑》 전체를 통하여, 그는 야만적이지만 약동하는 혁명적 폭력의 해방의 힘과 긴밀히 연계되어 있다. 예를 들어 쥘리앵은 소설 초반부에 레날의 모욕에 격분하여 주인의 아내(이제 막 자신의 정부가 되기도 한)를 '격렬히' 뿌리치고 나와 '가장 잔인한 복수'를 꿈꾼다. 서술자는 "그러한 굴욕의 느낌은 로베스피에르와 같은 인물만이 느낄 수 있는 감정"이라고 예언하듯이 묘사한다. 결국 우리는 문명 세계의 총화인 파리에서 외치는 쥘리앵의 선언을 듣는다: "나에게 그러한 권력이 있었다면, 4명을 구하기 위해 3명을 교수형에 처했을 것이다." 그는 마틸드를 향해 "세상의 무지와 범죄를 몰아내고자 하는 사람이 회오리처럼 그것을 경험하고 무자비하게 악을 저질러서는 안 됩니까?"라고 울부짖으며 묻는다. 파리지앤 마틸드는 쥘리앵이 자신의 연인이 되었음에도 불구하고 '공포'로 자신을 '지배'하고 있음을 느낀다. 이미 '나의 쥘리앵'이 '제2의 당통'이 될지도 모른다고 예감했던 그녀는, 아버지에게 자랑스럽게 '혁명이 일어난다면 그는 틀림없이 주요 인물이 될 것'이라고 이야기한다. 쥘리앵 자신도 처형되기 전 "허풍선이의 나라에 힘을 불어넣었으며, 적들이 파리에 들어오는 것을 막은" 이상의 혁명 민중주의자와 자신을 비교하며, "내가 진정 무엇을 했는지는 나 자신만이 알 수 있다"라고 자부심을 가지고 회고한다.[4]

스탕달에게 있어 쥘리앵의 범죄가 타자로부터 개인적 차원의 해방이었다면, 혁명은 사회적 차원의 해방을 상징한다고 볼 수 있다. 즉 부패하고 무기력한 기성 질서에 대한 사회 전체의 진실한 의지의 통제받지 않는 선언——잔인하지만 동시에 정의로운——이다. 그러나 그러한 쥘리앵의 자유——비유적으로 확대하여 사회도 역시——는 비극적일 정도로 순간적이다. 단두대 위에서 주인공은 '베르지 숲에서 보냈던 꿈 같던 순간'을 떠올린다. 그 순간은 누구도 '그를 찾아낼 수 없는' 숭고한 고립의 시간이었으며, '이상과 자유의 기쁨'에 취할 수 있는 시간이었다. 서술자는 "단두대의 칼날이 떨어지려는 그 순간만큼 쥘리앵이 시적이었던 적은 없다"라고 끝맺는다.[5] 즉 죽음의 마지막 순간에 그의 자유와 의지의 독립성은 절대적 정점을 획득하였다.

이렇게 스탕달의 알레고리 내에서 자유는 퇴락한 사회적 세계에서 굴복하지 않는 의지가 지니는 초월의 순간으로 나타난다. 주인공이 '타인'의 훔쳐보는 시선에 대항하여 정의로운 폭력으로 원초적 자율성을 행사하는 순간, 그는 상징적으로 사회의 해방도 가져오게 된다. 그러나 이야기의 끝은 언제나 주인공의 죽음으로 끝나고, 그에 따라 혁명 봉기——절대 자유와 절대 가치를 지닌——의 순간도 붕괴하기 마련이다. 이 장에서는 성별된 이단자들의 주요 저작에 나타나는 내러티브의 본질적 구조에 대하여 논할 것이다. 상술하면 1) 이단적 내러티브에서 자유는 개인과 '민중'——고립된 대중을 일컫는 가상의 집단——이 심리적 의존을 거부하며 기성 질서에 맞서 의지의 자율성을 주장하는 동안, 때로는 폭력적이지만 그럼에도 불구하고 언제나 정의롭고 의미 깊은 일탈 행위 속에서 섬광처럼 나타난다. 2) 개인과 공동체가 이루어 내는 이러한 혁명 지배의 순간은 이단적 내러티브에서 영원히 가능하지만 언제나 비극적 결말을 품고 있다.

2

근대 프랑스의 혁명 전통, 정확히 말하면 프랑스 정치 문화 내에서 혁명의 신화와 그 지속적 영향은 학자들 사이에서 꾸준한 토의 혹은 논란거리가 되어왔다.[6] 그 한 가지로 최근 키스 베이커는 '혁명'이란 단어의 변천 과정을 거슬러 올라가 17세기까지는 생활의 '안정성'을 깨뜨리는 우연하고 불온한 '혼란'을 의미하다가, 1789년을 통과하며 '역사의 반환을 요구하는 국가적 의지의 결연한 표현'이라는 의미를 가지게 되었음을 밝혀냈다. 실제로 철학자들이 '혁명의 개념을 보편적 의미로 확대'시키자, 그것은 현실의 사건에서 "사회 공동체의 죽음과 삶의 순간, 자유와 죽음 사이의 매일의 선택을 지칭하게 되었

다"라고 베이커는 설명한다.[7]

　이러한 '혁명의 순간'으로의 변화에서 루소가 담당한 역할은, 그의 저작에서 나타나는 몇 가지 보수주의적 요소와 마찬가지로 학자들간에 논란이 되어온 주제이다.[8] 예를 들어 루소는 두번째 저작을 제네바에 헌정하며, 자유와 '통제되지 않은 방종'을 혼동하는 당시의 혁명 '체제'와 제네바의 체제를 즐겨 비교하였다. 《사회계약론》에 나오는 이상적 공동체는 '고대 국가의 통일성과 신국가의 유순함'을 결합한 비교적 소규모의 동질적인 집단을 의미하였다. 나아가 루소는 혁명적 '변화'는 '언제나 위험'하며, "공익과 배치되지 않는 한 기성 정부에 손을 대서는 안 된다"라고 강조한다.[9]

　그렇게 본다면 루소는 혁명의 분명한 옹호자가 아니게 되지만, 그렇다고 완전히 적대적이라고 할 수도 없다. 왜냐하면 루소의 글에는 개인적으로나 공적으로 '혁명'에 대한 생생한 찬양의 부분이 드러나기 때문이다. 예를 들어 《신엘로이즈》의 주인공 쥘리는 '타락한' 영혼일지라도 '예기치 못한 혁명'의 '강력한 충격'을 통해 드물지만 '타락 이전의 성격'을 회복하게 된다고 말한다. 일단 '관성이 깨어지고' 나면 "최초의 열정이 대변동 속에서 살아나고, 자연의 손길로 다시 창조된 것과 같이 된다"라고 쓰고 있다. 《고백록》에서는 바로 루소 자신의 페르소나가 자신이 명명한 대로의 심리적 '혁명'을 경험한다. 그는 '장 자크'를 제네바의 에밀로 묘사하면서, 바빌론과 같은 파리에서 천부의 자유를 지키고자 투쟁하는 모습을 그린다. 그 와중에 작가는 그가 1756년 불현듯 '당대의 편견·규칙·관습을 공개적으로 경멸'할 수 있는 능력을 획득하게 되었음을 선언한다. 실제로 루소는 "나의 생애에서 내가 나이기를 그치고 다른 사람이 되었던 때를 든다면 바로 이때였다"라고 기록하고 있다. 그는 이러한 '도덕'으로의 '개종' 이후, "나는 진실로 변화되어 담대해지고 당당해졌으며, 두려움을 모르게 되었다. 어디를 가든지 단순함에서 나오는 확고한 자신감을 가지고 행동하게 되었다"라고 회고한다. 개인 심리의 차원에서 '혁명'은 루소에게, 그가 표현하는 대로 '도취'와 '흥분'의 특별한 사건이자, 사회를 해방시키고 기성 질서에 맞서 고결한 반대를 실행케 하는 영혼 내부의 '거룩한 불'을 의미하였다.[10]

최선의 경우에 정치 혁명은 사회 전체에 대해서도 같은 해방을 약속하는 것으로 보인다. 예를 들어 그는 자연 상태의 인간은 "가장 안락한 노예 상태보다 가장 혼란스러운 자유의 상태를 선택한다"라고 확신하며, '압제로부터 해방되기 위하여 기울이는 모든 자유민들의 경이로운 노고'를 소리 높여 칭송한다. 나아가 그는 '민중 봉기로 인한 군주의 처형이나 폐위는, 그 군주가 지난날 신민의 재산과 생명을 지배했던 것과 같이 적법한 행위'라고 상술한다. 《에밀》에서도 마찬가지로 그는 긍정적인——동시에 예언적인——어조로 '현재의 질서'는 '필연적으로 혁명에 굴복'하게 될 것이며, '위기와 혁명의 시대가 다가오고' 있으며, 우리는 '위대한 것이 비천하게, 부자는 가난하게, 왕은 평민이 되는 것'을 보게 될 것이라고 쓰고 있다. 마지막으로 《사회계약론》에서 개인적 혁명이 개인의 개조에 필수적이듯, 정치 혁명은 사회의 갱생에 본질적이라고 주장한다. 그는 '국가의 역사' 중에는 '위기가 개인을 단련'하는 것과 같은 지고한 '폭력의 시대'가 존재하여, 그 시대에는 "공포가 망각의 자리를 대신하고, 국가는 전쟁의 불길 위에서 다시 태어나 잿더미에서 새로 시작하며, 죽음의 문턱에서 되살아나 젊은이의 활기를 지니게 된다"라고 역설한다.[11]

실제로 이러한 정치적 혼란과 갱생의 간주곡은 루소의 정치 내러티브 내에 고스란히 새겨져 있다. 지배로서의 혁명을 부인하면서도, 앞에서도 보았듯이 그는 '기성 체제가 공익과 양립하지 않을 때'라는 예외의 경우를 인정하고 있다. 진실로 "국가가 주권을 침탈하는 순간 사회 계약은 파기되고, 모든 시민은 그들의 천부인권을 회복하며, 복종을 강요당할지언정 복종에의 의무는 지지 않는다"라는 유명한 확신을 표명했다. 루소의 드라마틱한 구조 내에서는 심지어 정기적인 정치 회합도 위기 상태의 제도화로서의 성격을 가진다. 그는 "인민이 주권체로서 적법하게 모이는 순간 정부의 지배는 완전히 힘을 잃고 행정력은 유보되며, 가장 하찮은 시민일지라도 국가 수반과 다름없는 위엄을 가지게 된다"라고 선언한다. 루소에게 있어 이러한 '정지의 순간'은 '일반 의지'가 모든 체제에 '우선'하는 지고의 지배권을 소유하는 침범할 수 없는 순간으로서 '정치체의 보호'를 의미하였다.[12]

이와 같이 루소 내러티브에서 적법한 혁명은, 그것이 개인적이든 사회적이든 거의 성스러운 의미를 가지는 사건이었다. 그것을 통해 개인 혹은 '일반' 의지는 기성 권력에 대항하여 자율성을 주장하고, 부패로부터 자신을 정화하는 기회를 가졌다. 그러나 그러한 자유의 순간은 스탕달에 이어 루소에게도 지극히 드물고 덧없이 끝나는 것이었다. 그 자신의 설명에 따르면, '장 자크'의 개인적 혁명도 오직 '파리와 그곳의 악덕이 보일 때'에만 지속되었을 뿐이었다. 수도를 떠나자 그의 '영혼은 불안의 상태'에 빠져 들어가 "영원한 동요중에 잠깐씩 찾아오는 평정에 한숨을 돌렸다"라고 《고백록》의 저자는 쓰고 있다. 마찬가지로 《사회계약론》에서 그는 적법한 정치 혁명이란 극히 '드문' 사건임을 주장하고 있다. 심지어 "같은 사람에게 두 번 일어나는 일은 거의 있을 수 없다"라고까지 말한다. 루소는 아무리 건전한 공동체일지라도 끝내는 '시민적 열정'을 잃고 부패와 노예 상태로 떨어지게 되어 있다고 본다. 루소는 "자유민들이여, 자유는 획득할 수는 있지만 회복될 수는 없음을 기억하라"고 경고한다.[13]

결국 루소는 혁명을 부인한다기보다는 그것이 극적이고도 드문 찰나의 절정임을 밝히고 있는 것으로 보인다. 그렇다면 실로 그가 말하는 자유는 '혼돈의 자유'라고 할 수 있을 것이다. 그의 내러티브 내에서 자유는 적법한——동시에 폭력적인——의지의 분출인 동시에 매우 예외적이며, 끝내는 사그라들 수밖에 없는 성질의 것으로 남아 있기 때문이다.

　루소가 혁명 전 프랑스의 에밀——문명 사회의 타락 속에서 의지의
순수성을 간직하고 있는 자연인——이고자 했다면, 로베스피에르는
앞서 보았듯이 혁명 시기 파리의 루소——국민공회의 음모·당파·
파벌 속의 진정한 애국자——이고자 했다. 잘 알려진 바, 그는 1791
년 "자유에는 두 길이 있을 수 없다. 완전히 자유롭든지, 아니면 완전
히 노예가 되는 것이다"라고 선언하며 순수한 의지의 타협을 거부하
였다. 이 불요불굴의 인물은 정신적 지주가 세워놓은 자율성의 영역
을 확장시키는 동시에 자신을 그 전형적 페르소나로 제시하였다. 루
소 못지않게 이 자코뱅주의자도 개인 의지의 주권과 사회 전체의 주
권을 동일시한다. 그는 "각 개인이 소유하는 모든 권리를 국가도 고
유하게 소유하며, 개인이 각자 자신의 고유한 의지에 의해 행동하듯
일반 의지가 사회 전체를 지배한다"라고 1792년 선언한다.[14]
　로베스피에르는 폭력에 의한 개인적·사회적 자유의 쟁취를 이론
적으로 옹호한다는 점에서도 스승 루소와 견해를 함께 한다. 1793년
의 〈인간과 시민의 권리 선언 제안〉에도 그는 "주권을 형성하는 개개
의 모든 분야는 자유에 역행하는 모든 행위를 힘으로 거부할 권리"가
있음을 명시하였다. 이 문서는 '국가가 인민의 권리를 침해할 때, 저
항은 인민과 사회를 구성하는 각 부문이 행할 수 있는 가장 신성한 권
리이자 필수불가결의 의무'임을 분명하게 강조하고 있다.[15]
　그러나 급진 혁명주의자에게 적법한 저항이란 추상적 개념이 아니
라 시급한 현실의 문제이며, 폭력의 요구는 언제나 가까이 존재한다.
예를 들어 그는 1791년에 오스트리아와 프로이센을 상대로 한 전쟁을
반대하면서도, '반역'의 경우에 "국민이 취할 수 있는 수단은 단 한
가지가 될 것이다. 그들은 프랑스 국민의 갑작스럽고도 강렬한 폭발
을 보게 될 것"이라고 경고한다. 역시 같은 루소적 논리로, 한때 사형

제도를 반대했던 이 자코뱅 지도자는 1792년 국왕의 사형을 주장한다. 그는 "국가가 살기 위해서 루이는 죽어야 한다"라고 선언한다: "반역 전제군주의 처형은 국민들의 마음에 권리를 사랑하는 마음을, 독재자의 정신에 민중의 정의에 대한 건전한 두려움을 심어 주게 될 것이다."[16]

로베스피에르에게 있어 실로 혁명은 '인민'이 부패한 폭정에 맞서 하나가 되어 자유의 반환을 요구하는, 루소 내러티브 내의 진귀한 절정의 순간을 의미하는 것으로 보인다. 1794년의 〈정치적 도덕성의 원리에 관하여〉에서 표현된 바, 그 고양된 시기에 "국민은 이성과 용기가 결합된 비상한 노력으로 폭압의 사슬을 끊고, 생명의 약동을 다시 한번 회복하기 위하여 죽음의 품을 떠난다." 1790년 로베스피에르는 자신의 우상과 현저하게 닮은 어조로 "국가는 오직 한순간에만 자유롭다"라고 탄식하며, 그 2년 뒤에는 "국가는 오직 저항의 순간에만 에너지를 발산한다"라고 재창한다.[17]

그러나 이 자코뱅 지도자는 정치 공동체는 필연적으로 '개성'과 '자유'를 상실하고 '민주정치에서 귀족정치로, 다시 군주정치로 이행'한다는 루소의 퇴락 이론[18]도 수용한다. 왜냐하면 루소가 말하는 자연인에 해당하는 '천부적 고결함'과 '순수함'을 갖춘 '인민'이 진실로 존재하기는 하지만, 그들은 안팎으로 혁명의 적들에 의해 끊임없이 위협당하기 때문이다. 그러므로 이 자코뱅주의자에게 혁명의 폭력은 압제에 저항하는 자유의 정당한 수호 수단일 뿐 아니라 '자유의 적과의 계속되는 전쟁'의 의미를 지닌다. 그러므로 '혁명정부'는 "선량한 시민에게는 국가의 완전한 보호를 제공하지만, 인민의 적에게는 죽음만을 돌려 줄 뿐이다."[19]

로베스피에르는 〈정치적 도덕성의 원리에 관하여〉에서 혁명적 폭력을 옹호하면서, 그것과 민주주의적 자유를 연결시켜 악명을 떨친다. 즉 '공포'와 '도덕'을 결합하였다. 앞서 언급하였듯이, 로베스피에르의 '도덕'은 루소의 '도덕적 자유'의 연장선상에 놓이는 것으로, '인민의' 타고난 의지의 순수성을 국가와 사회 복리에 대한 이기심 없는 사랑으로 변화시키는 것을 의미한다.[20] 그는 루소뿐만 아니라 아리스토텔레스에서 몽테스키외에 이르는 모든 정치사상가들을 총망라하여 '민주정부는 도덕을 근본 원칙'으로 삼아야 한다고 역설한다. '자신들이 만든 법에 의해 통치되는 모든 국가의 시민들'은 생존을 위하여 언제나 '어떠한 특수 이익보다도 보편적 이익'을 우선해야만 하기 때문이다. 그러나 그는 '도덕이 인민에게 천부적인 것'이기는 하지만, 당장의 '정념과 음모의 격풍'이 언제나 그것을 위험에 빠뜨릴 수 있음을 경고한다. 그는 의회에서 "탐욕과 물욕에 눈먼 노예가 어떻게 자신의 우상을 국가의 이익을 위해 내어놓을 수 있겠는가"라고 반문한다. 다른 말로 하면, 어떻게 해야 공화적 자유의 정수인 '도덕'이 혁명 안팎의 적들로부터 보호될 것인가? 자신의 호소에 대한 대답으로 그는 국민공회가 '애국심을 고취하며, 도덕을 정화하고⋯⋯ 인민의 정열을 공익으로 돌릴 수 있는' 모든 가능한 장치와 제도를 '채택⋯⋯ 설립할 것'을 촉구했다. 이런 관점에서 본다면, 혁명기의 '공포정치'는 의미 없는 무질서한 폭력이 아니라 '신속⋅엄정⋅강직한 정의'의 실현이며, 범죄자의 악행이 아니라 오히려 '도덕의 표출로서 폭정에 대항하는 자유의 독재'이다.[21]

로베스피에르에게 '공포정치'는 일종의 신성한 일탈 행위와 다르지 않다. 그것을 통해 개인과 국가가 사익 추구의 악덕을 일소하고, 원초적 의지의 통일성과 도덕적 자유를 회복하는 격렬한 정화의 공개적 제례인 것이다. 그는 1794년 6월 모든 '프랑스 공화주의자들'이 일어나 '더럽혀진 세상을 정화'할 것을 촉구하며, '자유와 도덕은 동일한 신성함의 가슴에서 나온다'는 사실을 상기시킨다. 최후의 국민공회 연설에서도 마찬가지로 그는 동료 혁명가들에게 '악덕을 감추는 대신 국가적 감시 체제를 정비'하고, '공안위원회 스스로를 일소'하여 '통일정부'를 재구성하도록 권고했다. 그는 "올바로 이해한다면, 혁명정부는 범죄에 맞서 자유의 손이 쏘아올린 응보의 벼락을 나타낸다"라고 말한다.[22]

궁극적으로 로베스피에르의 공포정치는 자유의 혁명적 순간——린 헌트가 표현했던 바 새로운 공동체가 급속하게 창조되며, 새로운 합의가 도출되는 '신화적 현재'의 신성한 순간——을 연장하여 무한히 유지하려는 열망의 표현이었다.[23] 그렇게 보면 그가 1794년 국민공회에서 '공화정부의 신성한 봄이 끝나게 하지 말고 지속시킬 것'을 열렬히 주장한 사실은 당연한 일이라 하겠다. 즉 그는 임박한 종말에 맞서 순수한 혁명의 신성한 순간을 지키고자 했던 것이다. 나아가 앞서 언급했듯이, 그가 혁명의 종말과 자신의 죽음을 연결시켜 생각한 것도 이해할 수 있는 일이다. 1790년 로베스피에르는 혁명 동지에게 일단 한번 자유의 '순간'이 지나가면 '선량한 시민의 외침은 선동죄로 처벌받게' 되며, '자유는 사라질' 것이라고 경고했다. 이 자코뱅주의자는 마지막 국민공회 연설에서 루소와 같은 예언을 남기며 '후회 없이' 생명을 바쳤다:

어떻게 조국의 국민들이 국가와 국민을 위해 일하지 못하고, 억눌린 자들을 옹호하지 못하는 세상에서 살기를 바라겠는가! 왜 음모가 진실을 뒤엎고, 정의는 거짓이 되어 버리고, 인간의 마음속 가장 거룩한 자리를 악랄한 탐욕이나 비겁한 두려움이 차지하는 질서 속에서 살아야만 하는가?[24]

적들의 포위 속에 있으면서도 이 혁명가는 아직 "정직한 시민이 무사히 국가에 충성할 수 있는 시대는 도래하지 않았"으며, "사기꾼과 반역자가 판치는 한 자유의 옹호자들은 추방자와 다름없다"라고 외친다.[25] 결론적으로 로베스피에르 역시——선대의 루소와 후대의 스탕

달과 같이——무한 타락의 세계에서 영웅적 폭력과 의지——개인이
든 집단이든——의 단결이 지니는 일시적이고 불안한 순간으로서의
자유를 보여 주었다. 공포정치를 통해 그러한 자유의 순간을 영속시
키고자 했던 시도마저도 그의 내러티브 내에서는 피할 수 없는 종말
에 대한 비극적 전조가 된다.[26]

그의 자코뱅 적수 못지 않게 미슐레도 자유를 '인민들'에게서 발견
되는 타고난 '마음의 단순함,' '본능과 행동,' '인격의 성스러운 천진
함'과 결부시킨다.[27] 《프랑스 혁명사》에서 인간 정신은 '이기심이 없
이 자비로운 상태'일 때 '본성을 따른다'고 확언한다. 또한 로베스피
에르와 같이 미슐레에게서도 다시 한번 자유는 개인뿐만 아니라 집단
차원에서의 의지의 순수성을 요구한다. 그래서 그는 앞서 언급한 대
로 모든 프랑스 국민의 '의지력과 도덕성'을 함양하고 애국심으로 단
결시킬 교육 제도——공교육이든, 사교육이든——를 강조한다. 《민
중》에서 그는 프랑스의 아버지들이 '빛나는 총검과 삼색기'로 장식한
군장대로 의인화된 '인민'들에게 아들을 소개하는 '축제'를 상상하
기도 한다. 이러한 '환상적인 반짝임의 순간'에 '갑자기 고요한 적막
의 순간이 바다와 같은 사람들을 뒤덮으면' 아들에게 설명하는 아버
지의 음성이 들릴 것이다: "모두가 한 영혼, 한마음을 가진 한 사람
같지. 각자가 한 사람을 위해 죽을 수도 있어. 정말로 각자가 모두를
위해 살기도 하고, 죽을 수도 있어야 한다."[28]
그러나 미슐레에게 자유의 국가적 재생에 대한 가장 기본적 모델은
교육이 아니라 혁명 그 자체이다. 《프랑스 혁명사》에서 그는 '프랑스
의 생생한 정신'을 언급하며, "그때 전국민은 당파도 없이 계급간 대
립도 잊고서 형제애의 깃발 아래 함께 진군하였다"라고 회고한다. 또
한 《민중》에서 "국민의 교육에 열과 성을 다한 단 하나의 정부는 혁명
이었다"라고 주장한다. 그는 "혁명은 귀족 계급을 억압한 것이 아니

라 3천4백만 프랑스 국민을 고귀한 귀족으로 만들었다"라고 아이러니가 담긴 감사를 표현한다.[29]

　미슐레의 혁명 기록은 라이오넬 고스만의 "황홀한 순간들이 점점이 박혀 있는 길고 고된 길"[30]이라는 적합한 표현대로, 역경과 부패의 여정에 주기적으로 나타나는 숭고한 사건——1790년의 연방 축제, 1792년 8월 10일의 민중 봉기, 유럽 연합군에 대한 승리——의 연대기이다. 이 기간 미슐레의 집단 영웅 '인민'은 하나가 되어 의지의 근본적 주권을 주장했다. 예를 들어 그는 1790년의 총연방(General Con-federation) 시대를, "모든 것이 가능했다. 모든 분열이 멈추어 귀족·부르주아·평민의 구별도 없었다. 미래가 곧 현재가 되었다. 즉 시간이 사라지고 영원의 순간만이 지속되었다"라고 회상한다. 좀더 강력한 묘사는 8월 10일의 봉기와, 그것의 전조였던 6월 20일의 성난 파리 군중과 왕족의 대치 상황이다. 미슐레는 "6월 20일을 단순한 분노의 폭발이라거나 폭동으로 보아서는 안 된다. 그때 파리 시민은 격렬하기는 했지만, 프랑스의 정신을 실현하는 적법한 기관이었다"라고 말한다. 마찬가지 이유로, 미슐레에 의하면 8월 10일의 봉기도 국회나 자코뱅 클럽 혹은 코뮌의 공적이 아니다. 왜냐하면 그것은 '인민의 열정, 헌신, 필사적 용기로 이루어진 행위'이기 때문이다. 그는 프랑스가 '이 지고의 순간'에 '국가적 분노의 숭엄한 분출'로 인해 '구원' 받았다고 말한다. 그 순간에도 '사적 영리 추구의 이기주의'가 완전히 사라진 것은 아니었지만, '열정적 애국심의 희귀한 순간'에 그것은 '완전히 부차적'인 것에 불과했다고 주장한다. 따라서 8월 10일의 '정복자'들은 단순한 '약탈자나 야만인의 무리'가 아니라 '단일하면서도 완전한 민중'으로 생각되어야 한다. 이들이 공공연히 '격렬한 흥분에 사로잡혀' 있을 때조차도, '이 영웅적 고양의 어떠한 순간'에 어떤 '비천, 비굴한 욕심'도 개입되지 않았기 때문이다.[31]

　미슐레에게 혁명적 자유는 개인과 집단 영혼의 단일함이 숭고함을 입어, 때로는 그것이 쥘리앵 소렐이 표현했듯 '잔인한 살인'과는 구별되어야 하는 '숭고한 복수 행위'로서, '정당하지만 극히 격렬한 민중 해방'의 모습으로 나타난다.[32] 그는 '인민 모두가 참여한 인도적이고 자비로웠던 혁명 시기'와 '극소수의 사람들'만이 주동하여 '끔찍한 행위'를 저질렀던 '폭력과 범죄'로서의 혁명 시기를 단호히 구분한다. 예를 들어 1792년 '9월 학살'은 인민의 '순수한 감성'을 완전히 저버린 '폭력적 위선'의 대표적 사건이다. 그가 인용한 바 한 목격자는 "8월 10일에는 우리 모두 거기에 있었지만, 9월 2일에는 아무도 없었다"라고 증언한다. 무엇보다도 그는 '민중의 손을 떠난 자코뱅 재판'을 부인하였다.[33]

고스만이 다시 한번 지적하고 있는 대로, 진실로 미슐레에게 혁명의 폭력은 국가적 단결에의 '사심 없는 헌신,' 즉 "본질적으로 하나였던 것의 통합을 저해하는 내부의 적, 절대적 악으로서의 타자"에 저항하는 총체적 봉기의 경우에만 '정당성'을 획득한다. 그래서 이 역사가는 8월 봉기 후에도 여전히 왕이 존재하고, 밖으로는 외국군에 안으로는 '무질서'와 '배반'으로 인해 초토화되어 가던 프랑스를 민중의 '불타는 분노의 폭발'이 구해 냈다고 환호한다. 그는 이토록 찬란히 '프랑스 전국토'를 밝힌 '생명의 활화산'은 일찍이 없었노라고 찬양한다. 이러한 폭력——미슐레가 그리는 절정의 이미지에서는 '영웅주의의 빛나는 분출'과 '의지의 신성한 발현'으로 나타나는——은, 이 사가에게 '굳건한 연대'와 해방의 '진묘한 순간'을 표상한다. 따라서 발미와 제마프 같은 전투의 승리는 그의 서사 내에서 '일치와 단결, 상호 희생'이 이루어지는 '신성' 내지 '지고'의 순간이며, '극악한 적'에 맞서는 '전우애'의 장소이다.[34]

다시 한번 말하면, 이러한 적법한 폭력과 동지적 일치의 순간은 미슐레의 내러티브 내에서 매우 희귀한 사건으로 취급되며, 당연히 비극적 결과를 향해 달려가게 되어 있다. 그는 연방 축제 때 계급의 구분 없이 연대가 이루어졌던 일을 언급하며 "과연 이러한 상태가 오래 지속될 수 있을까"라고 수사적 질문을 던진다: "그날 무너진 사회적 장벽이 과연 그대로 남아 있을 수 있는가?" 미슐레는 일찍이 자신의 질문에 대하여 이미 대답을 하였다: "행복하게도 나는 그 결합이 진실하였다고 말할 수 있다. 그러나 그것은 진실하였으되 영속적이지는 않았다. 곧 의견과 계급의 분열이 다시금 나타났다." 1789년에 소집된 삼부회에 대한 그의 묘사도 거의 같은 내용을 담고 있다:

> 우리가 다시 소생했을 때의 그 특별한 순간을 기억하며 마음이 움직이지 않을 사람이 어디 있겠는가? 짧은 순간이었으되 우리에게는 이상으로 남아 있다⋯⋯. 오! 숭고한 화합이여. 계급간의 대립하는 자유 속에서도 우리는 어린아이들처럼 서로를 다정히 껴안았다──이제 그대가 다시 이 땅으로 돌아오는 것을 볼 수는 없단 말인가?[35]

넓게 본다면, 미슐레의 내러티브는 혁명의 '자연스러운 단합'이 자코뱅 주도의 '인위적 연합'과 '기계적 단결'로 인해 사라지는 비극적 과정을 담고 있다. 예를 들어 그는 1793년말 이루어진 '공안위원회의 독재'가 국가 '방위'와 '안전'을 위해 '일시적'으로 필요했음을 인정하면서도, 그 이후의 악명 높은 연장으로 인해 공화국의 '생기'가 소실되었음은 물론 '몰락'까지 초래했다고 주장한다. 1794년에 바스티유 감옥 습격을 기념하여 열린 '시민 축제'는 미슐레의 불길한 예감을 확인시켜 주는 것이었다: "부자와 빈자가 함께 둘러앉았으며, 진정한 형제애의 기운이 있었다." 그러한 '광경'은 진실로 '경탄스럽고, 감동적'인 것이었지만, 결국 '딱 하루뿐'이었다고 지적한다. '현실의 상황'은 '그러한 화해'를 점차적으로 불가능하게 만들어 갔다.[36]

요약하면, 미슐레의 혁명 연대기는 개인과 집단의 의지가 절대적 합일을 이루는 진묘한 순간에 맞추어져 있으며, 그 순간은 로베스피에르를 완벽히 반영하여 안팎의 혁명적 타자에 대한 정당한 해방의 폭력을 수반한다. 또한 간헐적으로 나타나는 이러한 진정한 자유의 순간은 사적 이익이 난무하는 분열된 세계에서 덧없이 사라져 버릴 수밖에 없는 운명으로 나타난다.[37]

미슐레와 로베스피에르에게서 나타난 명백히 정치적인 해방의 서사는 베르그송의 세기말 철학에서 형이상학적 멜로드라마의 형태로 모습을 드러낸다. 다시 요약하면, 그는 인간 심리를 직관적으로 지속――실재의 끊임없는 역동적 흐름――과 연결되는 '근본적 자아'와, 그것에 '기생'하여 '분열에의 무한한 욕망'으로 '끊임없이 상대를 침식'해 들어와 순수 지속의 시간적 흐름에 고정된 공간의 격자를 부여하는 '지성'의 대립으로 파악한다. 베르그송은 앞에서도 언급했듯이 지성을 사회과학적 결정론과 '사회 생활'의 일상적·공리적 요구와 동일시한다. 그는 우리가 그 요구에 복종하면 할수록 이 무한한 지성적 타자――영혼의 영원한 부르주아 관료――는 우리 삶을 '점점 더 메마르고, 비인격적'으로 만들 것이라고 예언한다. 《시간과 자유 의지: 의식의 직접 자료에 대한 소론》에서 그는 "많은 사람들이 이러한 삶을 살다가 진정한 자유를 경험하지 못하고 죽어간다"라고 안타까워한다.[38]

그에게 있어 진정한 자유란 '총체적 자아,' 절대와 자율의 '심층부' 의지를 지속 상태에서 '스스로 살도록 할 때' 표현되는 것을 의미한다. '우리의 행위가 전인격에서 비롯'될 때, 그리고 그것이 '가장 내밀한 감정·사상·열망'과 일치할 때 "우리는 자유로울 수 있다"라고 이 철학자는 주장한다.[39]

이러한 자유의 출현에 대하여 서술할 때, 베르그송은 예외적으로 개인적이며 극적인 어조, 친밀한 말투를 사용한다. 그는 《시간과 자유 의지: 의식의 직접 자료에 대한 소론》에서 '인생의 중요한 결정을 내려야 하는 순간'에, 우리의 '근본적 자아'는 '뜨겁게 달아올라 홍분' 한다고 쓰고 있다. 사회적 관습이나 이성의 명령을 따라야겠다고 결심할 때, 우리는 '내부에서 무언가 치밀어오르는' 것을 느낀다. 이 철학자는 그것이야말로 '내면 깊숙이 숨어 있던 자아가 표면으로 분출' 하는 것이라고 주장한다. 우리는 '자아 깊숙한 곳에서 감정과 사상이 끓어오름'을 경험한다. 그리고 마침내 "타인, 나아가 자기 자신과의 관계에서 결정적 고비가 될 중대하고 엄숙한 위기"를 맞이하여 "관습적 동인에 맞선 선택을 하게 된다."《창조적 진화》에서 다시 강조하는 바, 그러한 순간에 '우리의 전인격'은 "미래에 의해 압축되고, 끊임없이 깎여져 한 점 혹은 예리한 날로 벼려지게 된다." 그리고 그때가 '삶과 행동이 자유로운' 유일한 순간이라고 끝맺는다.[40]

베르그송에게 그 순간은 분열되지 않은 의지가 내부와 외부의 영원한 적에 맞서 일어서는 때이며, 개인이 사회와 자아 내부의 기성 질서를 거부하는 신성한 일탈의 시간이다. 그는 그러한 해방의 순간을 '저항'·'위기'·'반란' 등의 수사로 정의하며, 혁명까지는 아니더라도 폭력이 신성시되는 영역을 허용——적어도 비유상으로는——하였다. 그는 《시간과 자유 의지: 의식의 직접 자료에 대한 소론》에서, 인간의 의사 결정 과정중 '갑작스런 의지의 개입'은 '우리의 지성이 정식 숙고 과정을 통해 예기(豫期)하고 정당화시키려 애쓰는 심리적 쿠데타'와 같다고 주장한다. 《창조적 진화》에서는 인생을 자유롭고 고동치는 '분절 불가능'의 에너지——그 유명한 '생명의 약동(élan vital)'——와 그의 영원한 적수인 활기 없는 물질의 한판 거대한 싸움으로 묘사한다: '생명력'에 의한 '그 움직임'은 물질 세계에서 "항상 반대에 부딪치며, 때로 방기되며 분열된다"라고 주장한다. 그러므로 '조직화된 세계의 진화'는 이 두 요소간의 영원한 '경쟁의 펼침'이라는 것이 그의 의견이다.[41]

베르그송의 철학에서 자유는 개인 심리나 혹은 전체로서의 집단적 '생명력'의 원초적 의지가 격렬하게 약동·쇄도하는 것이기도 하지만, 역시 본질적으로 일시적 성격의 것이다. 《창조적 진화》에서 베르그송은 "생명력(élan)은 유한하다……. 모든 장애를 다 뛰어넘지는 못한다"라고 설명한다. 더욱 어려운 점은 우리의 '순식간의 직관'은 '거의 꺼져 가는 등불과 같아서 이따금 깜박거리거나, 기껏해야 수초 동안 켜져 있을 뿐'이라는 것이다. 《시간과 자유 의지: 의식의 직접 자료에 대한 소론》에서 그는 사실 "우리가 자신을 파악할 수 있는 순간은 대단히 드물다. 그것이 우리가 대부분 자유롭지 못한 이유이다"라고 말한다. 철학자에게 진정한 '자유 행동'은 극히 '예외적인' 경우이다: "역사상 어느 국가의 지나간 시대가 다시 돌아올 수 없는 것처럼 그 순간들도 결코 되풀이될 수 없는 각기 독특한 순간이다." 그이유는 아무리 진정한 '자유 행동'일지라도 불가피하게 '의식의 자동 작용' 속으로 흡입되게 마련이기 때문이다.[42]

해방에 대한 베르그송의 철학에는, 혁명적 재생의 '희귀한' 사건은 "같은 사람에게 두 번 일어날 수 없다"라고 지적한 루소와, 혁명적 '삶의 화산'과 동지적 "영원의 섬광은 숭고하나 덧없다"라고 설파한 미슐레의 영향이 자리잡고 있다. 결국 베르그송의 자유도 루소나 미슐레와 같이——스탕달이나 로베스피에르는 굳이 말할 것도 없이——그것이 처음 도래한 세속적 사익 추구의 일상으로 퇴보하기 때문이다.

베르그송의 형이상학에 숨겨져 있던 정치적 알레고리는 폐기에 이르러 선동적 수사학으로 전면에 모습을 드러낸다. 그는 '보편적 자유'의 이름으로 현대의 '황폐함 · 노예 상태 · 지적 사망'을 전복하고자 하는 '베르그송의 철학'을 열렬히 찬양한다.[43]

앞의 내용을 상기하면, 폐기에게 있어 개인적 자유란 영혼의 원초적 순수성으로서 '완전히 유기적이고 활기찬' 상태를 의미한다. 즉 이는 베르그송의 '지속'의 산 체험에 다름 아니다.[44] 그러한 '미스티크'

의 원형적 예는, 역시 그가 '깊은 내면의 질서에 속하는 **절대 자유, 절대 진리, 절대 정의의 체계**'(폐기의 강조)라고 말한 '드레퓌스주의' 이다. 실제로 이 에세이스트는 《우리들의 청춘》에서, '드레퓌스주의' 는 '**유일하며 살아 있는** 정의와 진리'(폐기의 강조)를 찾고자 하는 '종교운동'이며 신성한 구도였다고 선언한다.[45]

페기에 따르면, 드레퓌스 사건은 가끔 '민중'을 사로잡는 '영웅주의'와 '미스티크'가 '우리 모두를 압도'한 가장 최근의, 또한 가장 숭고한 활약이었다. 그는 "우리 드레퓌스주의자들은 무한한 긍지와 만족을 가졌으며, **전투** 정신으로 가득 차 있었다"(폐기의 강조)라고 자랑스러워한다. 그는 계속하여 "우리는 대의를 위하여 우리의 모든 삶을, 우리의 모든 경력을, 우리의 모든 건강을, 우리의 모든 몸과 마음"을 바쳤으며, "단 한줌의 불의, 단 한줌의 범죄, 단 한줌의 불법——특히 공식적으로 등록되고 허가된——또한 단 한 건의 인간성 침해, 단 한 건의 정의와 법 침해——특히 그것이 보편적으로, 법적으로, 국가적으로, 대중적으로 용인될 때——라 할지라도 사회 전체의 협정과 계약을 깨뜨리기에 충분함을 선언했다"라고 말한다. 왜냐하면 "단 한 건의 불명에도 인간 전체를 욕되게 하기에 충분하며, 작은 상처라 할지라도 온몸을 부패시키기에 충분하기 때문이다"라는 것이 그의 결론이다.[46]

그가 드레퓌스 사건을 개인과 국가 차원의 특별한 정화 의식으로 보는 것에는 루소와 로베스피에르의 영향이 존재한다. 뿐만 아니라 그는 폭력과 혁명 담론도 빠뜨리지 않는다. 그는 드레퓌스 사건이 '전쟁의 대시련'에 필적하는 '전인류의 거대한 심판대'임을 주장한다. 드레퓌스 사건이 주는 시험은 그 '내적 에너지'의 '강렬한 분출'로 인해 역사상 어느 사건보다도 중요하다고 페기는 확신한다. 그의 설명에 따르면 그러한 사건, 즉 '대전쟁이나 대혁명'이 일어나는 것은 '위대한 사람들이 품고 있는 자유에의 열망' 때문이다. 그러한 사람들은 '평화를 오래 맛보게 되면, 영광과 전쟁에의 심원한 욕구'에 '사로잡히게' 된다. 그래서 '폭발·분출'이 일어나게 된다. 드레퓌스 사건은 그러한 순간의 정점이라고 페기는 주장한다: 드레퓌스 사건은 '영웅주의·**전쟁**·군사적 영광……신성함'에 대한 필요를 채우기 위해 일어났으며, '**국민과 민족을 일시적으로나마 구원**'(페기의 강조)하였다. 계속하여 그는 이 운동에 참여함으로써, "프랑스의 순결한 전통을 엄격히 따를 수 있었다"라고 말한다. 그 전통이란 그가 후에 저서에서 말했듯이, '이 민족의 영광과 존엄'을 가능케 하는 '**혁명 에너지**'(페기의 강조)·'정신'·'본능'을 가리킨다.[47]

이렇게 드레퓌스 사건은 페기에게 있어서 베르그송의 '자유 행위' ——영원한 적 '폴리티크'에 맞서는 돌연하고도 결정적인 대중 의지의 저항——에 해당하는 의미를 지니며, 사건에 대한 그의 해석은 이단적 내러티브에 필수적인 자유의 원형적 순간을 여실히 요약해 준다. 페기의 드레퓌스주의는 쥘리앵 소렐의 '고귀한 복수 행위'의 '숭엄한 순간'처럼, 혹은 로베스피에르의 '자유의 적에 맞선 싸움'처럼, 기성 질서에 맞서 개인과 '민중'이 의지의 원초적 순수성을 상징적으로 복원하는 격렬한 일탈로 이루어진 정화 의식이다.

그러나 이단적 내러티브의 구조에 따르면 이러한 자유는 결국 사라지게 되어 있으며, 페기의 영웅담 역시 비극적 퇴락을 예고한다. 앞에서도 언급한 그의 가장 유명한 경구대로 "모든 것은 미스티크로 시작해서 폴리티크로 끝난다." 실제로 《우리들의 청춘》은 결국 '프랑스 **드레퓌스주의의 해체,**'(페기의 강조) 즉 '드레퓌스 미스티크가 드레퓌스 폴리티크로 변질'되는 과정의 기록이다. 페기는 1913년 한때 영광스러웠던 드레퓌스주의가 이제는 '정치적 변명, 특혜, 억압, 불법의 온상'이 되었다고 비판한다. 덧붙여 그 사건 이후 공화국도 '비천한 폴리티크, 비루한 욕망과 이익의 만족에 급급한 정부 조직'으로 타락했다고 상술한다. 《우리들의 청춘》에서 그는 "모든 집단이 미스티크로 살아가다가 폴리티크로 죽는 것이 규율이고 법칙이기 마련"이라고 개탄한다.[48] 이렇게 그는 마치 《구약 성서》의 선지자와 같은 예언의 어조로 근대 프랑스 특유의 신화를 다시금 일깨운다: 자유의 순간의 생성과 몰락이 그것이다.

사르트르 자신도 인식하고 있는 대로 그의 저작들은 같은 내러티브의 틀 안에서 움직이고 있는 것으로 보인다. 사르트르는 《말》에서 "몇 년 전에 내 희곡과 소설의 인물들은 위기를 통해 갑작스러운 깨달음에 도달한다는 것을 알게 되었다. 예를 들어 《파리떼》의 오레스테스가 개심을 결정한 것도 한순간의 일이었다"라고 고백하고 있다.[49]

실제로 사르트르의 존재론의 구조 자체가 개인적 해방의 훌륭한 설명이 된다. 사르트르는 인간의 의식이 그 자체로 완전한 본질——즉 '존재'——을 열망하는 존재론적 '무'로 구성되어 있다고 보았다. 우리는 의식과 자유를 구성하는 그러한 내부의 '결핍'으로 인해 의자나 나무와 같은 '사실성'을 획득할 수 없다. 그러므로 우리는 매일매일의 선택을 통해 자신을 끊임없이 창조, 재창조해 나가도록 '선고받은' 존재들이다. 그러나 사르트르의 견해에 따르면, 우리는 스스로 형성한 '본질'을 회피——《닫힌 방》의 가르생이 자신의 비겁함을 부인하는 것처럼——하거나 '초월'의 영원한 가능성을 부인——예를 들어 '잉크병은 잉크병'이라는 식으로 《존재와 무》의 웨이터가 '카페에서 웨이터 **역할**'(사르트르의 강조)을 하는 것——하거나 한다. 따라서 진정한 자유는 그러한 '나쁜 믿음'을 거부하고, 우리의 '사실성'과 '초월'을 정면에서 인정할 것을 요구한다. 또한 자기 창조에 대한 무한대의 책임을 인식하여 행동할 것을 요구한다.[50]

베르그송이 지성의 기계적 영역에서 분출되는 '깊은 내면'의 의지를 그렸던 것처럼, 사르트르는 자유를 '존재'의 엄밀한 영역에서 폭발하는 투명한 '초월'과 자각적이고 순수한 의지로 묘사한다. 예를 들어 그는 《존재와 무》에서 "이전의 기투가 무너져 과거가 되어 버린 폐허에서 일어나는 새로운 기투 생성의 경이로운 순간"을 찬양한다. 《성 주네》에서 그는 주인공이 절도 '행위중 잡히는 **치명적 순간**'(사르트르의 강조)에 초점을 맞춘다. 사르트르는 '파괴하거나, 즐기거나, 죽이거나, 자살하는 데 한순간'이면 충분하다고 다시 한번 말한다. 《파리떼》를 다시 한번 인용하면, 사르트르의 주인공들에게 자유가 '벼락'처럼 '갑자기 내리꽂히는' 것은 놀라운 일이 아니다.[51]

실제로 로베스피에르의 '응보의 벼락'처럼, 사르트르의 저작에서 그러한 자기 창조의 자유는 일종의 집단적 '나쁜 믿음'인 부르주아 사회의 기성 도덕에 대한 신성한 폭력,[52] 즉 정당한 일탈의 모습으로 나타난다. 그래서 오레스테스의 '벼락' 같은 자유는 그로 하여금 주피터로 대표되는 관습적 '선'에 저항하여 친모와 계부를 죽이도록 재촉한다. 오레스테스는 죽어가는 아에기스투스에게 "나는 전혀 양심의 가책을 느끼지 않는다. 나는 옳은 일을 하고 있을 뿐이다"라고 말한다. 그는 자신의 피비린내나는 행위를 '선하다'고 선포한 후, 비로소 자신이 "고뇌와 가책을 넘어 자유를 얻었으며, 진정 나 자신과 하나가 되었다"라고 선언한다. 《자유에의 길》의 마티외도 독일 병사에 대한 갑작스럽고 잔인한 발포를 통해 자유를 회복한다. 서술자는 이 발포를 자코뱅 클럽이 행한 정당한 일탈, 정화의 폭력과 동일시한다: "그는 쏘았다. 그 순간 모든 규율이 깨어졌다——네 이웃을 네 몸과 같이 사랑하라——탕! 그 자식의 얼굴에 발사!——살인하지 말라——탕! ……그는 동료 인간을 향해, 도덕을 향해, 전세계를 향해 총을 쏘았다. 자유는 테러이다……. 그는 그 15분 동안 순수했으며, 전능했고 자유로웠다."[53]

사르트르의 내러티브에서 이러한 일탈적 폭력은, 흔히 개인의 자유뿐만 아니라 억압되어 있던 사회 전체로서의 '민중'의 해방에도 기여한다. 예를 들어 오레스테스는 그 잔인한 행동을 통해 자기 자신의

'나쁜 믿음'을 분쇄시킬 뿐 아니라 '아르고 시민'들에 대한 주피터의 억압적 '지배'를 '전복'시키고자 한다. 그는 마지막 시민 연설에서, 마치 쥘리앵 소렐이 그랬듯이 "나의 살인은 당신들을 위해서였다"라고 외친다. 1945년 사르트르는 실존주의는 근본적으로 '참여와 행동'의 철학임을 주장한다. 모든 개인은 '자기 자신의 인격' 뿐만 아니라 '모든 인류'에 대하여 책임이 있으며, 따라서 "나 자신의 자유를 추구함에 있어 모든 사람의 자유를 추구하는 의무를 가진다"라고 말한다.[54]

실제로 사르트르에게 사회 해방은 문학적·철학적 문제라기보다는 좀더 정치적인 의미를 지녔다. 그래서 그는 비난을 무릅쓰고 전후 혁명에 수반되는 폭력 사용에 광범위한 지지를 보냈다. 예를 들어 1952년, 그는 산업 프롤레타리아의 '폭력'을 '적극적 휴머니즘'이라 부르며 옹호했고, 1961년 카스트로·체 게바라와 같은 쿠바 혁명가들의 폭력에 대해서 '광기'가 아니라 '비인간적 질서에 대한 부정·거부·저항'이라며 지지했다. 마찬가지로 2년 뒤에 아프리카 식민주의에 대한 프란츠 파농의 '억압할 수 없는 폭력'에 대해서도, 그것은 '응얼댐과 분노 또는 야만적인 본성의 분출'이 아니라 '스스로를 창조하는 인간'의 영웅적 모습이라고 선언했다.[55]

초기 마르크스의 사상에 충실한 1960년의 저서 《변증법적 이성 비판》에서 그는 1789-94년 사이의 원형적 사건을 근거로 하여 혁명 봉기의 계획적 현상학을 제시하기까지 한다.[56] 이제 사르트르의 혁명 내러티브에서 인간은 더 이상 '존재'의 세계에서 존재론적 '결핍'으로 추동되는 것이 아니라 '희소성'의 법칙이 지배하는 인간 세계에서 물질적 '필요'에 의해 움직이며, 동료 인간으로부터 소외당하는 존재이다. 인간은 '다른 인간을 자신의 생존을 위협하는 물질적 가능성'으로 보게 되면서, 경계와 고립의 '연속성' 속에서 살아가게 된다. 따라서 내러티브 초반에 하층 계급을 묶어 주는 단 하나의 요소는 그들의

'무능력'이다. 그러나 혁명이 진전되면서 그들의 연대는 '외부에 존재하는' 혁명의 적——사르트르는 1789년 여름을 가리켜 "정부가 파리를 하나가 되게 만들었다"라고 언급한다——때문에 공고해지며, 그후 각 개인은 '타자 속에서 자신을 발견'하기 시작한다. 일단 각 개인이 '타자 속에 자신의 미래'가 묶여 있음을 깨닫게 되자, 자발적으로 무장과 '융합'이 이루어졌다. 나아가 '시간의 부족함'으로 인해——아직 '적은 거기에 당도하지 않았으나 곧 당도할 것'이었기 때문에——이들 새로 구성된 집단이 가장 먼저 착수한 행동은 과격한 몰수였다. 사르트르의 묘사에서 바스티유 감옥의 접수는 '모두에게 공동의 자유'가 무엇인지 발견하는 계기로 그려진다. 실제로 '그 반란의 격발'은 '이들 융합된 집단의 본질적 성격'이 '자유의 조속한 회복'이었음을 여실히 보여 준다. 사르트르는 그 이유를 '융합 집단의 자발적 실천'을 통해, "모든 구성원들이 자유의 실천은 개인적인(나 자신만의) 것인 동시에 다수의 것이며, 또한 모두의 것임을 깨달았기" 때문이라고 설명한다. 그래서 **'현재 진행중인 싸움'**은 '모두에게 있어 절대적 상호성'(사르트르의 강조)을 의미한다.[57]

사르트르의 '융합 집단'은, 적어도 비유상의 의미에서는 대개 실존주의적 영웅을 의미한다. 이것은 오레스테스나 마티외와 같이 사회적 타자에 대한 자의적 폭력의 거대한 폭발을 통해 내적 통일성과 절대 자유를 획득한다. 미슐레의 '인민'이 지녔던 '전우애'와 페기의 드레퓌스주의자들이 경험한 '영웅적 폭발'의 연장선상에 서서, 사르트르의 혁명 드라마 역시 자유를 순결한 개인 혹은 집단 의지의 신성한 발현으로 해석한다. 개인은 정치적 집단 행동에 자발적이고 의식적으로 참여하며, 그들 사이에는 동지적 공동체가 형성된다.

그러나 사르트르의 자유가 누리는 고귀한 순간도, 페기나 미슐레의 그것과 마찬가지로 지속되지 못한다. 실존적 자유는, 앞에서도 밝힌 대로 그 정의상 '존재'의 세계로 떨어지게 되어 있다. 사르트르는 《존재와 무)에서 우리는 때로 '자신을 계시 속에서 드러내는 자유를 포착'하기도 하지만, 인간 존재의 엄혹한 존재론적 한계 때문에 그러한 순간은 곧 소멸한다고 언급한다. 우리는 '사실'과 '초월' 사이의 끝없는 변증법 속에 갇혀 존재론적 결핍이라는 영원한 '고통'에 시달리거나, '나쁜 믿음'을 통해 그 '고통'을 '회피'하며 살아가야 하는 '형벌'을 받고 있다. 그래서 마티외는 자유를 발견한 순간 '그 기쁨'이 '즉시 단말마의 고통'으로 변하는 경험을 하고, 오레스테스는 '벼락'과 같은 자유의 폭력을 따른 후, '자신의 내부에서밖에는 변명과 위안'을 찾을 수 없음을 알게 된다.[58]

마찬가지로 혁명을 모태로 격렬한 탄생을 거친 사르트르의 '융합 집단'도 오래 지속되지 못한다. 실존주의적 영웅이 결코 존재론적 자기 완성에 도달하지 못하듯, 이 혁명 집단도 결코 '실제적 총체성'에 다다르지 못하고 '끊임없이 그것을 향해 전진'해 나갈 뿐이었다. 그들은 처음에는 '선서'——사르트르는 그 예로 '테니스 코트의 선서'를 든다——를 통해, 후에는 혁명의 적에 대항하는 '집단 실천강령'의 선포——즉 '공포정치'——를 통해 집단의 영속성을 꾀한다. 그러나 결국 이들 '융합 집단'도 루소의 '일반 의지'가 '경직된 관행'——즉 관료화된 부패하고 힘없는 '제도'(사르트르의 강조)——으로 타락한 것과 같이 퇴행하고 만다. 마르크스가 그렸던 혁명과 달리 사르트르의 혁명에는 해피엔드도, 평화로운 사회적 유토피아도 존재하지 않는다. 사르트르는 역사에는 언제나 혁명적 자유의 가능성이 존재하지만 "집단 행동은 시간이 흐르면 언제나 소외를 부르기 마련'이다"라고 말한다.[59] 즉 사르트르의 내러티브에서 진정한 자유는 언제나 획득 가능한 것이기는 하나, 역시 금세 스러져 버리는 비극적 성질을 지닌다.

앞서 인용한 제임스 밀러의 견해를 독자들이 수락한다면, 자유의 순간에 대한 내러티브는 푸코의 삶 자체에 적용됨을 알 수 있을 것이다. 밀러가 인용한 1962년의 한 에세이에서, 푸코는 모든 문화에는 절대적 금기 행위가 존재한다고 주장한다. 예를 들어 '광기의 제한, 근친 상간의 금지'가 그러하다. 그러나 각 문화에 그러한 '한계'가 설정되는 '순간' '일탈의 가능성도 생성'된다고 이 포스트구조주의자는 단언한다. 밀러는 푸코의 삶을 '순수 폭력'과 '극한 경험'의 추구로 묘사하면서, 그가 극도로 일탈적이며 동시에 지극히 순간적인 행위에 매료되었다고 말한다. 예를 들어 젊은 시절의 푸코는 자살의 강렬함에 대해 표현하기를, "완전히 자유로운 존재가 생성된다. 삶의 무게는 전혀 없이, 오직 사랑의 투명함만이 영원과 같은 순간 속에서 충만하다"라고 썼다.[60]

밀러의 견해에 동의하든 하지 않든간에 자유를 위한 일탈이 푸코 저작의 주를 이루고 있음은 명백하다. 앞에서도 말한 바, 푸코에게 자유의 근원은 **'통제되지 않는 확고한 의지'**(푸코의 강조)이다.* 1983년 그는 '강인한 의지와 꺾이지 않는 자유'는 '권력의 핵심'에 자리잡고 있어, 제도적 '권력'과 '굴복의 거부'는 '분리할 수 없다'고 선언하였다. 그는 '반항의 첨점들'이 없다면 '권력 관계가 존재'하는 것조차 불가능할 것이라고 주장한다.[61]

푸코의 그러한 '첨점'에는 '훈육적' 담론과 '정상화'의 사회에 대

---

* 푸코의 이러한 자유에 대한 견해는 '중기'의 저작을 대상으로 한 것이지, 그의 최후의 두 권짜리 저서 《성의 역사 History of Sexuality》(1984)는 포함하지 않는다. 그는 최후의 저서에서 기성 구조의 관점에서——혹은 그것을 반대하여——역사적으로 구성된 자아에 의해 의식적으로 자유가 재구성되었을 가능성을 제기하고 있다. 앞서도 밝혔듯이 본서의 목적은 푸코나 그외 사상가들의 다양한 '개별성'을 탐구하는 데 있지 않고, 근대 프랑스의 문화 체계에 기반하여 광범위한 문화적 관점에서 그들 삶과 저작의 뚜렷이 나타나는 점을, 푸코가 말한 대로 객관적 역사 담론으로 다루는 데 있다. 후기 푸코에 나타나는 자유 개념에 대한 탁월한 설명으로는 마크 포스터, 《비평 이론과 포스트구조주의 Critical Theory and Poststructuralism》(Ithaca: Cornell University Press, 1989), 특히 54-60, 91-95 참조.

항하는 격렬한 일탈 행위와 범죄가 포함된다. 그 적절한 예로서 이중적이기는 하나 충격적 케이스가, 푸코가 《감시와 처벌》에서 막 확립된 원형 감옥 형벌 체계가 낳은 '전형적 범죄자'로 인용하고 있는 19세기의 악명 높은 흉악범 라세네르이다. 푸코는 라세네르는 '쥘리앵 소렐과 거의 같은 시대에 태어나 좋은 교육을 받은 몰락한 프티부르주아 계급' 출신으로서 사소한 일탈 행위——'사기·유기·좀도둑질·투옥'과 '살인 미수'——를 저질렀을 뿐이지만, 그것이 '파리 부르주아'를 위협하였기 때문에 '선동적'인 것이 되었다고 언급한다. 푸코는 그가 만약 '로베스피에르와 같은 시대에 살았다면' 그의 '법질서 거부는 정치적인 모습으로 직접 나타나 혁명가나 자코뱅 당원, 국왕 시해자'가 되었을 것이라고 주장한다. 푸코가 긍정적으로 인용하는 1830년대의 '푸리에적' 사회비평가들에 따르면, 범죄는 '사회해방'이기에 앞서 '인간 개인의 이름으로 저항을 분출'시키는 행위이다.[62]

푸코는 이 잠재된 전복자——명백히 스탕달적 반영웅——를 통하여 사회 해방을 범죄자의 일탈 행위와 자코뱅 혁명 당원들의 정치적 폭력에 연결시켰다. 더구나 그는 같은 논리를 서슴지 않고 현대 사회와 정치에 적용시킨다. 1971년 그는 '대학·감옥·정신병원'에 대하여 '혁명적 조치'를 취할 것을 주장하였다. 그는 당대의 폐기로서의 호전성을 지니고 '모든 전선'에서 제도와 '싸워야' 한다고 선언한다:

우리는 가장 견고한 장애물을 부수고 깨뜨린다. 우리는 포기하지 않는다. 우리가 승리하는 듯 보여도 제도는 다시 세워진다. 우리는 다시 시작해야만 한다. 그것은 긴 투쟁이다. 싸움은 반복되고 산만하다. 그러나 투쟁의 대상인 제도와 그것이 행사하는 권력이 우리의 투쟁에 통일성을 부여한다.[63]

다음해 그는 그 연장선상에서 "여성·죄수·징집 군인·환자·동성애자들이 그들에게 행사되고 있는 특수 권력에 대하여 특수한 투쟁을 시작했다"라고 선언했다. 덧붙여 그들의 투쟁은 "혁명의 일부로서 급진적이고, 강경하며, 개량주의를 거부한다"라고 말한다. 1976년 그는 잘 알려진 대로 '제도와 과학적 담론의 효과'에 맞서 **굴복된 지식의 반란**'(푸코의 강조)을 옹호하였다. 그는 다시 《지식에의 의지》에서, 현대 '권력의 망상 조직 곳곳'에는 '저항점'이 존재한다고 반복한다. 그 점들 중에는 '가능한 것, 필수적인 것, 가능하지 않은 것' 또한 '자발적인 것, 길들여지지 않은 것, 외로운 것, 조율된 것, 사나운 것, 폭력적인 것, 융합하지 않는 것'들이 있다. 푸코는 베르그송이 말했던 물질 세계 내의 '생명력의 점'을 떠올리며, 이러한 "저항의 점·매듭·초점은 그 밀도는 다를지라도 전시간과 공간에 산재해 있다"라고 말한다. 그들은 '신체의 어떤 부분, 삶의 어떤 순간, 행동의 어떤 양태를 자극'할 것이다. 실제로 푸코는 자신의 역사적 '계보학'이 기성 담론 내에서 '화염병이나 지뢰밭'의 의미를 지닌다고 고백한다. 그는 1977년 농담조로 "그들이 임무를 다한 후에는 폭죽처럼 자폭하기를 원한다"라고 말했다.[64]

그래서 푸코는 근대 '정상화'의 제도와 담론에 맞서는 '특수한 투쟁'을 지지한다. 그들은 국지적이기는 하나 기성 질서에 격렬한 균열을 일으키기 때문이다. 또한 이 포스트구조주의자에게 집단적 봉기와 폭력은 진정한 매혹의 대상이기도 했다. 그는 1972년 프랑스 마오쩌둥주의자들의 공개 포럼에서 악명 높은 프랑스 혁명의 '9월 학살'을 '내부의 적에 대한 전쟁, 권력자들의 계략에 맞선 정치적 행동, 폭압 계급에 대한 복수'로서 옹호하며, 거의 '민중 정의'의 실현으로 해석하였다. 푸코는 그러한 점에서 같은 사건을 범죄이자 '피비린내나는 행위'로 비난한 미슐레와 명백히 다르다. 그러나 그들의 견해차는 정치적 폭력의 도덕적 정당성에 대한 것이라기보다는 특정한 폭력 행위가 민중 의지의 진실한 표현이 되는가에 대한 것으로 볼 수 있다. 같은 포럼에서 푸코는 '레지스탕스 활동, 알제리 전쟁, 68년 5월 혁명'을 '지하 활동·군대·거리 투쟁이 부활한 중요 사건'으로서 높이 평가한다. 그 중 압권은 1979년 이란 혁명을 지지한 것이다. 그는 영락 없는 루소와 로베스피에르의 목소리로 '역사상 유례가 없는' 이 사건을 찬양하며, '이론' 속에서 '정치적 신화'로만 남아 있던 '집단 의지'가 '이란 혁명'이라는 '명백하고 구체적인 형태'를 통해 나타났다고 주장하였다. 그에 따르면, 이란 혁명은 '집단의 절대 의지'가 역사 표면으로 '분출'한 사건이다. 푸코는 이란인들이 '외세에의 굴복을 거부'하고 '국유 재산의 강탈을 혐오'함으로써 실제로, 그리고 **"꺾임 없이 그들의 의지를 천명했다"**(푸코의 강조)라고 평가한다. 진실로 이란 혁명이 '아름다울' 수 있었던 이유는 '전국민'이 '무력과 경찰력'으로 자신들을 위협하는 강력하나 부패한 '국가'에 맞서 행한 '저항' 때문이라고 그는 설명한다. 그 혁명 동안 이란 국민들은 '말'하기를 '부패한 정부를 개혁'하고, 국가의 '정치 조직'과 '경제 체제'를 바꾸어야 할 뿐 아니라 "무엇보다도 우리 자신이 먼저 바뀌어야 한다"라고 했다. 푸코는 혁명이 진행되는 동안, 이와 같이 이란 국민의 마음에는 "불빛이 빛나고 있었으며, 그 빛이 그들을 동시에 감쌌다"라고 증언한다.[65]

이란 혁명을 통해 푸코는 개인과 '민중'이 심리적 의존성을 버리고 의지의 자발성을 회복하는 격렬하고 신성한 순간──사르트르의 '융합 집단,' 미슐레의 '국가적 에너지의 거대한 폭발,' 로베스피에르의 '지극한 분투로 인민이 독재의 사슬을 끊는' 희귀한 순간──에 해당하는 푸코 자신의 용어를 찾거나, 아니면 만들려고 했던 것으로 보인다. 1979년 그는 '모든 굴복과 강압·위협·폭력·설득의 배후'에는 "삶이 더 이상 비천해지지 않고, 권력이 아무것도 하지 못하며, 총칼과 교수형 앞에서도 인간이 저항하는 시간"이 존재함을 칭송한다. 다

시 한번 그는 요약하기를 "잠재된 거부와 저항이 없는 권력은 없다" 라고 말한다. [66]

그러나 푸코가 말하는 '저항' ──그것이 개인의 '극한 경험'이든지, '규범'에 대한 '특수 투쟁'이든지, 혹은 정치적 반란이든지간에 ──은 사르트르의 그것과 마찬가지로 덧없이 사라질 비극적인 성질의 것이다. 그는 《감시와 형벌》에서 논하기를, 현대 권력의 그물망에는 특징적으로 '권력 관계의 일시적 전도'를 야기할 '수많은 저항점들'이 존재하기는 하지만, "미시 권력의 전복은 전부 아니면 무의 법칙에 들어맞지 않는다"라고 말한다. 푸코는 마르크스주의와 같은 혁명 해방의 '전지구적인 **전체주의적 이론**'을 거부하며, 《지식에의 의지》에서 "위대한 거부의 **단일한** 위치, 혁명 정신, 모든 저항의 근원, 혁명의 순수한 법칙 같은 것은 없다"(푸코의 강조)라고 경고한다. '전 국민을 사로잡은'이란 혁명과 같은 특별한 '현상'마저도 '하루'만에 '끝나고' 말았다고 그는 한탄한다. '혁명의 체험도 사라지고,' 한때 모든 이란인을 '동시에' 감쌌던 빛도 꺼질 것이다. 푸코는 페기와 꼭 닮은 어조로 "그때에 각 개인의 머리에는 이전에 있었던 정치적 타산만이 남을 것"이라고 결론 맺는다. [67] 바꿔 말하면 '미스티크'는 그 흔적으로 '폴리티크'만을 남겨둔 채 사라져 버리고, 자유는 다시 한번 그것이 잉태된 제도 권력의 영역으로 퇴보한다.

6
결 론

1. 격변, '전체주의,' 그리고 자유

리처드 로티는 푸코에 대한 한 포럼에서, "아무도 격변을 원하지 않는 영역──정치에서 그것을 원하는 프랑스 철학자들의 태도는 미국인들을 자주 놀라게 한다"라고 언급한 적이 있다.[1] 앞서의 논의에 비추어 볼 때, 로티의 이 말은 여러 차원에서 타당하게 들린다. 무엇보다도 근대 프랑스의 정치 담론을 생각할 때, 그것은 타당한 근거를 갖는다. 앞서 보았듯이, 18세기 이래로 유수의 저명한──나아가 '성별된'──프랑스 지식인들이 '정치적 격변'이라고 할 수 있는 것에 의식적으로 끌려왔기 때문이다.

로티의 발언은 '격변'과 그것이 함유하는 불길한 의미에 대한 미국인들과 그외 서구 학자들의 비판도 충실히 반영한다. 실제로 제1장에서도 언급한 대로, 제2차 세계대전 후 적지 않은 수의 서구 자유주의 지식인들이 근대 프랑스의 혁명적 학문 전통──루소와 자코뱅 공포정치가 그 기틀을 마련한──과 20세기의 '전체주의' 현상 사이의 연관을 제기하였다. 그 예로 이스라엘 출신의 정치철학자 J. L. 탈먼은 1952년의 글에서, 나치 독일과 스탈린 제국은 '전체주의적 민주주의'의 현대적 재현으로서, 그 연원은 자코뱅 클럽과 그들의 사상적 원조인 루소에서 비롯한다고 주장했다. 앞에서 언급하였듯이, 1957년 영국의 사학자이자 철학자인 이사야 벌린은 루소와 그를 계승한 급진파들이 '마지막 타협'에의 이상적 기대를 저버리는 '집단적 자기 실현의 적극적 자유'를 옹호한다고 비판하였다. 심지어 1970년대에는, 프랑스의 지식인 계급 자신들도 혁명에 대한 마르크스적 해설을 담은 책을 개정하면서, 자코뱅주의와 현대 전체주의의 관련설에 새로운 생기를 불어넣었다. 1978년 프랑수아 퓌레는 "오늘날에는 소련 강제수용소의 존재로 인해 공포정치 시대를 다시 평가하게 되었다. 왜냐하면 그 둘은 본질적으로 같은 것이기 때문이다"라고 썼다. 그 이후로 '혁명 담론,' 특히 자코뱅주의의 모습을 띤 것은 서구 학자들에 의해 반복적으로 '잠재적 자유주의'와 '전체주의적' 연관을 비판받아 왔다.[2]

로티가 지적하는 대로, 현대 프랑스의 문화 전사들도 그보다 나은 대접을 받지는 않았다. 이미 1956년에 예전의 동지였던 레이몽 아롱에 의해, 프랑스 지식인들이 걸리는 '폭력에 의한 구원과 혁명의 신화'에 중독되었다고 비판받은 사르트르는 지금도 여전히 서구 학계에서 1970년대 캄보디아 대량 학살에 철학적 구실을 제공하고, 스탈린주의에 협력하였다는 비난을 받고 있다. 예를 들어 존 웨이트먼은 사르트르와 전후 지식인 그룹에 대한 토니 주트의 비판을 지지하면서, 전후 센 강변의 좌안에 팽배했던 '히스테리컬한 친(親)공산주의의 분위기'를 기억하며, 그것을 '초기 전체주의적 상황'으로 평가한다. 푸코 또한 젊은 시절에 표명한 이란 혁명에 대한 지지로 인해 서구 자유주의 비평가들로부터 과도하다 싶을 만큼의 도덕적 비난을 감당해야 했다.[3]

이런 고발들에서 '전체주의'라는 용어가 제2차 세계대전 이후 역사적으로 과도하게 부풀려졌다는 인상을 피할 수가 없다. 실제로 근대 프랑스에서 급진적인 학문 전통에 대한 평가는 키스 베이커가 표현한 바, 동시대의 역사적 '중력장(force field)' 속에서 왜곡되어 왔다. 그것은 '역사적 명징성의 극한을 구성'하며, '모든 다른 사건들이 그 속으로 빨려 들어가는 거대 사건'이다. 베이커는 가장 구체적으로는 나치에 의한 대학살을 지목하지만, 그가 말하는 '거대 사건'은 스탈린의 대량 숙청이나 1930년대 · 1940년대 · 1950년대에 이르는 억류, 1960년대 마오쩌둥의 '문화 혁명'이 행한 국가 주도의 공포정치까지 포함한다고 보아야 할 것이다. 포괄적으로 말해서 20세기의 가장 불가해한 악인 '전체주의'를 의미한다.[4]

그러나 그러한 서구 학자들만 '전체주의'의 중력장 안으로 빨려 들어간 것은 아니었다. 사르트르와 푸코도 '자유주의 부르주아'에 대한 오래 된 이단적 공세를 확대하는 동시에 '서구 부르주아 계급'이 지닌 '전체주의'적 요소를 비판하기를 주저하지 않았다. 예를 들어 1953년 로젠버그 부부 처형 사건에 대하여 사르트르는 "파시즘은 희생자의 숫자가 아니라 그들을 죽이는 방법에서 드러난다"라고 선언했다. 푸코는 겉으로는 휴머니즘의 정신을 담고 있는 듯이 보이는 정신병원이나 감옥과 같은 서구의 제도를 오웰과 같은 끔찍한 어조로 묘사하면서, '정치 권력의 합리화와 월권' 사이에 내재하는 '전체주의'적 개입의 가능성을 되풀이해 경고하였다. 푸코는 그러한 가능성은 굳이 '관료제나 정치범 수용소'가 아니더라도 감지할 수 있다고 주장한다.[5] 그렇다면 역설적으로 '프랑스 지식인'과 '서구 부르주아'가 서로 상대방에 의해 묘사되어 온 대로라면 20세기의 가장 추악한 정치적 범죄에서 상대를 실제 행위자이든 무의식적 공범이든간에 도덕적 등가물로서 연루시켜 온 것이 된다. 각 진영은 자신들의 추측을 공식화하면서 즉각적으로 공포정치, 국가 주도의 살인, 정치범 수용소의 망령을 흔들어 깨웠으며, 상대방에게 직접 혹은 간접으로 현대 정치 최후의 가스실을 의미하는 '전체주의'의 꼬리표를 붙였다.

그러한 고발은 사람들에게 현대의 모든 정치적 사건들을 '거대 사건'이 가져온 도덕과 학문의 양극단적 잣대——즉 모든 것이 '전체주의에의 종속'과 '민주적 해방' 중 하나로 평가되는——로 이해하고 판단해도 되는가라는 질문을 하게 만든다. 예를 들어 정치철학자인 앨런 라이언은 '프랑스 지식인'에 대한 서구 학계의 불만을 대표하여, 푸코가 "서구 자유주의 사회가 경쟁 상대인 전체주의 국가보다 좀더 자유롭고 인간적인 사회"임을 인정할 수는 없는가라는 질문을 던진다.[6] 혹자는 정반대의 질문, 즉 루소·로베스피에르·사르트르·푸코들의 정치 담론을 히틀러·스탈린·마오쩌둥의 그것과 동일시함이 정당 혹은 정확한 짝짓기인지를 물을 수 있을 것이다. 자코뱅의 공포정치가 소비에트 정치범 수용소와 역사적 대상을 이루는가? 정치적 '격변'이라고 해서 역사적으로 모두 동등한 의미를 지니는가?

물론 이 글의 주제는 자코뱅 시대의 공포정치와 그것의 20세기 변형으로 흔히 생각되는 나치 독일, 소비에트 러시아, 마오쩌둥 시기의 중국을 역사적으로 비교하는 데 있지 않다. 그러나 현대의 전체주의 국가, 사회의 모델과 자유의 의미를 프랑스의 성별된 이단자들이 전개시킨 그것과 비교해 보는 것은 의미 깊은 일이 될 것이다. '전체주의'라는 용어는 일련의 다양하고 광범위한 역사적 사건을 포함한다. 그러나 이단자들과 상대편 서구 학자들의 상호 고발 속에서도 전체주의에 대한 가장 최소한의 공감대는 그려진다. 그에 따르면 1) 전체주의에는 국민의 절대적 복종을 요구하는 영구 종신의 단일한 중앙정부가 존재하며, 2) 따라서 자율적인 정당이나 의회 제도는 부재하거나 제거되며, 3) 국가는 개인의 자유가 영원히 사회체에 의해 좌우되는 유토피아적 집산주의와 집단 유기체설――예를 들어 히틀러의 '민족공동사회(volksgemeinschaft)'나 마르크스-레닌주의에서 주장하는 공산주의 발전의 '최종 단계'인 프롤레타리아 계급의 연대가 그것이다――을 선전하며, 4) '바람직하지 않은' 사회구성원을 배척·감금·제거하는 폭력과 테러가 국가 주도로 존재한다.[7]

언뜻 보기에 전체주의의 모델과 이단자 내러티브 사이에는 몇 가지 유사한 점이 있다. 예를 들면 성별된 이단자들에게서 특징적으로 나타나는 의회정치에 대한 혐오――루소와 로베스피에르는 분열적 '논쟁,' 정치적 '음모,' '당파,' 미슐레는 혁명 의회의 '서류상의 자유,' 페기는 '폴리티크'들이 벌이는 '정당간의 협잡,' 푸코는 '패놉티시즘'을 은폐하는 '대의 왕조'라고 표현하였다——는 앞서서 상세히 논의된 바 있다. 또한 그들은 '유토피아적 집단주의'를 선전한다는 혐의에서도 자유롭지 못하다. 루소·로베스피에르·미슐레·페기·사르트르·푸코는 그 표현이 '일반 의지,' '민중'의 혁명 의지, '드레퓌스 미스티크,' '융합 집단,' 이란 민중의 '집단 의지'로 다를진대, 사회체가 하나의 통일된 전체로 연합하는 것을 이상으로 삼고 있기 때문이다. 마지막으로 '폭력의 숭배'가 이단자 내러티브의 핵심임을 부인하기는 힘들 것이다. 그 특유의 철학적 활력론——베르그송에게서 가장 뚜렷이 나타나지만, 루소·페기·사르트르에게서도 역시 감지 가능한——을 강조함에 있어서는 '문명 사회'에 저항하는 일탈 행위, 자기 확신의 의지, 폭력을 찬양하는 나치적 경향마저 엿보인다. 쥘리앙 소렐이 사교계(la société)에 저항하여 행한 '의도된 공개 반항'의 행위는, 미슐레가 표현한 바 혁명의 적에 대한 민중 '의지'의 '신성한 폭발,' 베르그송이 말하는 마음의 '기계적 영역'에서 일어나는 '생명의 약동'의 '심원'한 분출, 사르트르가 말하는 부르주아 질서에 대한 응보의 '벼락,' 푸코가 주장한 '정상화의 사회'에 맞서는 '저항'과 '반란'의 '화염병'의 의미와 궤를 같이한다. 로베스피에르의 경우에는 한 걸음 더 나아가 강력한 단일 국가의 지원 속에 법적으로 용인된 테러를 통해 적합하지 않다고 여겨지는 사회구성원과 정당을 제거하는 데까지 이른다.[8]

그러나 깊이 살펴보게 될 때 이러한 유사점들은 그 유효성을 상실한다. 먼저 이단자들의 의회 제도에 대한 설득력 있는 경고성 조롱은 독재정부에 대한 잠재적 호의라기보다는 정치 권력과 그것의 필연적 부패 가능성에 대한 철저한 경계를 나타낸다. 또한 스탕달의 왕정복고 시기의 의회 '야당'——기성 질서에 아첨·담합하는——에 대한 풍자는 제3공화국의 '의회 사기꾼'과 '정치적 구실'에 대한 폐기의 비판, 제 잇속만 차리는 정치가들에 대한 사르트르의 신랄한 속사포 공격으로 계승되었다. 실제로 이단자 내러티브에서 정부는 언제나 타락과 경화의 주체였다. 정부는 필연적으로 자신의 이익을 돌보는 '집단 의지'를 창출해 내기 마련이라는 루소의 공리는, 인간은 선천적으로 정신의 관료적 '자동 작용'에 굴복한다는 베르그송의 주장과, 혁명정부라 할지라도 종국에는 자기 방어적 '제도'로 변질된다는 사르트르의 예견에 반영되어 있다. 똑같이 미슐레는 정부가 사회의 **내용(알맹이)**(미슐레의 강조)을 고갈시키는 '형식(껍데기)'으로 구성되며, 폐기는 '미스티크'는 필연적으로 '폴리티크'에 의해 훼손된다고 주장하였다. 로베스피에르는 정부를 '불신'하는 것이 정치의 제1원리라고 반복하여 강조하였다. 1793년 〈인간과 시민의 권리 선언 제안〉에서 그는 "모든 자유국가에서는 지배 권력의 남용에 대비하여 법으로 사회와 개인의 자유를 보호해야 한다"라고 주장하였다. 심지어 공포정치를 옹호할 때에도 그는 "혁명정부는 인민을 신뢰하며 자신에게는 엄격해야 한다"라고 주장하였다. 왜냐하면 모든 정부는 '자연히 부패한 개인의 손에 떨어지기'가 쉽기 때문이다.[9]

　성별된 이단자들을 집단 유기체설과 영원한 '동지' 공동체──옛 체코슬로바키아의 소설가인 밀란 쿤데라는 '단일한 몸, 단일한 영혼, 단일한 고리, 단일한 춤'의 인상적 이미지로 이 닫힌 인간 '원'을 묘사하였다──에 연결시키는 것도 온당치 못하다.[10] 이단자 내러티브에서 '타인'이 '지옥'을 구성하고 있음은 본론에서 충분히 다룬 바 있다. 그들의 사회 기술은 끊어지지 않는 사회적 연대와 집단에 대한 깊은 두려움──분명히 구체제의 특혜 집단에 대한 계몽주의의 비판에 근원을 두고 있는──을 보여 준다.[11] 그래서 루소의 '일반 의지'와 그에 의해 구성된 정부도 실은 완전히 개별적인 개인들의 인위적인 집합체를 의미한다. 그는 선출된 대표자와 혹은 '서로 유대를 가

져온' 시민들로 구성된 사회라면 생길 수 있는 '특혜 집단'의 가능성
마저 미리 제거하고자 했다. 마찬가지로 대의정부를 옹호한 로베스피
에르도 '집합체의 각 부분이 기탄 없이 자신들의 의사를 표명할 수
있어야' 함에 동의하는 동시에 '국민의 대의'를 '분열'시키는 '패거
리'와 '음모자'들에 대해 우려를 표시했다. 사르트르 역시 젊은 시절
의 헤겔과 하이데거에의 경도, 나중의 마르크스에 대한 동조에도 불
구하고 집단체를 어김없이 부인한다. 그는 하이데거가 말하는 존재론
적으로 안정적인 '타인과—더불어—존재(Mitsein)'를 반박하며, '의식
간의 관계는 본질적으로 갈등'이라고 주장한다. 《변증법적 이성 비
판》에서, '융합'된 혁명 집단이나 혁명에 의해 세워진 국가라 할지라
도 결코 '유기적 통일'을 이룰 수는 없다고 한번 더 강조한다. 푸코도
마찬가지로 유기적 집단체에 대해 그 자신의 어조로 혐오감을 표시한
다. 그에게 '지식 · 기술, 또한 과학적 담론의 총체'는 '훈육적 권력'
이 행사하는 영원한 위협이며, '꽉 짜여진 물질적 억압의 격자'는 현
대의 숨겨진——제도적으로 은폐된——집단주의를 표상한다.[12]

　이단자 내러티브에서 뚜렷이 나타나는 '유토피아적 집단주의'는 유
기적 공동체를 옹호하는 것이 아니며, 국가 우선주의를 주장하는 것
은 더더욱 아니다. 오히려 그들은 국민의 의지가 하나 되는 매우 드문
경우에만 형성되는 거의 신화적 존재로서의 '민중'이 봉기할 것을 고
무한다. 그런 점에서 이단자들의 '폭력 숭배'는 정부나 국가 공동체
를 신성시한다기보다는 오히려 자유 자체의 신격화로 보인다. 그들의
내러티브에서 자유는 언제나 비극적으로 추락하고 마는 개인적 · 집
단적 자율 의지의 비상으로 그려진다. 그러므로 이 무모한 규율 위반
자의 대표 쥘리앵 소렐이 '가장 낭만적으로 보이는 순간'은 '추락'의
순간이다. 베르그송의 '근본적 자아'도 '의지가 갑작스럽게 개입'하
는 순간 자유를 획득할 수는 있지만, 그것이 내적 질서에 대해 '쿠데
타'의 성격을 지닌 매우 예외적인 것——'그들만의 독특한 순간'

──임을 자각할 수밖에 없다. 미슐레도 마찬가지여서 공동체적 일치와 혁명의 과격함── '끔찍하고 격렬한 변동'과 '동지애' ──속에서 자유를 발견하기는 하지만, 결국에는 그러한 '신성한 감격'이 '진실'하되 '일시적'일 수밖에 없음을 인정하게 된다. 페기도 '드레퓌스미스티크'를 '자유롭고자 하며, 영웅과 무력전이 필요' 함을 표현하는 사람들 사이에서 일어난 '영웅적 폭발'이라고 설명하는 동시에, 그럼에도 불구하고 **'드레퓌스주의의 종말'**(페기의 강조)──즉 모든 '미스티크'와 자유 자체에까지 미치는 비극적 소실──은 피할 수 없음을 강조한다. 사르트르의 실존주의적 자유의 '벼락'도 덧없이 사라지는 '고통'을 겪기는 마찬가지이다. 그의 혁명적 '융합 집단'도 결국에는 '시간 속에서 소외될 운명'이다. 푸코도 영원한 '반란의 중심'과 '혁명의 순수 법칙'을 증진하는 '전지구적인 **전체주의 이론**'(푸코의 강조)이란 것은 있을 수 없으며, 단지 '규범'에 저항하는 본질적으로 '일시적'일 수밖에 없는 '제한된 경험'과 '특수한 투쟁'이 존재할 뿐이라고 주장하였다.[13]

마지막으로, '공화정부의 신성한 정신이 퇴색되지 않고 유지'되기를 간절히 바랐던 로베스피에르의 열망──즉 혁명 '교감'의 '신성한 순간'을 무력으로나마 유예시키려 했던 비극적 시도──은 역설적으로 쇠락할 수밖에 없는 혁명의 운명을 보여 준다. 그의 혁명국가 이론에는 혁명정부의 관료는 '평등을 위하여 권력에 대한 자긍심'을 '희생'하며 끊임없이 '공적 감시'를 받아야 한다는 것도 있지만, '정치체'는 반드시 원래의 '특성'과 '자유'를 잃고 '퇴락'하게 된다는 루소적 주장이 들어 있다.[14] 그렇게 볼 때 자코뱅의 국가 철학은 그것이 야기한 비극적인 결과에도 불구하고, 영구 독재의 욕망에 굴복한 것이 아니라 '본질적으로 불안정한' 정치의 마지막 희생자라는 정치학자 앤 사다의 주장은 설득력이 있다.[15]

이단자 내러티브를 가장 나쁘게 본다 해도, 공포정치나 20세기의 여러 공산 혁명과 제3세계 혁명 같은 정치적 유혈 사태에 신화적 아우라를 빌려 준 것 이상으로는 볼 수 없다. 실제로 무력 행위와 해방 혁명을 성별된 이단자 내러티브로 미화하는 것은 20세기의 많은 프랑스 사상가들——푸코는 말할 것도 없고, 조르주 소렐·조르주 바타유·모리스 블랑쇼·조르주 캉길렘·질 들뢰즈·자크 데리다 등——의 니체에 대한 경도와[16] 프랑스 정치 문화에 나타난 마르크스의 현저한 영향을 설명하는 데 도움을 준다.[17] 그러나 푸코 자신은 일관성 있게, 루소가 그랬던 것처럼 '민중'의 절대 의지를 충실히 지지한——그에게는 니체식의 반민주적 엘리트주의, '노예'·'폭도'·'무리' 그리고 그들의 '지고한 권리'에 대한 노골적 거부감이 드러나지 않는다——것으로 보인다.[18] '개종'한 마르크스주의자 사르트르도 스승의 유토피아적 목적론——프롤레타리아 혁명이 영원한 동지적 공동체를 가능하게 할 것이라는——은 받아들이지 않았다. 결론적으로 이단자 내러티브가 민중 혁명의 신화소로서 혼란한 이데올로기적 사각 지대를 잉태시켰다는 비판은 적절하나, 현대 전체주의의 이념 틀을 형성했다거나 정당화시켰다는 비난은 받아들일 수 없다.

2. 자유와 '관료주의적 현상'

이단자 내러티브의 '격변'이 전체주의의 망령을 의미하는 것이 아니라면, 근대 프랑스 정치 문화에서 그것은 무엇을 의미하는가? 이단자 내러티브에서 말하는 자유 개념과, 개인과 사회에의 적용은 제1장에서 언급했던 바, 프랑스 정치체의 시계추와 같은 정기적 변동과 어떤 관련이 있는가?

다시 한번 말하지만, 이러한 근대 프랑스의 정치적 격변——1799년과 1851년의 나폴레옹 쿠데타, 1830년과 1848년의 혁명, 1870-71

년의 파리 코뮌, 세기말의 드레퓌스 사건, 1940년 비시의 '국가 혁명,' 1958년의 알제리 사건, 1968년 5월 '사건' 등——을 상세히 비교 분석하는 데 있어 미리 정해진 원칙은 없다. 그러나 프랑스 사회학자 미셸 크로지에는 《관료주의적 현상》(1963)과 《정체된 사회》(1970) 같은 역작에서 근대 프랑스 정치 문화와 그 변칙성에 대하여 성별된 이단자들의 원형에 부합하는 가설을 제시하였다.[19)]

토크빌의 제자인 크로지에는 프랑스 사회가 혁명 이전부터 경직된 중앙집권적 관료주의에 물들어 있었다고 주장한다. 그에 따르면 프랑스는 개인에게 국가의 단일한 의지를 강요하는 전체주의적 모델이 아니라, 개개인으로 하여금 '대면적 의존 관계'를 갖지 않게 하는——이는 한편으로는 루소의 비인격적 '일반 의지'를, 다른 한편으로는 푸코의 '얼굴을 알리고 싶지 않은' 바람을 연상시킨다——일련의 비인격적 규칙과 규제 모델로 움직였다고 한다. 이 규칙이 모든 사람에게 동일하게 적용되는 전칭추상명제로 남아 있으면, 개개인은 타자의 의지에 굴종당할 일이 없으며, 따라서 '자율성·변덕·창의성'——즉 '선한 쾌락(bon plaisir)'——이 허용되는 사적인 공간을 소유할 수 있다고 크로지에는 설명한다. 이것은 구체제 시대의 군주에게만 허용되었던 절대적이고 '자의적인 의지'이다. 이와 같이 '관료적 조직 체계'는 근대 프랑스 시민에게 적어도 원칙상으로는 가장 넓은 범위에서 타인의 '간섭 없는 자유'를 가능하게 했으며, 그 결과 '최대 다수에게 선한 쾌락을 누릴' 수 있게 했다는 것이 그의 주장의 요지이다.[20)]

그러나 관료적 규율은 필연적으로 그 적용에서 경화 혹은 약화되기 마련이며, 그에 기반한 조직은 생태적으로 스스로를 개혁할 만한 유연성을 가지고 있지 못하다. 크로지에는 이러한 조직이 필연적으로 부딪치는 '궁지'는 주기적인 '체제 위기'와 '혁명'을 통해서만 '타개'할 수 있다고 주장한다. 그래서 '일상과 위기'가 작게는 근대 프랑스 사회를, 크게는 근대 프랑스 역사를 상징하는 어구가 되었다. 프랑스 특유의 '긴 일상의 시간'과 '짧은 위기의 폭발' 사이의 왕복이 '혁명 전통'의 '지속'을 설명하고 있음을 그는 《정체된 사회》에서 시사한다.[21]

그러므로 아직 생생한 1968년 5월 봉기를 기술한 1970년 크로지에의 글에서 그 익숙한 이미지를 발견하는 것은 그리 놀랍지 않다. 그는 "그들의 **분노는 저항의 격렬한 한순간에서나마** 직접 민주주의라는 불가능한 일을 가능케 하였다. 그들은 집단 속에서도 스스로를 표현했고, 조직 없이 행동했으며, 태초의 자연스러움을 획득했다"(필자의 강조)라고 쓰고 있다. 그러나 그는 5월 봉기는 지나가는 '축제'였을 뿐이어서 영구적 변화를 만들어 내지는 못했다고 결론내린다. 실제로 그것은 '정체된 사회' 제도에 일격을 가하기보다는 '자신들을 분명히 표현'하는 데 치중하였다.[22]

요컨대 크로지에가 묘사하는 '관료주의적 현상,' 즉 '대면적 의존 관계'에 대한 엄격한 금지와 민중 분노의 주기적 발작——개인의 '선한 쾌락'과 집단 폭력의 반복——에 이단자들의 자유 개념이 반영되어 있음은 쉽게 알 수 있다. 성별된 이단자들에게 자유는 자율적 인간 의지(개인적이든 '집단적'이든)와 그것을 끊임없이 침해하는 사회적 타자와의 화해 불가능한 긴장 구조를 가진 것으로 이해된다.[23] 진실로 이단자들은 자유를 규범의 급격한 붕괴, 강렬한 의지의 분출, '민중'이 관료주의적 경직과 퇴락에 물든 사회와 정신을 정화시키는 위기의 고양된 순간이라고 생각했다. 그러나 역시 크로지에나 이들 성별된 이단자들이 꿈꾸는 이러한 자유의 비행은 영원한 것이 아님을 다시 한번 말할 수밖에 없다. 한번 시작된 이들의 비행은 언제고 그들이 출발했던 무료하고 부패한 일상으로 되돌아와야만 한다.

크로지에의 가설은 프랑스 정치가 가지는 극도의 유동성을 잘 설명하고 있을 뿐 아니라, 이단자들의 자유 개념이 그 안에서 담당한 이데올로기적 역할에 대해서도 설득력 있는 해석을 제공한다. 18세기 이

후 여러 가지 모습을 띠고 나타난 프랑스 정치의 '주도 내러티브'는, 크로지에의 설명에 따르면 근대 프랑스 제도에 침투하여 적어도 부분적으로 국가의 주기적 '정치적 격변'에 토대가 되고 있는 것으로 보인다. 동료 학자 피에르 부르디외와 더불어 크로지에는 중앙집권적 교육 제도와 엘리트 지식인의 지속적 재생산이 근대 프랑스 정치 · 사회를 형성하는 사고방식을 결정짓고 영속해 왔다고 주장한다. 특히 그랑제콜은 "프랑스 사회 · 관료 제도와 공생 관계를 유지하며, 그것이 공고해지도록 도왔으며, 겉으로는 제도로부터 독립되어 있는 척"하면서, '특권 관료층'을 증식시키며 서로에게 '없어서는 안 될 반쪽'으로 남아 있다고 그는 비판한다. 그는 다른 책에서 재차 비판하기를, 프랑스의 전형적 지식인은 '사상은 매우 진보적'이며, '숭고, 순수, 창의적인 자유'를 위해 헌신하지만, '그들의 생활은 귀족적'이라고 일침을 가한다. 결과적으로, 사르트르와 같은 인물은 '사회 진보의 허울을 쓴 문화적 보수주의'를 대변한다고 말한다.[24]

근대 프랑스 사회와 그 병폐에 대한 그의 고찰만큼이나 예리하고 정확하게 크로지에는 프랑스 혁명 전통——곧 프랑스의 자유 사상도 포함하는——을 재구성하기보다는 개선하는 데 역점을 두며, 영민하게 사회를 비판한다. 그 자신이 인정하는 대로 크로지에의 사회 비판은 '토크빌의 고발'에서 시작하여, '프랑스적 예외의 종언'의 요구로까지 확장된 자유주의적 사회 비판을 계승한다. 그는 프랑스를 '정체된 사회'로 부르며, 그 사회의 '관료주의적 · 가부장적 구속,' 만성적 '역기능'과 '악순환'을 지적하며, 지식인들의 '무책임함,' 심지어는 '변화에 대한 요구'에도 '전체주의적 요소'가 깃들여 있음을 비판했다. 그는 그러한 병폐에 대한 사회적 치료책으로 중앙집권의 분산(특별히 대학 제도)과 '타자로부터의 고립과 소외'를 초래할 뿐인 관료주의적 사회 모델 대신에 합의된 개혁 모델과 자유주의적-공리주의적 자유 개념을 채택할 것을 주장한다.[25]

그러나 크로지에의 분석이 통찰력이 있고 일부 '타당'한 점이 있다고 하더라도, 이단자들의 내러티브가 근대 프랑스 담론에서 차지하는 역사적 의미를 온전히 밝혀 주고 있다고 보기에는 어려운 점이 있다. 성별된 이단자들에 의해 유포된 자유의 신화가 '정체된 사회'를 나타내는 병후——치료받아야만 하는 '역기능'이며, 서구 정치의 자유 개념에서 벗어나는 '종언' 되어야 하는 '예외'——로서만 이해된다면, 그것의 제도적 위력은 논외로 하더라도 부정할 수 없는 막대한 문화적 위력은 어떻게 설명할 것인가가 숙제로 남는다. 그것을 형성해 온 사람들의 입장에서 그 지속적 가치와 의미는 어디에서 오는가?

3. 자유, '귀족,' 남성성

프랑스 정치 문화의 전체 틀을 문제삼는 이러한 질문에 대한 명확한 답을 여기에서 찾기는 힘들 것이다. 그러나 크로지에는 스승 토크빌이 그랬던 것처럼 근대 프랑스 문화에 깊이 침윤되어 있는 연속성과 자신을 분리시키지 않으면서 질문에 대한 한 가지 접근 방법을 제시한다. 그것은 군주의 '선한 쾌락'과 같은 혁명 전 규범에 기초하여, 그 이후 구체제에 침투해 들어온 '개인의 자율성'에 초점을 맞추는 모델이다.[26] 개인의 정신 영역 내에서 절대적이며 지고한 자유의 개념은 적어도 또 하나의 전근대적 이상인 '귀족성'을 상기시킨다.[27]

프랑스 혁명을 예로 들지 않더라도 구체제의 귀족들이 대표하는 특권·지위·재산의 위계 질서와 역사적으로 대척점에 위치하는 이단자들의 자유의 신화를 생각할 때, 이 둘 사이에 어떠한 유사점이 있다는 주장은 일견 타당하게 들리지 않는다. 그러나 엘러리 섈크가 문헌 연구를 통해 밝혀낸 대로, 이미 17세기 이전부터 프랑스의 문화 담론에서 '귀족성'은 지위와 혈통에 근거한 사회 계급이 아닌 봉건적·기사적 '실천'의 정신에 기초한 행위 규범을 의미하였다. 즉 적어도 원칙상으로 귀족성은 '군주와 군대 수장에의 충성,' '전장에서의 용맹과 무용, 약자와 빈자의 보호,' '공명 정대함,' '정직'을 포함하는 '공언된 도덕'이었다. 그러므로 이론상 '고귀함'은 '재산'이 아닌, '전장에서 그 사람이 보이는 고결한 행위'를 통해 획득된다고 샐크는 부언한다. 즉 귀족 정신은 혈통과 위계를 뛰어넘어 정치·경제적 의존에 저항하는 정신의 담대한 지고성을 찬양하였다. 그러나 '17세기의 절대왕정 시대'에 이르러 '독립 귀족'이 존재하기 어려워지면서, 재산과 혈통이 구체제의 귀족을 결정하는 궁극적 요소가 되고 '도덕'은 부수적 가치로 중요성이 경감되었다.[28]

'귀족적 도덕'과 그에 수반되는 용맹, 무용, 고결함, 약자를 위한 희생, 세속적 이득의 경멸, 자율에의 강한 열망 등은 근대 이전 프랑스의 강력한 도덕적 이상이었으며,[29] 그 이후로도 그것은 지속되었다. 토크빌은 《구체제와 프랑스 혁명》에서 구체제 귀족들에 의해 훼손되어 자신의 시대에는 거의 남아 있지 않은 귀족적 자유에 대해 강한 아쉬움과 향수를 토로한다. '구체제 시대의 프랑스인'은 '왕에게 굽실'대며, '비굴로 인도하는 물질적 안녕'을 추구하며, '부당·불법한 권위'에 복종하며, '노예 근성에서 나오는 순종' 밖에는 알지 못했다고 지적한다. 분명 그의 의도는 당시(19세기 중반)의 독자들을 각성시켜 계승되지 못한 '조상들'의 '영웅주의'·'고귀한 정신'·'자유'를 회복하는 데 있었다.[30]

제2장에 소개된 성별된 이단자들의 생애——비천한 출신, 대인 의존과 경제적 이득의 고집 센 거부, 문명 사회 내에서의 출세와 뒤이은 고립, 굳게 지켜온 사회적 고결함, '민중'을 대변하여 마지막으로 행하는 상징적 일탈 행위——는 그러한 고귀한 정신이 고스란히 근대 민주주의의 자유의 틀 속에서 재주조된 것으로 보인다. 실제로 성별된 이단자들과 그들의 소설적 자아는 자신들에게 남아 있는 중세 귀

족의 흔적을 발견한다. 예를 들어 쥘리앵 소렐은 《적과 흑》에서 여러 번, 비록 혈통은 귀족이 아니지만 '정신'은 '귀족'의 그것——'영웅 주의'와 '탁월한 행위'를 '부'보다 중히 여기는——을 지니고 있다 고 묘사된다. 마틸드는 쥘리앵이 인질로 잡혀 있는 두 왕자——그 중 1명은 나중에 앙리 4세가 된——를 구하려다 1574년 카트린 드 메디 시스에 의해 처형당한 조상 보니파스와 닮았다고 생각한다. 쥘리앵의 범행이 있은 후, 마틸드는 '보니파스 드 라 몰이 더 영웅적인 쥘리앵 의 모습으로 환생했음'을 본다.[31]

　루소는 내면의 귀족성과 정신의 고귀함을 이유로 생 프뢰에게 비유 적 '귀족'의 작위를 부여하며, 심지어는 '강건·건장'한 행동력의 '고귀한 야만인'——그는 책략을 모르지 않으나, 동시에 '고독'과 '자립'을 알고 있다——에게도 같은 이름을 부여한다. 루소의 자화상 '장 자크'는 말할 것도 없이, 그의 에밀은 '공공의 이익'을 위하여 자 신의 이익을 '희생'해야 할 의무——'용기를 내어 사람들에게 환영 받지 못하는 진리를 말해야 하는 고통스러운 임무'가 있음을 깨닫는 다. 그로부터 2세기 후 장 폴 사르트르의 젊은 페르소나도 실존적 자 기 학대 속에서 자신의 모든 '열정'을 '영웅주의'에 쏟을 것을 결심 하며, 그 결과 '작가'에게 '영웅의 신성한 힘'을 부여한다. 사르트르 는 이 청년 '협객'을, '첨필'을 무기삼아 '사악한 자들 속으로 돌진' 하는 '작가-기사'로 묘사한다. 이런 관점에서 볼 때, 사르트르 희곡 의 주인공 오레스테스——그리스 귀족과 레지스탕스 영웅을 결합한 인물——가 살인 행위——그럼에도 불구하고 '도덕적'인——를 통 해 자기 자신과 '아르고 시민들'을 자유롭게 하는 것은 당연한 귀결 이다. 실제로 1944년 그는 실존적 자유란 '만인을 위하여 혼자 행동 하는 것'을 의미한다고 말했다.[32]

　나아가 이단자들의 '민중' 묘사에서도 귀족적 도덕성이 나타난다. 로베스피에르의 경우 프랑스의 혁명 '민중'은 천성적 '솔직함,' '번

잡한 열망으로부터의 자유로움,' 무엇보다도 나라를 향한 영웅적 자기 희생의 미덕을 지닌 루소의 '고귀한 야만인'의 현현으로 생각되었다. 실제로 엄격하기로 악명 높은 로베스피에르의 도덕 담론이 '고결' · '사명감' · '자존감' · '숭고한 영혼' · '명예 존중'을 숭상하고, '시류의 지배' · '사교상의 체면' · '교만' · '허영' · '재력 숭배'를 배척하는 것인 한, 그것은 공화국 정신의 원천으로서 몽테스키외와 루소가 언급한 미덕을 차용한 것일 뿐만 아니라 중세 귀족의 '공언된 도덕'——특히 전장에서의——이 공화적 가면을 쓰고 다시 한번 나타난 것이라고 볼 수 있다. 마찬가지로 쥘리앵 소렐은 당통을 '허풍선이(freluquets)의 나라에 힘을 불어넣은' 사람으로 찬양하며, 페기는 '민중에게 주기적으로 찾아오는 영웅, 대시련, 전쟁에서의 승리, 순교에 대한 갈망'에서 '민족 · 조상 · 후손'에 대한 프랑스 전체의 '자존심'을 읽어낸다. 루소의 경구를 변용하여 '인간은 고귀하게 태어나 고귀하게 죽지만,' 그 사이에 문명에 의해 '더럽혀지고 추해진다'는 것을 다시 한번 인정하며 미슐레는 프랑스 혁명이 "귀족 계급을 억압한 것이 아니라, 그 반대로 3천4백만 프랑스 국민을 고귀한 귀족으로 만들었다"라고 선포한다.[33]

이런 흐름이라면 이단자들의 자유 신화를 혁명 시대 '전국민의 명예화'로 보는 노먼 햄프슨의 해석이나, 참전을 통하여 '귀족의 용맹과 침착함을 대중에게 주입'하려는 근대 민주주의의 요구로 평가한 로버트 니에의 뒤집어 보기는 설득력이 있다.[34] 그러나 이러한 주장들은 질문의 범주를 벗어나고 있다. 앞 문장의 출처가 되는 니에의 〈근대 프랑스에서 명예의 남성 코드〉 연구는 근대 초기의 귀족 정신과 이단자들의 자유 모델이 공유하는 마지막 모티프로서 '남성성'의 문제를 제기한다.

물론 이 연구가 프랑스 문화 담론 내에서 무엇이 '남성성'과 '여성성,' 남성과 여성을 구성하느냐는 복합적 질문에 대하여 심층적 대답을 해줄 수는 없다. 그럼에도 불구하고 이단자들의 내러티브에는 니에가 주장하는 바 '남성 지배의 전사 사회'에서 배태되어, '고귀한 신사'의 모습으로 구체화된 '남성다움의 원형적 특질'이 분명히 나타나 있음을 부정할 수 없다.[35] 그 중 하나로 쥘리앵 소렐은 혁명 후 프랑스에서 군인과 전쟁에서의 남성다움을 최고 가치로 숭상한다. 나폴레옹의 열렬한 숭배자로서 그의 회고록과 당시 〈군대 회보 bulletins of the Grande Armée〉를 탐독하거나, '전쟁 영웅'을 꿈꾸며 기병대 장교 임관으로 끝난 자신의 경력을 '소설화'할 것을 생각하기도 한다. 마틸드를 성적으로 굴복시킨 후에는 자신을 '대전투에서 반쯤 승리한 사령관'에 비유한다.[36]

사실 이단자 내러티브의 절정을 이루는 개인적 · 집단적 해방의 '격변'은 남성의 오르가슴적 행위를 연상시킨다. 따라서 미슐레는 혁명적 해방의 '지고한 순간'에 국가적 에너지가 '장엄하게 분출' '격동' 하며, '생명의 화산'에서 '뜨거운 영웅주의가 분출'된다고 표현하며, 페기는 '미스티크'는 국민적 의지의 '영웅적 고조'와 '분출'을 그 특징으로 한다고 말한다. 마찬가지로 베르그송은 자유는 생명 유지의 보편적 본질인 '생명의 약동,' 즉 '생의 자극'으로서 어느 때라도 '표면으로 뚫고 올라올' 수 있으나 대신 '순간에 그친다'고 설명한다. '행동'의 필수 전제가 되는 실존적 '고뇌'를 '남성 생식기의 불쾌함 (inquiétude virile)'으로 표현한 바 있는 사르트르는, 자유를 곧 '존재'로 되돌아가기는 하지만 '벼락'같이 임하는 '놀라운 무의 순간'으로 묘사한다. 심지어는 동성애의 공표로 자신을 전통적 남성성의 적대적 아이콘으로 만든 푸코조차도 남성적 원형은 아니더라도 게이 남성성에는 기대고 있는 것으로 보인다. 익히 알려진 '군사적 비유'에 대한 그의 선호——1977년 베르나르 앙리 레비와의 인터뷰에서 나타나는 '지배와 저항, 전략과 전술'과 같은——를 차치하더라도, 그는 자유를 오르가슴적 '극한 경험'——그것이 '집단 의지의 분출'이든 새도

매저키즘적 성행위를 통해 획득되는 '권력의 에로틱화'나 '전략적 관계'이든——에서 오는 '압도적' 강렬함, '완전무결의 쾌락'으로 본다.[37]

그렇다고 이단자들의 자유의 신화가 '프로이트적' 의미의 남성성으로 귀착될 수 있다는 주장은 아니다. 이단자 내러티브에서 반복적으로 나타나는 남성의 성 이미지는 잠재된 무의식의 '의미'를 지니고 있다기보다는 남성적 규범과 욕망의 역사적 흔적이라고 보아야 한다. 이단자 내러티브에 스며 있는 대인 의존의 공포——크로지에가 '대면의 공포(horreur du face à face)'라고 표현한——는 그러한 규범을 이해하는 데 도움이 될 것이다.

앞에서 보았듯이 이단자 내러티브에서 그러한 대인 의존은 흔히 권력과 위세를 지닌 남성 인물에의 굴욕적 예속으로 나타난다. 쥘리앵 소렐은 위압적인 아버지로부터 도망치지만, 그후 레날이나 라 몰 후작 역시 아버지와 같은 복종을 요구한다. 로베스피에르의 '폭군'과 '혁명의 적,' 미슐레의 타산적 자코뱅주의자들과 반동적 사제, 페기의 조레스적 배신자들과 '정치꾼들,' 사르트르의 '우파' 부르주아 '자식들(salauds)'——폭군 제우스는 말할 것도 없이——은 모두 실제적·비유적 의미에서 남성적 권위의 억압을 환기시킨다. 베르그송의 '기하학적 지성'과 푸코의 원형 감옥의 '규율'은 정신과 사회에 대한 '과학'의 지배를 의미하므로 역시 같은 것을 상기시킨다. 즉 이단자 내러티브에서 '타자'의 감시, 굴복시키는 '시선'은 적어도 상징적으로는 남성의 영역으로 남아 있다.

반면에 성별된 이단자들의 전기와 저서에 특징적으로 나타나는 여성에의 의존은 자유를 위협하지 않는 것으로 보인다. 오히려 루소를 도운 바랑 부인, 로베스피에르를 도운 뒤플레 가문의 여자들, 쥘리앵 소렐의 레날 부인, 페기의 파브르 부인, 사르트르 평생의 동반자 시몬 드 보부아르와 같은 이들은 남성 지배의 위협적 세계에서 이단자들의 인격적 자율성을 북돋우는 확고한 모성적 후원을 담당한 것으로 보인다. 청년 사르트르는 어머니——그리고 시몬 드 보부아르로부터도 역시——에게 "나는 사랑받는다. 고로 사랑받을 만하다"라는 메시지를 배웠다. 반면에 아버지의 죽음은 그에게 '자유를 안겨 준 인생의 대사건'이었다. 푸코의 어머니도 위압적인 아버지로부터 아들이 독립할 수 있도록 격려하고, 학문을 계속할 수 있도록 도운 것으로 알려져 있다. 미슐레는 자신이 어머니에게 받은 심원한 영향을 인정할 뿐 아니라, 《사제·여성, 그리고 가정》을 통해 모성을 위대한 사람들이 소유하는 '원천적 개체성'의 근원으로 칭송한다. 즉 아버지는 본능적으로 아들의 '선천적 충동'을 억압하기 마련이지만, 어머니는 아들의 '의지'·'능력'·'자유'를 지지한다.[38]

그러나 이단자 내러티브에서 자유를 고양하는 것이 여성적 후원이고, 남성적 권위는 자유를 억압하는 것으로 나타난다 하더라도 굴종은 '여성화'되는 것으로 표현된다. 유명한 루소의 문인 집단과 문명 비판은 그런 점에서 재평가를 요구한다. 파리의 살롱에 대한 직접적 비판——"여성의 도움 없이는 아무것도 이루어지지 않는다"——을 고려하지 않더라도, 그가 도덕 세계를 남성적 영역과 여성적 영역으로 구분하여 생각하고 있음은 여러 학자들에 의해 지적된 바 있다. 한편은 'amour de soi,' 즉 자연스런 자기애로서 자유로운 개인이 소유하는 단순·명료·생기·불굴의 자율성, 즉 스파르타적인 '남성적' 미덕이며, 다른 한편은 인정·부·지위·외양을 추구하는 '나약한 ——여성적인' 타락과 굴복을 의미하는 '문명화된 허영심과 이기적인 자기애(amour-propre)'의 영역이다. 《달랑베르에게 보내는 편지》에서 루소는 '파리 모든 부인들의 아파트에 그들보다 더 여자 같은 남자들이 모여들어 있는 것'을 생각하면, 그리스와 로마 시대 이후로 '남자'들이 '타락'하고 '쇠퇴'한 것은 당연하다고 단언한다. 남성을 '여성화'하는 '계몽된' 사회를 거부——디나 굿맨에 따르면, 그럼으로써 루소는 은연중에 자신이 '여성적 사회에 살아남은 단 1명의 남성'임을 시사한다──하며, 루소는 명백히 자유와 남성성, 자유의 굴복과 남성성 제거를 동일화한다. [39]

루소적 이분법과 '여성'을 심리적 예속에 연결시키는 전통이 이단자 내러티브에 지속적으로 남아 있음은 부인할 수 없다. '고결'·'숭고한 영혼'·'자존감'──로버트 단톤이 '남성적' 미덕이라고 표현한──을 숭상하고, '허영'·'재력 숭배'·'시류의 지배'를 거부한 로베스피에르에게서 그것은 뚜렷이 나타나며, 쥘리앵 소렐이 마틸드를 버리고 더불어 '파리의 이상'을 포기한 것, 그외 스탕달 소설의 레날·콩트 탈레·생클레르와 같은 문명화된 인물이 보여 주는 무능력이 그러하다. 또한 사제들이 심리적으로 연약한 아내들을 영적으로 '감시'함으로써 남편들의 남성성, 즉 자유를 억압한다는 미슐레의 주장이나, '나태하고 신경질적이며 히스테리컬한' 여성들을 통해 성의 '의학화'가 이루어진다는 푸코의 비판도 같은 구도로 이루어져 있다. '예속 상태에 빠져 서로 공조하는 여성화된 희생자들'과 '남성 영웅'을 대치시키는 유명한 사르트르의 '이원 미학(binary aesthetic)'──토니 주트의 명명이다──역시 그러하다. [40]

그러나 이러한 모든 것이 곧 이단자 내러티브는 본질적으로 '여성 혐오적'이라거나 자유의 영역에서 사회적으로나 정치적으로 여성을 배제하고 있음을 의미하지는 않는다. 다시 말하거니와 성별된 이단자들에게 여성의 사회적 역할은 극단적 양가성을 가진 주제이다. 오히려 요점은 이단자들에게 자유는 기본적으로 남성적 성격으로 이해된다는 점이다. 개인의 용기와 용맹, 자율성의 고집, 단순함, 약자와 박탈자를 위한 영웅적 의지의 분출에 대한 지지와 대인 의존, 위선, 경제적 안락, 물질적 이득 추구, 인습, 기성 사회 질서에 대한 거부는 앞에서 시사된 대로 근대 이전의 '남성' 전사로서의 미덕에 근거한다. 그런 점에서 '소극적 자유'──사회·정치적으로 부패한 '부르주아'

세계에서 개인의 지위와 부를 증진시키는 데 목적이 있는 비굴한 거짓 자유——를 줄기차게 비판해 온 성별된 이단자들의 열의는 '전체주의적' 대안에 대한 갈망이 아니라 자유주의의 부르주아 남성 사회에 대한 '고귀한' 공격이다.

이러한 고찰이 설득력 있다는 사실은, 이단자들의 자유 모델——타협하지 않는 의지의 분출로 인해 언제나 획득 가능한 동시에 곧 스러질 운명에 처한——이 근대 프랑스 사회와 정치에 깊이 침투해 있음을 시사한다. 프랑스인들에게 이러한 역사적, 나아가 신화적이기까지 한 잠재력이 있는 한 프랑스 혁명은 현대 사가들이 단정하는 대로 끝난 것이 아니라,[41] 다시금 출현할 예정된 순간을 기다리고 있는 것인지도 모른다.

원 주

1. 서론

1) 이사야 벌린, 《자유에 대한 네 가지 단상 *Four Essays on Liberty*》(Oxford: Oxford University Press, 1969), 123-30. 또한 J. G. 머퀴어, 《오래 된 자유주의와 새로운 자유주의 *Liberalism Old and New*》(Boston: Twayne, 1991), 8, 10, 15, 29-32, 3 참조.

2) 벌린, 《네 가지 단상》, 131-34; 레오나르드 크리거, 《독일의 자유 사상 *The German Idea of Freedom*》(Chicago: University of Chicago Press, 1957), ix, 138. 또한 머퀴어, 《자유주의》, 12-13 참조.

3) 프랑스 혁명 시기와 혁명 이후에 벌어진 자유주의적 지식인들과 급진적 지식인들 사이의 대립에 관해서는, 장 리베로, 〈자코뱅과 자유주의의 전통 The Jacobin and Liberal Traditions〉; 조지 암스트롱 켈리, 〈제2공화국과 제3공화국의 건설에 있어서 자코뱅파와 자유주의자들의 영향 The Jacobin and Liberal Contributions to the Founding of the Second and Third Republics〉 참조. 조셉 클레이츠·마이클 H. 헬젤 편집, 《리버티/리베르테: 자유에 대한 미국과 프랑스의 경험 *Liberty/Liberté: The American and French Experiences*》(Baltimore: Johns Hopkins University Press, 1991), 116-30, 131-49; 앤 사다, 《혁명 프랑스에서의 자유정치의 형성 *The Shaping of Liberal Politics in Revolutionary France*》(Princeton: Princeton University Press, 1990); 머퀴어, 《자유주의》, 10-11, 33, 51, 53-58, 14 참조. 프랑스 혁명의 〈인간과 시민의 권리 선언 Declaration of the Rights of Man and Citizen〉에 나타난 두 전통에 관해서는 데일 반 클리 편집, 《프랑스의 자유 사상: 구체제와 1789년의 권리 선언 *The French Idea of Freedom: The Old Regime and the Declaration of Rights of 1789*》(Stanford: Stanford University Press, 1994). 급진적 지식인의 전통에 대한 세목과 역사적 반향에 대해서는, 예를 들면 자크 쥘리아르, 《루소의 오류: 국민 주권 사상의 역사적 결과 *La Faute à Rousseau: essai sur les conséquences historiques de l'idée de souveraineté populaire*》(Paris: Seuil, 1985); 수닐 킬나니, 《혁명을 논하며: 전후 프랑스의 좌파 지식인 *Arguing Revolution: The Intellectual Left in Postwar France*》(New Haven: Yale University Press, 1993); 수디르 하자리신, 《근대 프랑스의 정치적 전통 *Political Traditions in Modern France*》(New York: Oxford University Press, 1994); 클로드 니콜레, 《프랑스의 공화주의 사상 *L'Idée républicaine en France(1789-1924)*》(Paris: Gallimard, 1982); 스탠리 호프먼, 《쇠락인가 갱신인가? 1930년대 이후의 프랑

스 *Decline or Renewal? France since the 1930s*⟩(New York: Viking Press, 1974). 프랑스 자유주의 전통, 특히 추상적인 권리에 대한 구체적인 사회 규범과 자유주의 전통의 루소에 대한 양면적인 평가에 대해서는 앨런 라이언 편집, ⟪자유의 사상: 이사야 벌린을 기념하며 *The Idea of Freedom: Essays in honor of Isaiah Berlin*⟫(Oxford: Oxford University Press, 1979), 153-74에 수록되어 있는 래리 시덴톱, ⟨자유주의의 두 전통 Two Liberal Traditions⟩; 앙드레 자댕, ⟪자유주의 정치의 역사: 1875년 헌법에서 절대왕정의 위기 *Histoire du libéralisme politique: de la crise de l'absolutisme à la constitution de 1875*⟫(Paris: Hachette, 1985), 35, 50-58 참조.

4) 반 클리, ⟪프랑스의 자유 사상⟫, 18.

5) 프랑스 혁명의 전통을 처음으로 전체주의에 연결시킨 고전적 작품은 J. L. 탈먼, ⟪전체주의적 민주주의의 발흥 *The Rise of Totalitarian Democracy*⟫(Boston: Beacon Press, 1952); 레이몽 아롱, ⟪지식인의 아편 *The Opium of the intellectuals*⟫, 테렌스 킬마틴 번역(New York: Doubleday, 1957)〔한국어 번역으로는 안병욱 번역, ⟪지식인의 아편⟫(삼육출판사, 1986)이 있다〕. 1970년대 이후에 이것은 냉전 이론의 모습으로 강력하게 부활했다. (그 개요로는 킬나니, ⟪혁명을 논하며⟫, 146-73.) 그 예로는 프랑수아 퓌레, ⟪프랑스 혁명의 해석 *Interpreting the French Revolution*⟫, 엘보그 포스터 번역(Cambridge: Cambridge University Press, 1981); 토니 주트, ⟪불완전한 과거: 프랑스 지식인 1944-1956 *Past Imperfect: French Intellectuals 1944-1956*⟫(Berkeley: University of California Press, 1992); 페렌크 페에, ⟪동결된 혁명: 자코뱅주의에 관하여 *The Frozen Revolution: An Essay on Jacobinism*⟫(Cambridge, UK: Cambridge University Press, 1987); 모나 오주프, ⟨프랑스 혁명과 인간에 대한 새로운 사상 La Révolution française et l'idée de l'homme nouveau⟩, ⟪프랑스 혁명의 정치 문화 *The Political Culture of the French Revolution*⟫, ⟪프랑스 혁명과 현대 정치 문화의 생성 *The French Revolution and the Creation of Modern Political Culture*⟫ 제2권, 콜린 루카스 편집(Oxford: Pergamon Press, 1988), 214; 이저 올로크, ⟨프랑스 혁명에 잠재되어 있는 반자유주의 On the Latent Illiberalism of the French Revolution⟩, ⟪미국 역사 비평 *American Historical Review 95*⟫(1990년 12월): 1452-70. J. G. 머쿼어(⟪자유주의⟫, 11)와 함께 앤 사다(⟪자유정치의 형성⟫)는 전체주의 이론에 설득력 있는 반론을 제시하고 있다.

루소와 근대 전체주의의 관련에 대한 토론의 개관을 위해서는 캐롤 블룸, ⟪루소와 도덕공화국 *Rousseau and the Republic of Virtue*⟫(Ithaca, NY: Cornell University Press, 1986), 17. 루소와 전체주의의 관련을 비판하는 주장에 대한 설득력 있는 변론을 원한다면 레이몽 폴랭, ⟪고독의 정치 *La Politique du solitude*⟫(Paris: Sirey, 1970), 135-38. 두 가지를 더한다면, J. G. 머쿼어, ⟪루소와 베버: 적법 이론에 대한 두 연구 *Rou-*

sseau and Weber: Two Studies in the Theory of Legitimacy(London: Routledge, 1980), 35-57; 제임스 밀러, 《루소, 민주주의의 몽상가 *Rousseau, Dreamer of Democracy*》(New Haven: Yale University Press, 1984) 참조.

6) 벌린, 《네 가지 단상》, 162.

7) 디디에 에리봉, 《미셸 푸코 *Michel Foucault*》, 베시 윙 번역(Cambridge, MA: Harvard University Press, 1991), 131에서 인용.

8) 페기의 영향에 관해서는 스탠리 호프먼 편집, 《프랑스를 찾아서 *In Search of France*》(New York: Harper and Row, 1963), 32, 35 참조.

9) 피에르 부르디외, 《학문적 인간 *Homo Academicus*》, 피터 콜리어 번역(Stanford: Stanford University Press, 1988), xviii 참조.

10) 미셸 크로지에, 〈문화의 혁명: 프랑스 지적 풍토의 변화에 대한 고찰 The Cultural Revolution: Notes on the Changes in the Intellectual Climate in France〉, 《새로운 유럽은 있는가? *A New Europe?*》, 스티븐 R. 그라우바드 편집(Boston: Houghton Mifflin, 1964), 606-7, 611; 빅터 브롬버트, 《지식인 영웅: 프랑스 소설 연구 1880-1995 *The Intellectual Hero: Studies in the French Novel, 1880-1995*》(New York: J. P. Lippincott, 1960), 33; 호프먼, 《쇠락인가, 갱신인가?》, 127; 장 프랑수아 시리넬리 · 파스칼 오리, 《오늘날에 있어서 드레퓌스 사건과 프랑스 지식인 *Les Intellectuels en France de l'affaire Dreyfus à nos jours*》(Paris: Armand Colin, 1986), 9; 키스 리더, 《1968년 이후의 프랑스 지식인과 좌파 *Intellectuals and the Left in France since 1968*》(London: Macmillan, 1987), 138.

비슷한 내용을 담은 책으로 제러미 제닝스 편집, 《20세기 프랑스 지식인 *Intellectuals in Twentieth-Century France*》(New York: St. Martin's Press, 1993), 8, 75-76, 192; 시어도어 젤딘, 《지성과 긍지 *Intellect and Pride*》, 《1848-1945년의 프랑스 *France 1848-1945*》 제2권(Oxford: Oxford University Press, 1977), 205-9; 허버트 R. 로트먼, 《좌안(左岸) *The Left Bank*》(Boston: Houghton Mifflin, 1982), 47; 주트, 《불완전한 과거》, 230, 248-53; 하자리신, 《정치적 전통》, 36.

11) 부르디외, 《학문적 인간》, xix, 105, 223. 근대 프랑스의 교육 제도에 대해서는, 앙투안 프로스트, 《프랑스 교육사, 1800-1967 *Histoire de l'enseignement en France, 1800-1967*》(Paris: Armand Colin, 1968); 프리츠 K. 링어, 《근대 유럽의 교육과 사회 *Education and Society in Modern Europe*》(Bloomington, IN: University of Indiana Press, 1979) 참조. 대학과 그랑제콜의 체계에 관해서는 테리 N. 클라크, 《선구자와 후원자: 프랑스 대학과 사회과학의 출현 *Prophets and Patrons: the French University and the Emergence of the Social Sciences*》(Cambridge, MA: Harvard University Press, 1973); 조지 와이즈, 《프랑스 근대 대학의 출현, 1863-1914 *The Emergence of*

Modern Universities in France, 1863-1914⟩(Princeton: Princeton University Press, 1983); 젤딘, 《지성과 긍지》, 316-45.

12) 부르디외, 《학문적 인간》, xix; 젤딘, 《지성과 긍지》, 209, 107. 에콜 노르말에 대해서는, 로버트 스미스, 《에콜 노르말 쉬페리외르와 제3공화국 *The École Normale Supérieure and the Third Republic*⟩(Albany: State University Press of New York, 1982); 시리넬리 · 오리, 《프랑스 지식인》, 28-30 참조.

13) 젤딘, 《지성과 긍지》, 341-42; 에리봉, 《미셸 푸코》, 213; 부르디외, 《학문적 인간》, ix.

14) 부르디외, 《학문적 인간》, xviii, xix, 105-6, 109.

15) 부르디외, 《학문적 인간》, xix. 미슐레에 대해서는 롤랑 바르트, 《미슐레 *Michelet*⟩, 리처드 하워드 번역(New York: Hill and Wang, 1987), 223-26 참조. 베르그송에 대해서는 R. C. 그로긴, 《프랑스의 베르그송 논쟁 1900-1914 *The Bergsonian Controversy in France 1900-1914*⟩(Calgary, Canada: University of Calgary Press, 1988), ix 참조.

16) 폐기에 대해서는 H. 스튜어트 휴스, 《의식과 사회 *Consciousness and Society*⟩ (New York: Vintage Books, 1958), 345-54 참조. 사르트르에 대해서는, 존 제라시, 《프로테스탄트냐, 프로테스터냐? *Protestant or Protestor?*⟩, 《장 폴 사르트르: 세기의 저주받은 양심 *Jean-Paul Sartre: Hated Conscience of his Century*⟩ 제1권(Chicago: University of Chicago Press, 1989), 31 참조.

17) 현재 학자들 중에는 '지식인(the intellectual)'이라는 어휘가 드레퓌스 사건 중에 형성되었음을 언급하며, '지식인'의 탄생을 20세기 어귀의 프랑스의 상황과 연계시켜 설명하는 사람들이 있지만(예를 들면 시리넬리 · 오리, 《프랑스 지식인》, 5-6; 크리스토프 샤를, 《'지식인'의 탄생 1880-1900 *Naissance des 'intellectuels' 1880-1900*⟩ (Paris: Éditions de Minuit, 1990), 7-8), 대부분은 계몽주의 시대를 그 시초로 보는 토크빌의 견해를 따르고 있다. 알렉시스 드 토크빌, 《구체제와 프랑스 혁명 *The Old Regime and the French Revolution*⟩, 스튜어트 길버트 번역(Garden City, NJ: Doubleday Anchor, 1955), 146-47. 또한 위르겐 하버마스, 《공적 영역의 구조적 변형: 부르주아 사회 연구 *The Structural Transformation of the Public Sphere: An Inquiry into a Category of Bourgeois Society*⟩, 토머스 버거 · 프레더릭 로렌스 번역(Cambridge, MA: Harvard University Press, 1989); 라인하르트 코젤레크, 《비평과 위기 *Critique and Crisis*⟩, 버그 퍼블리셔스 번역(Cambridge, MA: Harvard University Press, 1988); 폴 베니슈, 《작가의 성스러움 1750-1830 *Le Sacre de l'écrivain 1750-1830*⟩(Paris: Libraire José Corti, 1973); 프리실라 클라크, 《문학 프랑스 *Literary France*⟩(Berkeley: University of California Press, 1987); 존 러프, 《프랑스 작가와 대중 *Writer and Public*

in France》(Oxford: Oxford University Press, 1978); 로버트 단톤, 〈18세기 프랑스의 삶
의 양상 The Facts of Life in Eighteenth-Century France〉, 《구체제의 정치 문화 *The
Political Culture of the Old Regime*》, 《프랑스 혁명과 근대 정치 문화의 형성 *The
French Revolution and the Creation of Modern Political Culture*》 제1권, 키스 마이클
베이커 편집(Oxford: Pergamon Press, 1987), 261-88.

문인들은 전세기부터 이미 파리 상류 사회의 갈채를 받고 있었지만, 그것은 감시
와 보호를 동반한 것이었다. 국왕의 후원으로 문필 활동을 장려하기 위하여 1635년
에 리슐리외가 설립한 아카데미 프랑세즈는 절대왕정 시대에 지식인들의 신분 상승
을 반영하기도 하지만, 반면 의존 상태가 계속되고 있음을 나타낸다. 현대의 작가는
독립적인 사회적 지위를 차지하는 데 반해, 17세기의 그들은 중앙집권을 하려는 왕과
전통적 귀족 사이에 끼어 있는 볼모와 같은 존재였다. 그들의 후원자가 왕이든 귀족
이든 그들은 '노예'와 같았다. 클로데트 들레즈 사를, 〈아카데미 프랑세즈와 학문 옹
호 L'Académie Française et le Mécénat〉, 《메세나의 황금 시대(1598-1661) *L'Age
d'or du Mécénat(1598-1661)*》, 롤랑 무스니에 · 장 메스나르 편집(Paris: Éditions du
Centre national de la recherche scientifique, 1985), 241-46. 17세기 프랑스 작가의 후
원 체계에 대해서는 알랭 비알라, 《작가의 탄생 *Naissance de la l'écrivain*》(Paris:
Éditions de Minuit, 1985); 오레스트 라넘, 《영광의 장인들: 17세기 프랑스 작가와 역
사 의식 *Artisans of Glory: Writers and Historical Thought in Seventeenth-Century
France*》(Chapel Hill: University of North Carolina Press, 1980); 샤론 케터링, 《17세기
프랑스에서의 후원자 · 비평가 · 작가 *Patrons, Brokers, and Clients in Seventeenth-
Century France*》(New York: Oxford University Press, 1986). 18세기 프랑스의 '문인 집
단'에 대한 알기 쉬운 설명을 위해서는 디나 굿맨, 《문인 집단: 프랑스 계몽주의 시
대의 문화사 The Republic of Letters: A Cultural History of the French Enlighten-
ment》(Ithaca, NY: Cornell University Press, 1994).

18) 키스 마이클 베이커, 《프랑스 혁명의 조작 *Inventing the French Revolution*》
(Cambridge, UK: Cambridge University Press, 1990), 114-16, 170. 18세기 프랑스의
'민중(the public)' 개념에 대해서는 베이커, 《프랑스 혁명》, 1: 특히 xvi-xix 부분 참
조. 같은 책(419-34)에 실려 있는 모나 오주프, 〈여론 L'Opinion publique〉 참조. 또
한 하버마스, 《구조적 변형》 참조.

19) 베이커, 《혁명의 조작》, 5; 퓌레, 《혁명의 해석》, 29; 린 헌트, 《프랑스 혁명의
정치 · 문화 · 계급 *Politics, Culture, and Class in the French Revolution*》(Berkeley:
University of California Press, 1984), 12-16.

20) 하버마스, 《구조적 변형》, 33; 드니 디드로, 〈앙시클로페디의 정의 The Defi-
nition of an Encyclopedia〉, 《구체제와 프랑스 혁명 *The Old Regime and the French

Revolution〉, 《서양 문명 읽기 *Readings in Western Civilization*》 제7권, 키스 마이클 베이커 편집(Chicago: University of Chicago Press, 1987), 73, 71-72, 83, 81, 82, 77, 75-76. 《백과전서》 주변의 18세기 문인 집단에 관해서는 굿맨, 《문인 집단》, 23-33. 《백과전서》의 사회적·학문적 관심사에 대해서는 허버트 디크만, 〈《백과전서》에 있어서 지식의 개념 The Concept of Knowledge in the 《Encyclopé die)》, 《비교문학 비평 *Essays in Comparative Literature*》, 허버트 디크만·해리 레빈·헬무트 모테카트 편집(St. Louis: Washington University Studies, 1961), 73-107.

21) 장 달랑베르, 〈문인과 귀족 사회에 대한 시론 Essai sur la société des gens de lettres et des grands〉, 《달랑베르 전집 *Oeuvres complétes de d'Alembert*》 제4권(Paris: A. Belin, 1822), 342, 359, 354, 360, 362, 372. 달랑베르의 글과 18세기 프랑스에서 만들어 낸 '영웅 철학자' 이미지에 관해서는 로버트 단톤, 《고양이 대학살 *The Great Cat Massacre*》(New York: Vintage Books, 1984), 208. 더불어 라넘, 《영광의 장인들》, 334-36 참조.

22) 코젤레크, 《비평과 위기》, 113, 116, 114, 119.

23) 부르디외의 '문화 수도' 개념에 대해서는 부르디외, 《분별 *Distinction*》, 리처드 나이스 번역(Cambridge, MA: Harvard University Press, 1984) 참조. 여기에 나오는 '문인 집단'에 대한 설명은 거의 모든 학자들의 지지를 받고 있다. 그들의 성격을 '공적 권위의 비판이 가능한 영역'(《구조적 변형》, 51)이라고 규명함에 있어 마르크스주의적 학자인 하버마스의 의견이 그와는 정치적 견해를 달리하는 코젤레크의 견해와 일치한다는 것은 주목을 요한다. 문학자 프리실라 클라크는 '문인 집단'을 '반대자들의 하위 문화'(《문학 프랑스》, 59)라고 비슷하게 평가하고 있으며, 역사학자인 토니 주트는 혁명 전 프랑스에서 일어난 '지성의 대항 체제'(《불완전한 과거》, 250)라고 풀이한다. 폴 베니슈도 비슷한 맥락에서 '이러한 지식인 집단은 부르주아 계층에서 탄생하여' 전통적 사회가 부과하는 '영혼의 억압'을 패퇴시키고 사회의 '새로운 성직자'가 되었다고 기술한다. 그 결과 계몽주의 문인들은 '사회의 심판관이자 지지자' 역할을 함께 감당하게 되었다고 주장한다.(《작가의 성스러움》, 20)

24) 디나 굿맨은 달랑베르가 그의 글 〈문인과 귀족 사회에 대한 시론〉에서 문인 집단을 대변했을 뿐 아니라, 루소가 첫번째 논문에서 행한 문명 비판에 맞서 문명화된 '사회성'을 옹호한 사실을 밝히고 있다. 그녀는 루소가 문인 집단의 사회성 담론을 공격함으로써 여성적 함의의 부패한 '문명의 힘'에 맞서 남성적으로 보이는 자연의 독립적인 힘을 옹호했다고 주장한다(《문인 집단》, 35-36, 54-55)——이 가설은 마지막 장에서 좀더 상세히 논의될 것이다.

25) 단톤, 〈삶의 양상〉, 278; 장 자크 루소, 《학예론/연극에 관해 달랑베르에게 보내는 편지 *Discours sur les sciences et les arts/Lettre à d'Alembert sur les spectacles*》

(Paris: Garnier-Flammarion, 1987), 143, 296, 213.

26) 단톤, 《고양이 대학살》, 229-30에서 재인용; 코젤레크, 《비평과 위기》, 159.

27) 루소가 동시에 대표하는 모순적인 두 지위, 즉 '계몽철학의 위대한 비판자' ─── 사라 마자의 표현으로는 '반철학자' ─── 와 '계몽철학의 중심 인물' 의 문제는 18세기 프랑스의 공적 영역을 다루는 최근의 포럼에서 논의되고 있다. 예를 들어 다니엘 고든 · 데이비드 벨 · 사라 마자, 〈18세기의 공적 영역: 포럼 The Public Sphere in the Eighteenth Century: A Forum〉, 《프랑스사 연구 French Historical Studies》 17(1992): 882-956(특히 900, 945). 굿맨, 《문인 집단》, 35-39; 마크 헬리엉, 《계몽주의의 자기 비판: 루소와 철학자들 The Autocritique of the Enlightenment: Rousseau and the Philosophes》(Cambridge, MA: Harvard University Press, 1994) 등도 참조.

28) 굿맨, 《문인 집단》, 4, 226.

29) '볼테르 대 루소' 의 논쟁을 '서양 문화의 근저에 깔려 있는 것' 이라고 해석하는, P. N. 퍼뱅크, 〈너 자신을 알지 못함에 대하여: 볼테르 대 루소의 풀리지 않는 논쟁 On Not Knowing Thyself: The Unresolved Conflict between Voltaire and Rousseau〉, 《문학 시대 증보 Times Literary Supplement》(London), 1994년 10월 7일 참조.

30) 볼테르, 《영국 서한 Letters on England》, 레오나르드 탠콕 번역(New York: Penguin Books, 1981) 참조.

31) 굿맨, 《문인 집단》, 97-99, 226; 피터 게이, 《볼테르의 정치학: 현실주의자로서의 시인 Voltaire's Politics: The Poet as Realist》(Princeton: Princeton University Press, 1959) 참조.

32) 굿맨, 《문인 집단》, 39.

33) 부르디외의 구분을 차용하여 슬로모 샌드는 루소는 '주변부 작가' 로, 볼테르는 '조신' 으로서의 철학자요, '중앙의 세속적 학문' 을 대표하는 것으로 구분한다. 슬로모 샌드, 〈거울아 거울아 이들 중에서 누가 진정한 지식인이지? 프랑스 지식인의 자화상 Mirror Mirror on the Wall, Who is the True Intellectual of them all? Self-Images of the Intellectual in France〉, 제닝스, 《프랑스 지식인》, 35, 37. 데니스 포터도 같은 맥락에서 루소는 매우 정치적이었던 대중 '작가' 로, 볼테르는 정치적이기보다는 좀 더 문학에 가까웠던 사람으로 근대 프랑스에서의 둘의 유산을 구분하고 있다.(데니스 포터, 《루소의 유산 Rousseau's Legacy》 (New York: Oxford University Press, 1995], 8, 64-65)

34) 베르그송과 뒤르켐의 상징적 대립에 대해서는 그로긴, 《베르그송 논쟁》, 113-15; 스튜어트 휴스, 《의식과 사회》, 57-58 참조. 페기와 조레스의 대립에 대해서는 배실 가이, 〈사회주의자 페기에 대한 기록 Notes on Péguy the Socialist〉, 《프랑스 연구 French Studies》 15(1961): 12-29 참조. 아롱 · 카뮈 등과 사르트르의 절연에 관해

서는, 제라시, 《프로테스탄트냐, 프로테스터냐?》, 167 참조.

35) 데이비드 조든, 《막시밀리앵 로베스피에르의 혁명적 생애 *The Revolutionary Career of Maximilien Robespierre*》(Chicago: University of Chicago Press, 1985), 4-5, 33-35; 퓌레, 《혁명의 해석》, 59, 61. 계몽주의 시대 살롱에서 혁명 시기 클럽——특히 자코뱅 클럽——으로의 전이에 대해서는, 굿맨, 《문인 집단》, 233-34, 288-300 참조.

36) 스탕달, 《앙리 브륄라르의 생애 *Vie de Henri Brulard*》(Paris: Garnier frères, 1961), 89, 162, 291, 391. 스탕달이 생애 중에 명성을 얻지 못했던 것과 정치적 참여를 끝내 거부했던 사실에 대해서는 포터, 《루소의 유산》, 71-105; 기타 메이, 《스탕달과 나폴레옹 시대 *Stendhal and the Age of Napoleon*》(New York: Columbia University Press, 1977), 2, 234 참조.

37) 미셸 크루제, 《스탕달 시대의 자연과 사회 *Nature et société chez Stendhal*》(Lille: Presses Universitaires de Lille, 1985), 31, 27-28; 마조리 테일러, 《야심가 *The Arriviste*》(Wales, UK: Dragon Books, 1972), 60. 테일러는 《고백록 Les Confessions》(49-64)에 나타난 루소와 스탕달의 쥘리앵 사이의 유사점을 찾아내는 작업까지 하고 있다. 루소가 스탕달, 특히 《적과 흑》에 끼친 영향에 대한 유사한 평가는 빅터 브롬버트, 《스탕달: 소설과 자유의 주제 *Stendhal: Fiction and the Themes of Freedom*》(New York: Random House, 1968), 11-12, 63; 포터, 《루소의 유산》, 80-81; 메이, 《스탕달》, 11, 219-20 참조.

38) 낸시 로젠블룸, 《또 하나의 자유주의 *Another Liberalism*》(Cambridge, MA: Harvard University Press, 1987), 19. 근대 이후 프랑스에서 스탕달 소설의 주인공이 끼친 문화적 영향에 관해서는, 테일러, 《야심가》, 16, 14 참조. 또한 프리츠 K. 링어, 《지식의 장 *Fields of Knowledge*》(Cambridge, UK: Cambridge University Press, 1992), 83; 빅터 브롬버트, 《지식인 영웅》, 14; 레이몽 지로, 《스탕달 · 발자크 · 플로베르 소설에 나타난 비영웅적 주인공 *The Unheroic Hero in the Novels of Stendhal, Balzac and Flaubert*》(New Brunswick, NJ: Rutgers University Press, 1957), 80-83; 프리실라 클라크, 《부르주아들의 전쟁 *The Battle of the Bourgeois*》(Paris: Didier, 1973), 155-56 참조.

39) 물론 이 8명의 인물은 성별된 이단자 범주를 대표할 뿐이지 전부는 아니다. 부르디외 자신도 '포스트모던'의 지식인들에 푸코와 더불어 루이 알튀세 · 자크 데리다 · 질 들뢰즈의 이름을 병기하고 있다.(《학문적 인간》, xvii) 좀더 시대를 거슬러 올라가는 목록에는 루이 앙투안 드 생 쥐스트 · 빅토르 위고 · 피에르 조제프 프루동 · 에밀 졸라 · 알랭(에밀 샤르티에) · 조르주 소렐 · 앙드레 지드 등의 걸출한 이름을 포함하여 더욱 많은 사람이 들어갈 수 있겠다.

40) 미셸 푸코, 《권력/지식: 인터뷰와 기타 글모음, 1972-1977 *Power/ Know-ledge: Selected Interviews and Other Writings, 1972-1977*》, 콜린 고든 편집, 콜린 고든 외 번역(New York: Pantheon Books, 1980), 93, 97-102. 이 질문의 밑바탕에는 언어의 역사적 범주인 '담론'이 헤이든 화이트가 명명한 바 '의미 생산'의 과정을 독점함으로써 사회·정치적 현실의 형성에 강력한 영향력을 행사한다는 가정이 깔려 있다. 화이트의 주장에 따르면, 이러한 접근 방식을 취할 때 역사가는 '이데올로기를 통해 세계가 의식 속에 재현되는 과정에서 특정 상징 체계가 사물의 의미를 파악하는 필수적인, 혹은 자연스러운 방식으로 특권화되고 여타의 의미는 무시·억압·은폐됨을 알게' 된다고 한다. 프랑스 혁명의 '정치 문화'를 해석하는 최근의 역사학자들의 태도는 지성사의 이러한 '언어학적 선회'를 그대로 반영하고 있다. 예를 들어 키스 베이커는 혁명 전 프랑스에서 개인과 집단들이 행한 '일련의 담론과 상징적 실천'이 정치적 요구를 촉발시켰다고 보고, 그것을 재구성하는 데 노력을 기울이고 있다. 그는 '상징적 의미와 분리된 사회적 현실'의 존재를 부정하고, 지성사는 곧 이러한 의미들의 역사라고 주장한다. 그는 '이러한 견해에서 보면, 정치적 권위는 곧 언어의 권위'라는 결론을 내린다. 린 헌트 역시 같은 맥락에서 반복되는 '주요 단어와 원리들,' 즉 '혁명을 상징하는 것들의 작동 방식'이나, 형식과 더불어 '혁명 언어의 일반 원리'에 초점을 맞추어 혁명을 분석하는 시도를 하고 있다. 헤이든 화이트, 〈지성사의 방법과 이데올로기: 헨리 애덤스의 경우 Method and Ideology in Intellectual History: The Case of Henry Adams〉, 《근대 유럽 지성사: 재평가와 새로운 관점 *Modern European Intellectual History: Reappraisals and New Perspectives*》, 도미니크 라카프라·스티븐 L. 카플란 편집(Ithaca: Cornell University Press, 1982), 307; 존 E. 토우, 〈언어학적 선회 이후의 지성사: 의미의 자율성과 경험의 환원 불가능성 Intellectual History after the Linguistic Turn: The Autonomy of Meaning and the Irreducibility of Experience〉, 《미국 역사 연구 *American Historical Review*》 92(1987): 879-907; 베이커, 《혁명의 조작》, 4, 13, 5; 헌트, 《정치·문화·계급》, 10-11, 14-15.

41) 포스트구조주의뿐만 아니라 인류학·언어학·문학의 서술 이론에서도 '언어학적 선회'의 지지자들은 발견된다. 화이트는 그러한 맥락에서 모든 문화 담론의 '허구적 성격'을 강력히 주장한다. 화이트의 주장에 따르면, 과학 논문이나 자서전·역사서처럼 겉보기에는 전혀 허구와 관련이 없어 보이는 글이라도 그 근저에는 보편적으로 창조성을 띠는 내용을 구조적으로 포함하게 된다. 그것은 독자들이 문화적 소양의 일부분으로 여기면서 비판 이전에 받아들이게 되는 종류의 것이다. 예를 들어 《종의 기원 *The Origin of Species*》이나 《헨리 애덤스의 교육 *The Education of Henry Adams*》에 깔려 있는 '화소(mythos)'를 드러내기 위해서는 마치 이 책들이 허구의 이야기인 것처럼 '플롯'을 부여해 보고, 의식 이전에 나타나는 언어적 범주──반복되

는 모티프, 서술 전략, 비유와 같이 이야기를 구성하며 의미를 부여하는 요소 등이 그 예——를 전체적으로 조망하라고 화이트는 충고한다. 화이트 자신은 문학이론가 노스롭 프라이의 잘 알려진 도식을 원용하여 토크빌과 미슐레의 19세기 역사 서술을 로맨스·비극·코미디·풍자의 '고유 플롯(generic plots)'에 따라 분류하였다. 린 헌트도 정치 권력을 자신들의 목적을 위하여 이용한 프랑스 혁명론자들의 수단을 재구성하고자 서술 이론을 차용하였다. 그녀도 화이트와 마찬가지로 '혁명의 수사를 환기'하여 혁명 자체를 가능케 한 '서술 구조'를 드러내기 위하여 프라이의 '고유 플롯'을 채용하고 있다. 그와 더불어 클리퍼드 거츠의 인류학 모델을 인용함으로써 혁명의 급진주의자들이 정체성을 규정하고 주장을 세워 나갔던 '문화적 틀,' 즉 '주요 소설'을 밝히려 한다. 헤이든 화이트, 《메타히스토리 *Metahistory*》(Baltimore: Johns Hopkins University Press, 1973), ix, 1-2, 7-8; 《담론의 회귀 Tropics of Discourse》 (Baltimore: Johns Hopkins University Press, 1978), 84-86, 133; 헌트, 《정치·문화·계급》, 34-37, 87. 이들과 비슷한 방법론으로 접근하고 있는 라이오넬 고스만, 《역사와 문학 사이 *Between History and Literature*》(Cambridge, MA: Harvard University Press, 1990). 이러한 최근의 지성사와 문학 이론간의 상호 접목에 대한 비판적 견해로는 데이비드 할란, 〈지성사와 문학의 귀환 Intellectual History and the Return of Literature〉, 《미국 역사 연구》 94(1989): 581-609 참조.

42) 미슐레의 미발간된 자서전적 작품은 정리되어 출판이 되었다. 쥘 미슐레, 《젊은 날의 기록 *Écrits de jeunesse*》, 폴 비알라네 편집(Paris: Gallimard, 1959).

43) 푸코의 후기 저작, 특히 《성의 역사 *History of Sexuality*》의 마지막 2권(둘 다 1984년에 출판됨)을 제외하는 데 대하여 자의적인 처사라고 항의할 독자들이 있을 것이다. 그러나 마크 포스터와 같이 푸코의 후기 저서에는 초기 저서 《감시와 처벌 *Surveiller et punir*》이나 《사물의 질서 *La Volonté savoir*》에서 볼 수 있었던 '힘찬 문제 의식'과 '문체의 숭고함'이 결여되어 있다고 실망감을 나타내는 학자들이 꽤 있으므로 자의적인 처사는 아니라고 본다. 마크 포스터, 《비평 이론과 포스트구조주의 *Critical Theory and Poststructuralism*》(Ithaca: Cornell University Press, 1989), 88-89 참조.

44) 여기에서 전통적인 지성사 기술의 방법은 앞서 언급된 언어학적이고 서술적인 '선회'의 도전을 다시 한번 받게 된다. '언어학적 선회'를 실천하는 역사가는 역사의 단위를 이루는 사고들, 예를 들어 시간의 경과에 따른 '추론'이나 '추이'를 되짚어 올라가는 방법을 쓰는 대신에, 역사 속에서 분명히 구분이 되어진 공동체 내에서 그들의 '학문적 근원'을 구성하는 공동의 담론 '서고'를 찾아내고자 한다. 그렇기 때문에 그들은 '단일한 저자'라는 개념을 상정하고 그의 의도, 영향 관계, 학문적 발전, 성격 분석에 집중하는 전통적인 지성사의 관점이나, 인물과 텍스트를 '역사적 상황'

에 위치시키는 '사상의 사회사' 적 관점을 취하지 않는다. 그들의 주장에 따르면, 그러한 접근 방법들은 역사가에게 분석 대상이 되는 텍스트와는 사실상 관계가 없는 가설과 모델을 따르라고 요구하고 있기 때문이다. 그러한 접근 방법에서는 삶과 텍스트가 동일하게 취급되고, '비담론'의 분야인 구체적인 역사적 '사실'로 이루어지는 이른바 '배경'의 존재가 아무런 의심 없이 받아들여진다. 반면에 '언어학적 선회'를 지지하는 사람들은 역사적 해석은 오직 대상이 되는 텍스트에서 생산되는 의미와 범주에 정초해서만 이루어져야 한다고 주장한다. 그 결과 그들은 그러한 해석의 구성적 성질을 당연히 인정하게 된다. 예를 들어 베이커, 《혁명의 조작》, 15, 5 참조. 전통적인 지성사에 대한 언어학적 비판의 대략을 조망하려면 도미니크 라카프라, 〈지성사와 사료 해석의 재고 Rethinking Intellectual History and Reading Texts〉, 《근대 유럽 지성사》, 라카프라·카플란 편집, 47-85(Ithaca, New York: Cornell University Press, 1982). 전통적 접근법의 최근판으로는 잭 헤이워드, 《프랑스 혁명 이후 After the French Revolution》(New York: New York University Press, 1991)가 있는데, 대표적 사상가 6명의 학문과 생애를 각자에게 해당하는 19세기 프랑스의 역사적 상황과 연결하여 설명하고 있다.

이러한 방법론적 논쟁에서 나의 입장은 철저한 불가지론, 혹은 두 입장의 장점을 최대한 취합하는 것이다. 부르디외의 현대의 '학문 장(academic field)' 개념을 확대하여 현대 프랑스의 중앙집권화된 정치와 학문 제도 내에서 이단자들의 '서고'와 '공동의 담론'을 명확히 규정하는 동시에, 나의 논의를 어느 특정한 역사적 상황에 한정시키는 것은 아닐지라도 역사적인 대비가 가능하고 문화적으로 안정된 '지속적 상태' 위에서 진행하고자 한다. 언어학적 접근, 혹은 그 변종인 서술적 접근이 전통적인 역사 분석 방법과 비교하여 본질적으로 우수성을 획득하는지는 모르겠지만, 문화 영역이나 신화 혹은 '담론의 공동체' 연구에는 매우 적합한 방법인 듯하다. 이 방법은 특정의 역사적 공동체 내에서 시간의 경과를 거쳐 사회적 의미를 형성하는 유포된 미신, 행동의 원인, 소문 등의 재구성에 효력을 발휘한다. 이러한 접근 방법을 써서 역사적 공동체의 지배적 서술 구조를 복원하기 위해서는 주어진 텍스트에서 반복되는 어형이나 플롯의 원형적 구조를 저자의 의도, 특성, 내적 갈등, 개인적 삶보다 중요하게 다루어야 한다. 후자의 정보가 알기 쉽고 구하기 쉽더라도 전자를 추구해야 한다. 서술적 접근으로 역사적 공동체 내에서 시간이 흘러도 변하지 않고 남아 있는 것들을 탐구할 때에는 그 대상을 집합적인 것으로 여겨야지 특정한 '역사적 상황'이나 역사 발전을 재구성하는 방향으로 나아가서는 안 된다.

己· 성별된 이단자의 신화

1) 조지프 캠벨, 《천의 얼굴을 가진 영웅 The Hero with a Thousand Faces》 (Prin-

ceton: Princeton University Press, 1968), 30.

2) 애니 코헨 솔랄, 《사르트르: 어떤 삶 *Sartre: A Life*》, 노먼 마카피 편집, 안나 칸 코니 번역(New York: Pantheon Books, 1987), 506; 로널드 헤이먼, 《대항하여 글쓰기: 사르트르 전기 *Writing Against: A Biography of Sartre*》(London: Weidenfeld and Nicolson, 1986), 446; 제임스 밀러, 《미셸 푸코의 열정 *The Passion of Michel Foucault*》(New York: Simon and Schuster, 1993), 13, 16.

3) 헤이먼, 《대항하여 글쓰기》, 439.

4) 클라크, 《문학 프랑스》, 158, 196, 208; 다니엘 모네, 《프랑스 혁명의 지적 기원 *Les Origines intellectuelles de la révolution française*》(Paris: Armand Colin, 1933), 227; 밀러, 《열정》, 13; 에리봉, 《미셸 푸코》, 3-4 참조.

5) 필리프 르죈, 《프랑스의 자서전 *L'Autobiographie en France*》(Paris: Armand Colin, 1971), 10, 32, 84, 85, 19, 21.

6) 조든, 《혁명적 생애》, 7, 12, 33. 혁명 세대에 끼친 《고백록》의 영향은 문서를 통해서도 알 수 있다. 예를 들어 18세기 후반의 코스모폴리탄적 귀족이었던 리뉴는 《고백록》을 모방하여 《내 일생의 단편들 *Fragments de l'histoire de ma vie*》을 썼고, 생 쥐스트는 《고백록》을 정치적 우화로 해석하여 그를 '혁명론자의 원형'으로 평가했다. 배실 가이, 〈향상된 루소: 리뉴의 《내 일생의 단편들》 Rousseau Improv'd: The Prince de Ligne's 《Fragments de l'histoire de ma vie》〉《로마 연구 *Romanic Review*》 71(1980): 281-94; 밀러, 《민주주의의 몽상가》, 136-37 참조.

7) 스탕달, 《앙리 브륄라르의 생애》, 218, 275-76; 크루제, 《스탕달 시대》, 27, 52, 71, 94-95.

8) 미슐레, 《젊은 날의 기록》, 182; 샤를 페기, 《추억 *Souvenirs*》, 피에르 페기 편집 (Paris: Gallimard, 1938), 26, 29, 43-45, 73. 사르트르의 《말 *Les Mots*》과 자서전에 대한 후기 구조주의자들의 비평에 대해서는 르죈, 《프랑스의 자서전》, 75, 100 참조. 푸코의 고백은 밀러의 책에 인용되어 있는데(《열정》, 31), 여기에는 첫번째 고백이 1981년 디디에 에리봉과의 인터뷰 중 실수로 나온 것이라고 적혀 있다. 물론 에리봉은 자신이 쓴 푸코의 전기에서도 이것을 인용하고 있는데, 그것에 대해 푸코는 '서문·기사·인터뷰' 등을 이용하여 자신의 삶과 저술에 대한 '고백의 유희'를 즐겼다고 이유를 댔다. 에리봉, 《미셸 푸코》, 29, ix.

9) 그로긴, 《베르그송 논쟁》, 125-26; 에리봉, 《미셸 푸코》, x, 110; 제라시, 《프로테스탄트냐, 프로테스터냐?》, 27, 7. 제라시는 애니 코헨 솔랄의 지나치게 인습적인 묘사에 대하여 부르주아 '주류'의 소비 성향에 맞추어 급진주의자를 길들인 것이라고 비판하고, 사르트르의 '진정한 용기'를 부각시키고자 했다.(27, 29)

10) 스탕달, 《적과 흑 *Le Rouge et le noir*》(Paris: Garnier-Flammarion, 1964), 46,

49, 183, 476, 42, 437. 독립심과 본질적 고결함을 지키기 위해 애쓰는 쥘리앵에 대해서는 브롬버트, 《소설과 자유의 주제》, 69, 71-76, 87, 98-99 참조.

11) 스탕달, 《적과 흑》, 49, 162.

12) 같은 책, 285, 291, 298, 319, 326.

13) 같은 책, 195, 309, 302, 305, 246, 331.

14) 같은 책, 446, 465, 466.

15) 같은 책, 476.

16) 《적과 흑》의 결말은 오랫동안 논쟁의 대상이었다. 많은 학자들은 쥘리앵이 갑작스럽게 자신을 희생하여 기성 질서에 도전하기로 마음먹는 것은 캐릭터에 맞지 않으며 '심리의 급격한 변화'로 볼 수밖에 없다고 주장한다. 그러한 주장의 예로, 흔들림 없이 성공을 갈구하던 이전의 캐릭터와 비교할 때 쥘리앵의 나중 결정은 터무니없음을 지적하는 샌디 피트리, 《사실주의와 혁명 Realism and Revolution》(Ithaca: Cornell University Press, 1988), 123을 들 수 있다. 스탕달 소설의 근본 구조는 이러한 주장의 사실 여부——나의 주장은 그렇지 않다는 쪽이다——에 영향을 받지 않는다. 어쨌든 쥘리앵이 프랑스 문화에서 차지하는 신화적 위치는 '민중'을 위하여 권력에 도전한 그의 최후의 저항이 없었다면 불가능했을 것이다.

17) 데니스 포터가 정의하는 루소적인 작가는 내가 여기서 개관한 성별된 이단자의 전설과 겹쳐지는 면이 있다: "루소가 후대에까지 전승시킨 '작가' 개념은 개인사의 증언, 자기 긍정, 정치·사회적 해방을 위하여 사적인 부분을 겉으로 드러내 보이는 사람이라는 것이다. 작가의 글쓰기는 널리 인간성을 알리는 데 사용된다"라고 포터는 요약한다: "그러므로 작가의 특성은 급진적인 정치 이론, 문학과 예술에 대한 의심, 사적인 부분의 공개, 도덕적 갱신이 필요한 정치·사회적 세계와 민중에 대하여 취하는 태도에 있다."(《루소의 유산》, 12, 68)

포터 이전에도 근대 프랑스 문화 내에 존재하는 '작가'나 '성별된 이단자'의 원형에 대하여 언급하고, 그것을 루소와 연결시킨 학자는 있었다. 스탠리 호프먼이 그 중의 한 사람으로, 근대 프랑스 지성사를 전체적으로 평가하면서 '루소와 사르트르 사이에 존재하는 놀라운 유사성'에 대하여 언급하였다. 그의 평가에 따르면 "둘 다 당대의 사회 질서에 저항하였다." 당대의 사회 질서란 각자의 시대의 '기성 질서'를 의미한다. "둘 다 철학의 기반을 심리학에 두고 있었으며, 인간은 혼자이거나 혹은 공통의 목적을 위하여 자율적으로 뭉칠 때에만 자유롭다"(《쇠락인가, 갱신인가?》, 127)라고 믿었다. 또 다른 사람으로는 빅터 브롬버트가 있다. 그는 '루소의 생 프뢰, 스탕달의 쥘리앵 소렐, 발자크 소설의 야심을 품은 젊은이'에서 20세기의 노르말리앵(고등사범 출신)인 페기·쥘 로맹·사르트르를 관통하는 공통된 '지식인 상'을 발견하고 그 특징을 이렇게 집어낸다: "구습을 비판하는 데 있어 문화를 무기로 사용한다; 진리 발견과 인본주의적 이상을 위해 대가 없이 자신을 희생한다; 도덕적 가치를 널리 설파한다; 제도 바깥에 존재함을 자랑스러워하며, 노동 계층에 대하여 강한 애정을 가지고 있다. 그래서 좌파 정당에 항상 끌린다; '속해 있지 않다'는 감정과 무력감을 가지고 있다; 행동하는 사람을 부러워한다; 반란을 꿈꾸며 심지어는 무정부주의를 숭배한다."(《지식인 영웅》, 13, 14, 34)

18) 스탕달의 자서전적 작품 《앙리 브륄라르의 생애》를 읽어보면, 그가 쥘리앵 소렐에게 투사한 영웅적 자질의 많은 부분이 루소와 자신의 이야기를 반영하고 있음을 알게 된다. 그로 말할 것 같으면 아버지를 끔찍이 싫어했으며, 어린 시절부터 고립감을 느꼈으며, 네 살부터 교회를 싫어하게 되었다. 또한 일찍부터 사람을 싫어하는 경향이 있었으며, 적응을 어렵게 하는 '영혼의 고귀함'을 보였다. 귀족 계급으로의 진입을 꿈꾸는 상류 부르주아 계층 출신이면서도 종종 부르주아에 대해 혐오감을 표시했다. 《앙리 브륄라르의 생애》, 15-16, 38, 42, 114-15.

19) 장 자크 루소, 《고백록 Les Confessions》(Paris: Garnier, 1964), 164, 606, 186, 481.

20) 같은 책, 10, 42, 67.

21) 같은 책, 4, 7, 304, 760, 44, 94, 9.

22) 피에르 트라아르, 《18세기 프랑스 감성의 대가들(1715-1789) Les Maîtres de la sensibilité française au XVIIIe siècle(1715-1789)》 제1권(Paris: Boivin, 1931), 107-8.

23) 데이비드 조든과 노먼 햄프슨은 로베스피에르의 전기가 그를 폭군으로 폄하하든지 혁명 영웅으로 추앙하는 것 중의 하나였다고 지적한다. 이 두 전기작가는 신화 속에 가려진 인물을 발견하는 것의 어려움을 토로하면서 그 신화를 매우 명확히 묘사했다. 조든, 《혁명적 생애》, 16-22; 노먼 햄프슨, 《로베스피에르의 삶과 정견 The Life and Opinions of Maximilien Robespierre》(London: Duckworth, 1974), 1-9. 혁명 이후부터 로베스피에르에 대한 평가의 변천사에 대한 탁월한 설명은 조르주 뤼데, 《로베스피에르, 혁명 민주주의자의 초상 Robespierre, Portrait of a Revolutionary Democrat》(New York: Viking Press, 1975), 57-95. 로베스피에르 신화에 대한 또 하나의 흥미 있는 설명은, 앤 리그네, 〈아이콘과 상징: 역사 속의 인물 막시밀리앵 로베스피에르 Icon and Symbol: The Historical Figure Called Maximilien Robespierre〉, 《프랑스 혁명 재현 Representing the French Revolution》, 제임스 헤퍼넌 편집(Hanover: Dartmouth University Press, 1992): 106-22.

24) 햄프슨, 《로베스피에르》, 5; 조든, 《혁명적 생애》, 24-27; 뤼데, 《혁명 민주주의자》, 15-18.

25) 가이, 〈사회주의자 페기〉, 25-26.

26) 페기, 《추억》, 27, 95, 96-97, 13, 17-18; 제롬 · 장 타로, 《우리들의 페기》, 20,

145-54; 알레비, 《페기》, 4, 45-47; 스튜어트 휴스, 《의식과 사회》, 348 참조.

27) 자크 슈발리에, 《앙리 베르그송 *Henri Bergson*》, 릴리안 A. 클레어 번역(New York: Macmillan, 1928), 42-47; 스튜어트 휴스, 《의식과 사회》, 58 참조.

28) 쥘 미슐레, 《민중 *Le Peuple*》(Paris: Flammarion, 1974), 13, 24, 21.

29) 사르트르, 《말 *Les Mots*》, 196, 94, 19, 32-33, 168, 150, 122; 제라시, 《프로테스탄트냐, 프로테스터냐?》, 59, 76-77; 헤이먼, 《대항하여 글쓰기》, 35-36, 58; 코헨 솔랄, 《사르트르》, 44, 61-62.

30) 미셸 푸코, 《정치 · 철학 · 문화: 인터뷰와 기타 글모음, 1977-1984 *Politics, Philosophy, Culture: Interviews and other Writings, 1977-1984*》, 로렌스 D. 크리츠먼 편집, 앨런 셰리든 번역(New York: Routledge, Chapman, and Hall, 1988), 4; 밀러, 《열정》, 39-40, 45; 에리봉, 《미셸 푸코》, 5, 25-6.

31) 헤이먼, 《대항하여 글쓰기》, 17.

32) 미슐레, 《젊은 날의 기록》, 183; 사르트르, 《말》, 11, 91; 에리봉, 《미셸 푸코》, 11; 밀러, 《열정》, 63, 365-66.

33) 루소, 《인간 불평등 기원론/학예론 *Discours sur l'origine et les fondements de l'inégalité parmi les hommes/Discours sur les sciences et les arts*》(Paris: Garnier-Flammarion, 1971), 181; 《고백록》, 178, 332, 197, 111, 387.

34) 같은 책, 38.

35) 같은 책, 40, 94, 428, 422.

36) 같은 책, 425, 41, 434, 429.

37) 막시밀리앵 로베스피에르, 《로베스피에르 전집 *Oeuvres de Maximilien Robespierre*》, 전10권(Paris: Société des Études Robespierre, 1950-1967), 7: 163; 조든, 《혁명적 생애》, 40.

38) 같은 책, 59. 노먼 햄프슨도 역시 로베스피에르가 유명해진 시기를 1791년 봄으로 잡고 있다.(《로베스피에르》, 72) 알프레드 코반도 《프랑스 혁명의 면면들 *Aspects of the French Revolution*》(New York: George Braziller, 1968), 145에서 그렇게 보고 있다. 조르주 뤼데는 로베스피에르를 결코 혁명 영웅으로 보지 않던 미슐레마저도 그를 '정의라는 대의를 위해 헌신했던 진지하고, 외로우며, 사려 깊은 인물'로 평가하고 있음을 언급하고 있다.(《혁명 민주주의자》, 67)

39) 샤를 페기, 《산문 전집 *Oeuvres en prose complètes*》(Paris: Gallimard, 1992), 3: 524-25. 페기의 명성 획득 과정에 대해서는, 알레비, 《페기》, 45-86, 138-51; 스튜어트 휴스, 《의식과 사회》, 347-52 참조.

40) 사르트르, 《말》, 166-67, 156; 코헨 솔랄, 《사르트르》, 222, 248; 헤이먼, 《대항하여 글쓰기》, 113, 182-83.

41) p.21 참조.

42) 에리봉, 《미셸 푸코》, 212-13.

43) 키퍼, 《미슐레》, 116-17, 92, 121; 바르트, 《미슐레》, 5.

44) 스튜어트 휴스, 《의식과 사회》, 114-15, 122; 그로긴, 《베르그송 논쟁》, 113, 120, 123-24; 라이사 마리탱, 《위대한 우정 *Les Grands Amitiés*》(Paris: Desclée de Brouwer, 1958), 171. 그로긴의 책은 널리 정치·예술·종교 분야에 이르는 베르그송의 영향을 상세히 설명하고 있다.

45) 에리봉, 《미셸 푸코》, 238, 212-13, 210, 222; 밀러, 《열정》, 148-49, 178-79, 285.

46) 에리봉, 《미셸 푸코》, 135-36, 201.

47) 루소, 《고백록》, 335; 조든, 《혁명적 생애》, 57(햄프슨, 《로베스피에르》, 86-87도 참조); 미슐레, 《젊은 날의 기록》, 183; 키퍼, 《미슐레》, 10; 바르트, 《미슐레》, 7; 알레비, 《페기》, 2; 페기, 《추억》, 13, 17-18; 사르트르, 《말》, 19, 32, 168 ; 에리봉, 《미셸 푸코》, 14, 11.(밀러, 《열정》, 39도 참조) 페기가 남성의 영향 대신 일생 동안 의존하게 되는 여성들에 대해서는 배실 가이, 〈사회주의자 페기〉, 26 참조. 사르트르가 의지한 시몬 드 보부아르와 그외 많은 여성들에 대해서는 상세함의 차이는 있지만, 3명의 전기작가가 모두 다루고 있다. 예를 들어 헤이먼, 《대항하여 글쓰기》, 70-80 참조.

48) 루소, 《고백록》, 461.

49) 같은 책, 494-95.

50) 같은 책, 652.

51) 같은 책, 428-29, 516, 613, 477, 257.

52) 같은 책, 324, 580.

53) 조든, 《혁명적 생애》, 146, 150, 169.

54) 로베스피에르, 《전집》, 10: 274, 277, 354, 356.

55) 페기, 《산문 전집》, 3: 1306; 《추억》, 74-75; 알레비, 《페기》, 223; 타로, 《우리들의 페기》, 210-11. 롤랑의 말은 배실 가이가 인용한 것을 재인용한 것이다. 그는 페기를 '이단자이자 배교자이며 변절자'로 요약하고 있다: "시세에 영합하기를 거절했으며, 정치적 편의주의의 명목으로 미스티크를 훼손시키지 않고자 했기 때문에 그는 끝내 혼자일 수밖에 없었고, 사람들은 멀리서 격분과 존경이 묘하게 혼합된 시선으로 그를 바라보았다."(《사회주의자 페기》, 27, 25)

56) 제라시, 《프로테스탄트냐, 프로테스터냐?》, 31; 코헨 솔랄, 《사르트르》, 276, 414, 449. 사르트르의 정당 기피가 사람들에게 알려진 것처럼 완전한 것이 아니었음을 주목해야 한다. 1940년대 후반, 그는 민주혁명연합이라는 정당을 직접 창당할 시

도를 했었다. 하지만 곧 그 계획을 포기했다. 헤이먼, 《대항하여 글쓰기》, 248, 258 참조.

57) p.29 참조.

58) 사르트르의 '스탈린주의'에 대한 최근의 비판은 주트, 《불완전한 과거》; 존 웨이트먼, 〈치명적 유혹 Fatal Attraction〉, 《The New York Review of Books》, 1993년 2월 11일 참조.

59) 코헨 솔랄, 《사르트르》, 314; 제라시, 《프로테스탄트냐, 프로테스터냐?》, 186.

60) 헤이먼, 《대항하여 글쓰기》, 372; 장 폴 사르트르, 《상황 Situations》(Paris: Gallimard, 1948), 2: 7; 《지식인을 위한 변명 Plaidoyer pour les intellectuels》(Paris: Gallimard, 1972), 12, 77, 66, 73, 82; 코헨 솔랄, 《사르트르》, 415, 426.

61) 푸코, 《정치 · 철학 · 문화》, 124; 에리봉, 《미셸 푸코》, 161, 281; 미셸 푸코, 《푸코 읽기 The Foucault Reader》, 폴 레인보 편집(New York: Pantheon, 1984), 383-84; 밀러, 《열정》, 227. 밀러는 에리봉보다 한 걸음 더 나아가 푸코가 '사르트르의 존재는 저항 불가능'하다고까지 느끼고, 무엇보다도 사르트르와 동등해지고, 그를 극복하는 데 주력했다고 주장한다.(같은 책, 45, 179)

62) 같은 책, 89, 200, 204, 206, 313; 에리봉, 《미셸 푸코》, 242-49.

63) 푸코, 《정치 · 철학 · 문화》, 265, 107, 155; 《언어 · 반기억 · 실천 Language, Counter-Memory, Practice》, 도널드 F. 부샤르 편집, 도널드 F. 부샤르 · 셰리 시몬 번역(Ithaca: Cornell University Press, 1977), 208, 214; 밀러, 《열정》, 189.

64) 키퍼, 《미슐레》, 124, 133-34, 139; 오르, 《미슐레》, xiii; 그로긴, 《베르그송 논쟁》, 190-91. 그로긴은 '베르그송 논쟁'의 시기를 콜레주 드 프랑스에서의 강의 시기(1900-14)에 맞추면서, 동시에——의도적으로 그런 것 같지는 않다——"그 이후의 그의 이력은 전처럼 논쟁적이지 않았다"(ix)라는 설명을 붙이며 공식적 생애의 시간도 그 시기로 한정한다.

65) 장 스타로빈스키는 이 점에 대해서 《장 자크 루소: 투명과 은폐 Jean-Jacques Rousseau: Transparency and Obstruction》, 아서 골드하머 번역(Chicago: University of Chicago Press, 1988)에서 설득력 있는 주장을 펼치고 있다.

66) 루소, 《고백록》, 64, 198, 322. 데니스 포터도 루소가 고백을 '공개적인 자기 비하'의 수단으로 사용했으며, '작가의 자기 단련이자 고결함의 상징'으로서 '순교'로까지 생각했다고 주장한다.(《루소의 유산》, 56)

67) 조든, 《혁명적 생애》, 41; 로베스피에르, 《전집》, 10: 545-46, 556, 566.

68) 조든, 《혁명적 생애》, 33, 9, 212; 로베스피에르, 《전집》, 10: 543, 546, 565-66.

69) 바르트, 《미슐레》, 19; 미슐레, 《민중》, 3, 26; 《젊은 날의 기록》, 182.

70) 그로긴, 《베르그송 논쟁》, 143. 스튜어트 휴스도 자크 슈발리에를 한번 더 근거로서 인용하면서 "베르그송이 가톨릭 믿음을 공식적으로 인정하지 않았던 것은 나치 체제하에서 신음하는 동포 유대인들과의 연대감" 때문이었다고 주장한다.(《의식과 사회》, 119-20)

71) 알레비, 《페기》, 282, 292; 타로, 《우리들의 페기》, 249; 스튜어트 휴스, 《의식과 사회》, 354.

72) 페기, 《추억》, 74-75, 6, 11, 29, 43, 96, 102.

73) 사르트르, 《말》, 158, 135, 139, 144-45, 147, 210, 136.

74) 데니스 포터는 사르트르에게서 지속적으로 발견되는 '낭만성'과 '진정성' 개념은 '루소적 전통과의 연대'를 보여 주는 증거라고 주장한다. 실제로 포터는 사르트르가 미셸 콩타와 가진 〈70세의 자화상〉이라는 제목의 마지막 인터뷰에서 '루소보다 더 유토피안적인, 잃어버린 인간 소통의 투명성의 개념'이 발견된다고 적고 있다.(《루소의 유산》, 148, 151)

75) 사르트르, 《말》, 67, 127, 212, 207-8, 210-11.

76) 미셸 푸코, 《지식에의 의지 La Volonté de savoir》, 《성의 역사》 제1권(Paris: Gallimard, 1975). 에리봉은 푸코의 《지식의 고고학 L'Archéologie du savoir》 서문에 나오는 이 유명한 문단을 《미셸 푸코》, 186에서 인용하고 있으며, 밀러도 《열정》(123, 163)에서 여러 차례 인용하고 있다.

77) 에리봉, 《미셸 푸코》, 327, 329; 밀러, 《열정》, 362-63.

78) 같은 책, 372; 푸코, 《정치·철학·문화》, 156, 16.

79) 같은 책, 321, 330, 263; 밀러, 《열정》, 163, 295. (에리봉, 《미셸 푸코》, 277도 참조.) 밀러는 '가면 쓴 철학자' 인터뷰를 언급하면서 "'얼굴을 갖지 않기 위하여 글을 쓴' 사람이 그 과정에서 가장 극적으로 '세계적으로 유명한 지식인'이 되는 데 성공했다"라고 쓰고 있다.(《열정》, 320, 163)

80) 이런 관점에서, 데니스 포터가 언급하듯이, 루소가 몰리에르 희곡에 나오는 유명한 '인간 혐오자' 알세스트를 작가의 뜻과는 다르게 변호하고 있는 것은 주목할 만하다: "그렇다면 몰리에르의 인간 혐오자는 어떤 사람인가? 그는 동시대인들의 악덕과 시대의 도덕을 증오하는 좋은 사람이다. 엄밀히 말해서 동료 인간을 사랑하기 때문에 그들이 서로에게 행하는 악덕과 그 악덕이 초래하는 결함을 증오하는 것이다." 포터, 《루소의 유산》, 39 참조.

3. 지옥과 타인들

1) 루소, 《고백록》, 422.

2) 사실 이 주제는 오랫동안 현대 프랑스 담론의 중심 과제였다. 미셸 크로지에,

《관료주의적 현상 *The Bureaucratic Phenomenon*》, 미셸 크로지에 번역(Chicago: University of Chicago Press, 1964), 220-24; 머퀴어, 《자유주의》, 9-14; 호프먼, 《쇠락인가, 갱신인가?》, 122-24, 146; 니콜레, 《공화주의 사상》, 468-69, 500-506. 특별히 크로지에가 세운 현대 프랑스의 '대면' 의존 관계와 그 기피 모델에 관해서는 제6장에서 좀더 자세히 설명될 것이다.

3) 스탕달, 《적과 흑》, 36, 500, 142, 465, 476.

4) p.40 참조.

5) 스탕달, 《적과 흑》, 294-95.

6) 같은 책, 91-92, 97.

7) 같은 책, 197, 107, 100, 95.

8) 같은 책, 273, 319, 440.

9) 같은 책, 469, 481.

10) 루소 저술에 나타나는 개인적 의존과 그 기피라는 주제의 중심적 역할에 대해서는 학자간에 빈번한 논의가 있어왔다. 예를 들어 폴랭, 《고독의 정치》, 7-10; 블룸, 《루소와 도덕공화국》, 93, 117, 123; 밀러, 《민주주의의 몽상가》, 180-86. 루소의 타인 의존 주제의 역할에 대한 나의 의견은 거의 스탠퍼드대학교의 키스 베이커 교수와, 특히 클라크대학교의 폴 루카스 교수의 견해를 따른 것이다. 실제로 루소에 대한 나의 의견은 전적으로 루카스 교수의 영향 아래 있다.

11) p.25 참조.

12) 루소, 《인간 불평등 기원론/학예론》, 35, 38, 49, 51, 58, 59.

13) 루소와 기원 신화에 관해서는 스타로빈스키, 《투명과 은폐》; 자크 데리다, 《문자학 *Of Grammatology*》, 가야트리 채크라버티 스피박 번역(Baltimore: Johns Hopkins University Press, 1974) 참조.

14) 루소, 《인간 불평등 기원론/학예론》, 158, 225, 171.

15) 필자가 여기와 이후의 부분에서 남성 대명사(그)를 쓰고 있는 것은 원작의 사용을 따른 것이다. 같은 책, 195, 201-2, 196.

16) 같은 책, 203, 196n, 202.

17) 같은 책, 213, 196n, 234.

18) 데니스 포터는 루소의 '야만인은 자신의 내부로부터 살아가는' 반면에 "사회적 인간은 타인의 의견에 의해서만 살아간다"라는 말이 "사르트르의 '타인은 지옥!' 이라는 유명한 명제"를 예기하고 있다고 언급한다.(《루소의 유산》, 58)

19) 장 자크 루소, 《에밀 *Émile, ou de l'éducation*》(Paris: Garnier-Flammarion, 1966), 39, 148, 99.

20) 같은 책, 40, 110, 275, 276.

21) 같은 책, 277, 111, 126, 106.

22) 같은 책, 100, 110, 101, 207, 75-76.

23) 같은 책, 418, 439, 440, 442, 444, 206.

24) 같은 책, 583, 618-19.

25) 같은 책, 620.

26) 루소, 《사회계약론 *Du Contrat social*》(Paris: Garnier-Flammarion, 1966), 39, 41, 42, 88, 46.

27) 같은 책, 51.

28) 같은 책, 52, 51, 54-55.

29) 주 22) 참조.

30) 루소를 전체주의자로 보고서 비판하는 견해에 대해서는 제1장의 주 5)를 참조. 루소의 '일반 의지'에 대한 필자의 견해는 말했다시피, 키스 베이커와 폴 루카스의 견해에 크게 빚지고 있다.

31) 루소, 《사회계약론》, 69, 64, 74-75, 68, 178, 180.

32) 같은 책, 66, 149, 135, 54, 69.

33) 같은 책, 55-56.

34) 같은 책, 67, 66, 76, 139-40, 127.

35) 같은 책, 79.

36) 루소――좀더 일반적으로는 성별된 이단자들――의 대인 의존 기피는 정치 참여를 거부한다는 의미는 결코 아니다. 그 반대로 주디스 슈클라나 루치오 콜레티 같은 학자들이 지적했다시피, 루소는 영속적으로 적극적인 시민 의식만이 사회에서 진정한 개인의 자율성을 확보, 유지할 수 있는 길이라고 주장했다. 주디스 슈클라, 《인간과 시민 *Men and Citizens*》(Cambridge, UK: Cambridge University Press, 1969), 18, 34-35, 58-60, 75-76, 160-62; 루치오 콜레티, 《루소에서 레닌까지 *From Rousseau to Lenin*》, 존 메링턴·주디스 화이트 번역(New York: Monthly Review Press, 1972), 148, 174, 184-85.

37) 조든, 《혁명적 생애》, 151; 뤼시앵 좀, 《자코뱅 담론과 민주주의 *Le Discours jacobin et la démocratie*》(Paris: Fayard, 1989), 193, 198. 존 맥도널드는 《사회계약론》이 혁명 세대에게 별 영향을 끼치지 않았다고 주장하는 데 반해(《루소와 프랑스 혁명 *Rousseau and the French Revolution*》(London: Athlone Press, 1965)), 밀러(《민주주의의 몽상가》, 142-64)와 블룸(《루소와 도덕 공화국》, 33-35, 139-50)은 전체로서의 루소 내러티브가 혁명 세대에 행사하는 상징적 영향력을 높이 평가하였다.

38) 로베스피에르, 《전집》, 7: 162, 164; 8: 465, 467.

39) 같은 책, 7: 620-21, 622; 9: 113, 116.

40) 같은 책, 6: 625; 10: 352, 355, 356.

41) 같은 책, 10: 353, 482.

42) 같은 책, 8: 59; 9: 116; 10: 355.

43) 같은 책, 9: 488; 10: 572, 278, 274, 357.

44) 르네 레몽, 《프랑스의 반교회주의 L'Anticléricalisme en France》(Paris: Fayard, 1976), 68-70 참조.

45) 미슐레, 《사제·여성, 그리고 가정 Du Prêtre, de la femme, et de la famille》 (Paris: Hachette, 1845), 255, 285, 294, 234; 《민중》, 85, 147, 166, 169.

46) 같은 책, 142, 102, 104-5, 121, 123, 129, 141, 138.

47) 같은 책, 129; 《사제·여성, 그리고 가정》, 236, 196, 197, 203, 234, 237, 240, 247.

48) 같은 책, 266, 200, 262, 210, 205.

49) 같은 책, vi, 260, 295.

50) 미슐레, 《민중》, 193, 187, 244, 241, 245, 203, 87-88.

51) 미슐레, 《사제·여성, 그리고 가정》, 287.

52) p.61 참조.

53) 제2장의 주 47) 참조.

54) 미슐레, 《사제·여성, 그리고 가정》, 285, 287, 294, 290-91, 289.

55) p.21 참조.

56) 앙리 베르그송, 《시간과 자유 의지: 의식의 직접 자료에 대한 소론 Essai sur les données immé-diates de la conscience》(Paris: Presses Universitaires de France, 1927), 93, 126; 《창조적 진화 L'Évolution Créatrice》(Paris: Presses Universitaires de France, 1941), 5, 159-60.

57) p.85 참조.

58) 베르그송, 《창조적 진화》, 264; 《의식의 직접 자료에 대한 소론》, 125, 129, 6.

59) 같은 책, 125, 95, 98, 123; 《창조적 진화》, 17, 166.

60) 베르그송, 《의식의 직접 자료에 대한 소론》, 97, 95, 96, 178, 101, 174, 178, 55.

61) 같은 책, 172, 74-75, 174; 《창조적 진화》, 267.

62) 페기, 《산문 전집》, 3: 20, 540, 805.

63) 같은 책, 3: 788-89, 821, 1327, 1347.

64) 같은 책, 3: 29-30, 89, 796-97, 932; 샤를 페기, 《페기의 선택 Le Choix de Péguy》(Paris: Gallimard, 1952), 24-25, 28-29.

65) 페기, 《산문 전집》, 3: 124, 10, 11, 790, 1323.

66) 같은 책, 3: 29, 120, 150, 93, 943.

67) 장 폴 사르트르, 《닫힌 방/파리떼 Huis clos/Les Mouches》(Paris: Gallimard, 1947), 19, 89, 48, 51, 91, 42, 93.

68) 사르트르, 《존재와 무 L'Etre et le néant》(Paris: Gallimard, 1943), 305, 306, 307.

69) 같은 책, 309, 461, 581, 310, 478, 481, 413, 318.

70) 같은 책, 674, 499.

71) 같은 책, 624, 92, 95, 494, 492.

72) 같은 책, 306, 309; 《닫힌 방/파리떼》, 33.

73) 사르트르, 《존재와 무》, 499, 82, 338, 96.

74) 같은 책, 678, 67, 70, 615, 614; 《닫힌 방/파리떼》, 181, 122, 237.

75) 사르트르, 《성 주네, 희극배우와 순교자 Saint Genet, comédien et martyr》(Paris: Gallimard, 1952), 23, 24, 27, 55, 75, 453, 457, 521.

76) p.58 참조.

77) 푸코, 《말과 사물》, 335, 397; 《권력/지식》, 98.

78) 푸코, 《감시와 처벌 Surveiller et punir》(Paris: Gallimard, 1975), 207, 202, 209; 《권력/지식》, 148.

79) 푸코, 《감시와 처벌》, 211, 215, 186-87, 173, 224, 189; 《권력/지식》, 94, 107.

80) p.101 참조.

81) 푸코, 《감시와 처벌》, 172, 34; 《권력/지식》, 98, 93, 94.

82) 푸코, 《지식에의 의지》, 29, 42, 61-62, 158, 145-46; 《정치 · 철학 · 문화》, 68-69.

83) 푸코, 《지식에의 의지》, 110, 122, 189-90, 79; 《정치 · 철학 · 문화》, 70.

84) 마크 포스터, 《푸코 · 마르크스주의 · 역사 Foucault, Marxism, and History》 (Cambridge, UK: Polity Press, 1984), 26; 푸코, 《정치 · 철학 · 문화》, 126; 《지식에의 의지》, 59, 163.

85) 푸코, 《감시와 처벌》, 209, 211, 220; 《권력/지식》, 155; 《지식에의 의지》, 34-35, 183, 185.

86) 푸코, 《감시와 처벌》, 9-13; 《광기와 문명: 이성 시대에 있어 정신 이상의 역사 Madness and Civilization: A History of Insanity in the Age of Reason》, 리처드 하워드 번역(New York: Vintage Books, 1965), ix, 279, 281; 《정치 · 철학 · 문화》, 119-20. '전담론적 경험'의 회복에 대한 푸코의 평생에 걸친 열망에 관해서는 밀러, 《열정》, 21.

87) 이것은 포스터의 견해를 옮겨 표현한 것이다.(《미셸 푸코》, 96-97)

88) 푸코, 《정치 · 철학 · 문화》, 36; 밀러, 《열정》, 304에 인용된 푸코의 말; 푸코, 《지식에의 의지》, 211. 푸코는 말년에 이르러 견유학파나 스토아학파 같은 고대 그리스 · 로마의 철학에 매료되었다. 그는 그 안에서 '정상화'에 의해 오염되지 않는 '의지와 진실의 이상적 일치'를 발견하고자 했다. 말년에 행한 '미학적 개인주의'——이 안에서 역사적 자아는 의식적으로 자신을 예술품으로서 재구성하게 된다——로의 선회는 끝내 완성되지 못했으며, 1970년대의 저작처럼 유명세를 타지도 않았던 반면에, 타자(les autres)로부터 심리적 자율성을 획득하고자 하는 루소적 계획은 뚜렷하게 그 일관성을 유지했던 것으로 보인다. 예를 들어 1984년 푸코는 견유학파가 '문화에 의해 시작된 모든 의존성을 제거하고자' 했다고 언급했다. 밀러, 《열정》, 323, 346, 361; 포스터, 《비평 이론》, 54, 60, 93-95 참조.

89) 푸코, 《권력/지식》, 152, 154.

90) 밀러, 《열정》, 311.

ㄴ. 사회 비판

1) 크리스토프 프로채슨은 최근에 부르주아와 그들의 경제적 가치관에 대한 근대 프랑스 지식인의 '귀족적' 경멸을 강조했다. 〈배우로서의 지식인: 이미지와 실제 Intellectuals as Actors: Image and Reality〉, 제닝스, 《프랑스 지식인》, 68-69 참조.

2) 스탕달, 《적과 흑》, 62, 476, 388, 309, 443, 378, 361, 104.

3) 같은 책, 488, 343-45, 75, 65, 159.

4) 같은 책, 38, 159, 396, 142, 465; 브롬버트, 《소설과 자유의 주제》, 86-91.

5) 루소, 《인간 불평등 기원론/학예론》, 38, 48, 168.

6) 루소, 《달랑베르에게 보내는 편지》, 212; 《쥘리 혹은 신엘로이즈 Julie ou La Nouvelle Héloïse》(Paris: Garnier-Flammarion, 1967), 3, 164. 루소는 앞에서 보았듯이 《에밀》과 《고백록》에서도 이 점을 반복한다.(p.89, p.62 참조)

7) 루소, 《인간 불평등 기원론/학예론》, 233, 229; 《신엘로이즈》, 165.

8) pp.84-85 참조.

9) 루소, 《인간 불평등 기원론/학예론》, 210, 211, 216.

10) 루소, 《달랑베르에게 보내는 편지》, 213; 《신엘로이즈》, 164, 171, 165, 177. 물론 루소는 《고백록》에서도 문인 집단에 대한 이러한 비판을 반복한다.(p.62 참조)

11) 루소, 《인간 불평등 기원론/학예론》, 229, 40, 234; 《신엘로이즈》, 165, 172, 180.

12) 로베스피에르, 《전집》, 9: 495; 7: 167, 166; 8: 461, 115, 114; 조든, 《혁명적 생애》, 142에 인용된 쿠르투아의 말.

13) 같은 책, 233; 로베스피에르, 《전집》, 10: 352.

14) 같은 책, 4: 170-71; 10: 361, 476-77, 548, 574, 570, 571-72.

15) 같은 책, 8: 49; 7: 511; 10: 455, 552, 551, 572.

16) 쥘 미슐레, 《프랑스 혁명사 Histoire de la révolution française》(Paris: Robert Laffont, 1979), 1: 717, 687.

17) 같은 책, 2: 897; 1: 367; 《민중》, 132.

18) 미슐레, 《프랑스 혁명사》, 2: 775, 460, 375; 1: 389, 449, 346; 《민중》, 113, 135.

19) 미슐레, 《프랑스 혁명사》, 1: 142-43, 367; 《민중》, 202, 134, 193.

20) 같은 책, 145, 163; 《프랑스 혁명사》, 1: 356.

21) pp.99-100 참조.

22) p.105 참조.

23) 베르그송, 《의식의 직접 자료에 대한 소론》, 97, 96, 93, 120, 99.

24) 같은 책, 126, 125, 174, 178; 《창조적 진화》, 264.

25) 페기, 《산문 전집》, 3: 104-5, 96, 794, 1447, 135, 1456, 1458, 814.

26) 같은 책, 3: 1432, 1423, 149, 105, 1416.

27) 같은 책, 3: 813, 790, 1432, 1419, 1420.

28) 같은 책, 3: 1417, 105, 794, 787, 944.

29) 사르트르, 《변명》, 30, 44; 《성 주네》, 32; 《변증법적 이성 비판 Critique de la raison dialectique》(Paris: Gallimard, 1960), 753; 《영혼의 죽음 La Mort dans l'âme》(Paris: Gallimard, 1949), 208; 《구토 La Nausée》(Paris: Gallimard, 1938), 68, 72, 73, 137.

30) 같은 책, 137-38.

31) 사르트르는 앞서 언급한 《변증법적 이성 비판》(1960)에서 사회적 탐욕의 문제에 다시 한번 천착한다. 그러나 여기에서는 인간 '존재'의 존재론적 '결핍'보다 제도를 그 원인으로 보면서 한층 더 긴박하고 보편적인 관점에서 묘사한다. 그는 '인류 역사의 가능성의 근원'인 물질적 '희소성'의 관점에서 볼 때, 개인은 동료 인간을 '자신이 필요로 하는 재화를 소비할 단순한 가능성,' 즉 '자신을 소멸시킬 수 있는 물질적 가능성'으로 인식할 수밖에 없다고 주장한다.(《변증법적 이성 비판》, 166, 192)

32) 사르트르, 《존재와 무》, 650, 651, 654.

33) 사르트르, 《구토》, 162, 169, 167-68.

34) 장 폴 사르트르, 《이성의 시대 L'Age de raison》(Paris: Gallimard, 1945), 266, 55, 131, 132-33.

35) 사르트르, 《성 주네》, 30; 《구토》, 228; 《집행유예 Le Sursis》(Paris: Gallimard, 1972), 341; 《닫힌 방/파리떼들》, 118, 233, 119.

36) 사르트르는 《변증법적 이성 비판》에서도 자본주의 사회의 전형적 특징으로서 소외와 익명성 속에서의 사회적 자동 작용——즉 '대중화' ——을 다시 한번 발견해 낸다. 예를 들어 "버스를 기다리고 있는 집단의 개개인에게 대도시는…… 인간과 도구 사이에 상호 교환이 가능해지는 활성-비활성의 집단으로 비춰질 것이다."(《변증법적 이성 비판》, 309)

37) 밀러, 《열정》, 112, 98 인용.

38) 푸코, 《권력/지식》, 98, 156, 203; 《지식에의 의지》, 92; 《감시와 처벌》, 223.

39) pp.122-24 참조.

40) 푸코, 《감시와 처벌》, 223; 《지식에의 의지》, 51, 66.

41) 푸코, 《권력/지식》, 105; 《감시와 처벌》, 223, 226; 《정치·철학·문화》, 144; 《지식에의 의지》, 145-46.

42) 푸코, 《권력/지식》, 160, 104, 105.

43) 르네 레몽, 《프랑스의 반교회주의》(앞에서 인용).

44) 스탕달, 《적과 흑》, 128, 330, 199, 462.

45) 같은 책, 330, 203.

46) 같은 책, 384, 386, 195, 190, 484.

47) 같은 책, 275, 71, 452, 492-93.

48) 루소, 《에밀》, 385, 361.

49) 루소, 《신엘로이즈》, 445-46; 《사회계약론》, 175, 179; 《고백록》, 465, 669, 670.

50) 루소, 《에밀》, 391; 《고백록》, 70; 《사회계약론》, 177.

51) 루소, 《에밀》, 347, 348, 408; 《고백록》, 465, 672.

52) 루소, 《에밀》, 349, 387, 384, 385; 《사회계약론》, 178-79, 174.

53) 예를 들어 조든, 《혁명적 생애》, 197, 287-88 참조.

54) 같은 책에서 인용, 50; 로베스피에르, 《전집》, 10: 457, 481.

55) 같은 책, 10: 195, 452, 560.

56) 예를 들어 데이비드 조든의 해석이 그러하다.(《혁명적 생애》, 287-88)

57) 로베스피에르, 《전집》, 10: 446, 457, 482, 196.

58) 미슐레, 《프랑스 혁명사》, 2: 715, 352, 460, 405, 355, 644, 351.

59) p.101 참조.

60) 미슐레, 《사제·여성, 그리고 가정》, vi, 260; 《프랑스 혁명사》, 1: 252, 298, 290, 349.

61) 같은 책, 1: 309; 2: 19, 16.

62) 미슐레, 《민중》, 67; 《사제·여성, 그리고 가정》, 303, 306.

63) 미슐레, 《민중》, 231, 239, 240, 243.

64) p.73 참조.

65) 베르그송, 《창조적 진화》, 196-97, 166, 329, 94, 363, 364; 《의식의 직접 자료에 대한 소론》, 173, 123.

66) 베르그송, 《창조적 진화》, 15; 《의식의 직접 자료에 대한 소론》, 121, 124.

67) 같은 책, 173, 177, 85; 《창조적 진화》, 88, 368-69, 268.

68) 니콜레, 《공화주의 사상》, 505; 페기, 《산문 전집》, 3: 31-32, 812-13. 페기의 반교회주의에 대해서는 폴 코헨, 《신앙과 정치 *Piety and Politics*》(New York: Garland Press, 1987), 250-53 참조.

69) 페기, 《산문 전집》, 3: 100, 103, 101.

70) 같은 책, 3: 103, 446, 957, 1444, 1448.

71) 샤를 페기, 《산문 전집 1898-1914 *Oeuvres en prose 1898-1914*》(Paris: Gallimard, 1957-59), 1: 482-83; 《산문 전집》, 3: 85, 100, 1330, 1403, 1327.

72) 사르트르, 《구토》, 68, 79, 80, 69; 《집행유예》, 341.

73) 장 폴 사르트르, 《실존주의는 휴머니즘이다 *L'Existentialisme est un huma-nisme*》(Paris: Éditions Nagel, 1970), 92; 《구토》, 165, 169-70; 《이성의 시대》, 153.

74) 사르트르, 《영혼의 죽음》, 338.

75) 같은 책, 340.

76) 사르트르, 《실존주의는 휴머니즘이다》, 49, 35, 34; 《존재와 무》, 678.

77) 사르트르, 《닫힌 방/파리떼》, 156, 233, 178, 236, 235, 237.

78) 푸코, 《권력/지식》, 80-81; 《정치·철학·문화》, 70, 68, 69; 《지식에의 의지》, 27, 30.

79) 푸코, 《정치·철학·문화》, 144, 196, 134; 《권력/지식》, 107, 85; 《감시와 처벌》, 27, 17.

80) 푸코, 《지식에의 의지》, 160, 62, 58; 《감시와 처벌》, 227.

81) 푸코, 《지식에의 의지》, 91, 81, 86-87, 89, 92; 《감시와 처벌》, 228-29.

82) 푸코, 《권력/지식》, 84, 98, 93, 85, 83, 80.

83) 근대 프랑스 정부 비판에서 가장 두드러지는 사람은 물론 알렉시스 드 토크빌이다.(《구체제와 프랑스 혁명》 참조) 토크빌의 저명한 분석을 확대시킨 현대의 학자로는 미셸 크로지에(《관료주의적 현상》)·스탠리 호프먼(《프랑스를 찾아서》)·앤 사다(《자유 정치의 형성》) 등을 들 수 있다.

84) 스탕달, 《적과 흑》, 35-37, 11, 8, 379-80.

85) 같은 책, 244, 246.

86) 같은 책, 246, 305.

87) 같은 책, 123, 268, 289.

88) 루소, 《인간 불평등 기원론/학예론》, 219, 228.

89) 루소, 《사회계약론》, 51, 140, 101, 113, 103.

90) 같은 책, 134, 67, 146, 125.

91) 로베스피에르, 《전집》, 8: 47, 59; 9: 466, 467; 10: 274, 356.

92) 사다, 《자유정치의 형성》, 99. 사다는 로베스피에르와 자코뱅 당원들이 공유하고 있던 의회정치에 대한 불신을 극히 자세하게 묘사하고 있다.(예를 들어 149-156 참조)

93) 조든, 《혁명적 생애》, 61, 142; 로베스피에르, 《전집》, 10: 360, 545, 556, 570, 551.

94) 같은 책, 10: 355, 351, 557, 572.

95) 미슐레, 《프랑스 혁명사》, 2: 742-43; 1: 826.

96) 같은 책, 1: 582, 132; 2: 102, 144-45, 274.

97) 같은 책, 1: 716; 2: 34, 35, 114, 121.

98) 같은 책, 1: 616, 615, 794; 《민중》, 144, 235.

99) 베르그송, 《창조적 진화》, 197, 17, 49, 48; 《의식의 직접 자료에 대한 소론》, 178.

100) 페기, 《산문 전집》, 3: 1323, 1416.

101) 같은 책, 3: 1326, 14, 17-18, 33, 76.

102) 같은 책, 3: 29, 22, 15, 96, 1332, 797, 90, 943.

103) 같은 책, 3: 90, 20, 1417, 1331.

104) 사르트르, 《구토》, 49, 133, 136, 135; 《이성의 시대》, 52, 65; 《집행유예》, 253.

105) 사르트르, 《이성의 시대》, 63; 《상황》, 10: 134; 《변증법적 이성 비판》, 37, 58.

106) 사르트르, 《닫힌 방/파리떼》, 202, 119; 《변증법적 이성 비판》, 631, 636, 585.

107) 미셸 푸코, 《지식의 고고학 L'Archéologie de savoir》(Paris: Gallimard, 1969), 28; 《감시와 처벌》, 210, 215, 216; 〈주체와 권력 The Subject and Power〉, 《미셸 푸코: 구조주의와 해석학을 넘어 Michel Foucault: Beyond Structuralism and Herme-neutics》, 허버트 L. 드라이퍼스 · 폴 레인보 편집(Chicago: University of Chicago Press, 1982), 215.

108) 푸코, 《감시와 처벌》, 186.

109) 푸코, 《지식에의 의지》, 35, 154, 183, 191.

110) 푸코, 《권력/지식》, 130, 88, 105; 《감시와 처벌》, 223; 《정치 · 철학 · 문화》, 84; 〈주체와 권력〉, 212, 209, 215.

1) pp.135-42, 168, 174-75, 177, 178 참조.

2) 스탕달, 《적과 흑》, 437, 476, 100, 459, 83, 298, 331.

3) 같은 책, 450, 458, 451, 491.

4) 같은 책, 476, 83, 303, 307, 350, 320, 431, 480.

5) 같은 책, 498-99, 97.

6) 토니 주트의 신랄한 저서 《불완전한 과거: 프랑스 지식인 1944-1956》은 근대 프랑스의 혁명 전통에 대한 최근 견해의 한 진영을 대표한다. 반면 클로드 니콜레는 공화국의 근간을 이루었던 것은 '영원한 적' ——종교적 초월에의 의존, 진부한 '진리'의 수락, 사적 이익 추구의 이기주의——을 완전히 제거하려는 '영구 혁명'이라고 주장한다.(《공화주의 사상》, 498) 그외 혁명에 대한 비판, 혹은 지지의 견해는 다음과 같은 문헌을 참고하면 된다: 킬나니, 《혁명을 논하며》; 베르나르 앙리 레비, 《자유의 모험: 주관적 역사와 프랑스 지식인 *Les Aventures de la liberté: une histoire subjective des intellectuels en France*》(Paris: Gallimard, 1991); 브롬버트, 《지식인 영웅》; 호프먼, 《쇠락인가, 갱신인가?》; 아롱, 《아편》; 미셸 크로지에, 《정체된 사회 *The Stalled Society*》, 미셸 크로지에 번역(New York: Viking Press, 1973). 이상의 책들은 결론 부분에서 다루어질 것이다.

7) 베이커, 《혁명의 조작》, 206, 211, 214, 223.

8) 루소의 혁명관, 특히 그를 보수적 관점의 '수정주의자'로 보는 입장에 대해서는 밀러, 《민주주의의 몽상가》, 2 참조. 밀러는 윌리엄 H. 블랜처드(《루소와 혁명 정신 *Rousseau and the Spirit of Revolt*》〔Ann Arbor: University of Michigan Press, 1967〕, 142-146)와 마찬가지로 혁명으로 인한 혼란에 대한 루소의 양가적 태도를 강조하고 있다. 반면에 코젤레크는 루소를 '진정한 국가에 대한 추구에서 영원한 혁명이 스스로 흘러나온' 인물로 그리고 있다.(《비평과 위기》, 163)

9) 루소, 《인간 불평등 기원론/학예론》, 141; 《사회계약론》, 89, 140.

10) 루소, 《인간 불평등 기원론/학예론》, 223; 《신엘로이즈》, 268; 《고백록》, 494-96.

11) 같은 책, 494; 《인간 불평등 기원론/학예론》, 223, 233; 《에밀》, 252; 《사회계약론》, 81.

12) 같은 책, 140, 127, 132.

13) 루소, 《고백록》, 494-96; 《사회계약론》, 81-82.

14) 로베스피에르, 《전집》, 7: 164; 《선거구민들에게 보내는 편지 *Lettres à ses commettans*》(1793년 1월 5일), 코방, 《양상》, 185에서 재인용.

15) 로베스피에르, 《전집》, 9: 468.

16) 같은 책, 8: 60; 9: 130.

17) 같은 책, 10: 355 ; 6: 243; 8: 148.

18) p.171 참조.

19) 로베스피에르, 《전집》, 10: 355, 274; 9: 116.

20) p.98 참조.

21) 로베스피에르, 《전집》, 10: 353, 355, 354, 357.

22) 같은 책, 10: 482, 576, 557.

23) 헌트, 《정치 · 문화 · 계급》, 27. 이와 비슷하게 콜린 루카스도 '격렬하고 카타르시스적인 행위가 일어나는 혁명의 짧은 순간'을 길들여 나름의 의미와 질서를 부여하여, 혁명적 폭력을 제도화하고 신성화하고자 한 노력으로 공포정치를 이해한다. 〈혁명적 폭력 Revolutionary Violence〉, 《공포정치 The Terror》, 《프랑스 혁명과 근대 정치 문화의 창조 The French Revolution and the Creation of Modern Political Culture》 제4권, 키스 마이클 베이커 편집(Oxford: Pergamon, 1994), 73 참조.

24) 로베스피에르, 《전집》, 10: 354, 566, 576.

25) 같은 책, 6: 243.

26) 프랑수아 퓌레는 로베스피에르를 프랑스 혁명의 '가장 고귀하고도 비극적인 담론'의 '대변자'이자 '정수'로 평가하면서, 짧고도 불안했던 그의 집권을 혁명 자체의 성격과 동일시했다. 그러므로 로베스피에르의 서거와 뒤이은 '테르미도르 반동'은 '혁명'의 종언과 '사회'와 '특수 이익'의 재출현을 나타낸다.(《혁명의 해석》, 61, 58, 74)

27) p.100 참조.

28) 미슐레, 《프랑스 혁명사》, 1: 347; 《민중》, 193, 203, 240.

29) 미슐레, 《프랑스 혁명사》, 1: 31, 38; 《민중》, 231, 88.

30) 고스만, 《역사와 문학 사이》, 213 참조. 고스만 외에도 여러 학자가 국민의 단합과 해방의 순간에 대한 미슐레의 관심을 언급했다. 화이트, 《메타히스토리》, 161-62; 바르트, 《미슐레》, 61; 키퍼, 《미슐레》, 158-65; 오르, 《미슐레》, 100 참조.

31) 미슐레, 《프랑스 혁명사》, 1: 344, 732, 747, 748, 782.

32) 라이오넬 고스만은 미슐레의 '이상'을 '단절을 극복하려는 초월적 행위'로 보기도 한다.(《역사와 문학 사이》, 210, 185)

33) 미슐레, 《프랑스 혁명사》, 1: 36, 795, 434.

34) 고스만, 《역사와 문학 사이》, 185; 미슐레, 《프랑스 혁명사》, 1: 808, 810, 882; 2: 87.

35) 미슐레, 《프랑스 혁명사》, 1: 345, 342, 98.

36) 같은 책, 2: 149, 744, 840.

37) 헤이든 화이트는 미슐레가 "프랑스 역사를 혁명에 뒤따르는 소멸이라는 비극적 인식 안에 낭만적으로 배치시키고 있다"라는 점에서 그를 '아나키스트'로 분류한다. 화이트는 '그 이상 자체'가 "실현의 전제 조건으로 삼고 있는 무정부주의만큼 순간 적인 것이어서 시간과 역사 내에서 실현될 수 없는 것"이라고 결론 맺고 있다.(《메타 히스토리》, 153, 162)

38) 베르그송, 《의식의 직접 자료에 대한 소론》, 125, 95, 97, 101.

39) 같은 책, 129, 75, 128.

40) 같은 책, 179, 93, 127, 128; 《창조적 진화》, 202.

41) 베르그송, 《의식의 직접 자료에 대한 소론》, 119; 《창조적 진화》, 271, 254-55.

42) 같은 책, 254, 268; 《의식의 직접 자료에 대한 소론》, 174, 126, 179, 180.

43) 페기, 《산문 전집》, 3: 1422.

44) p.110 참조.

45) 페기, 《산문 전집》, 3: 821, 943, 84.

46) 같은 책, 3: 41, 120, 151, 9.

47) 같은 책, 3: 146-47, 152, 945.

48) 같은 책, 3: 20, 155, 943, 944, 41.

49) 사르트르, 《말》, 192. 1964년 미셸 크로지에는 사르트르의 작품에는 "개인으로 하여금 매순간 세상의 모든 짐을 감당하도록 하는 영웅주의적이고 개인적인 도덕관" 이 내재되어 있다고 지적하였다.(《문화의 혁명》, 616 참조)

50) pp.114-18 참조.

51) 사르트르, 《존재와 무》, 532; 《성 주네》, 9; 《닫힌 방/파리떼》, 210, 236.

52) 폭력에 대한 사르트르의 경도는 여러 전기작가와 비평가에 의해 언급된 바 있 다. 예를 들어 헤이먼, 《대항하여 글쓰기》, 442-47; 주트, 《불완전한 과거》, 126; 아 롱, 《아편》, 65, 80-81 참조.

53) 사르트르, 《닫힌 방/파리떼》, 205, 210, 224; 《영혼의 죽음》, 244-45.

54) 사르트르, 《닫힌 방/파리떼》, 205, 246; 《실존주의는 휴머니즘이다》, 68, 24, 84.

55) 장 폴 사르트르, 《공산주의자와 평화 The Communists and the Peace》, 마사 H. 플레처 · 필립 R. 베크 번역(New York: George Braziller, 1968), 54-55; 《쿠바의 사르 트르 Sartre on Cuba》(New York: Ballantine Books, 1961), 45, 116; 프란츠 파농, 《대 지의 저주받은 자들 The Wretched of the Earth》 서문, 컨스턴스 패링턴 번역(New York: Grove Press, 1963), 18.

56) 사르트르의 실존주의와 마르크스주의의 결합에 관한 명확한 분석으로는 마크

포스터, 《전후 프랑스에서의 실존주의적 마르크스주의: 사르트르에서 알튀세까지 *Existential Marxism in Postwar France: From Sartre to Althusser*》(Princeton: Princeton University Press, 1976).

57) 사르트르, 《변증법적 이성 비판》, 166, 192, 205, 308, 325, 387, 388, 391, 393-94, 425, 420.

58) 사르트르, 《존재와 무》, 615; 《집행유예》, 343; 《닫힌 방/파리떼》, 237.

59) 사르트르, 《변증법적 이성 비판》, 411, 553, 581, 636, 635. 1970년 인터뷰에서 그는 "총체적이며 즉각적인 자유는 유토피아일 뿐이다. 미래의 어떤 혁명에도 한계와 제약이 있으리라는 것은 분명히 알 수 있는 사실"이라고 말한다.(《상황》, 9: 130)

60) 밀러, 《열정》, 115, 88-89, 75.

61) 푸코, 〈주체와 권력〉, 221-22, 225.

62) 푸코, 《감시와 처벌》, 289, 296.

63) 푸코, 《언어 · 반기억 · 실천》, 228, 230.

64) 같은 책, 216; 《권력/지식》, 81, 87; 《지식에의 의지》, 126-27; 〈장 루이 에진과의 인터뷰 Interview with Jean-Louis Ezine〉, 《신문학 Nouvelles littéraires》 2477(1975년 3월 17-23일).

65) 푸코, 《권력/지식》, 130, 1-2, 18; 《정치 · 철학 · 문화》, 215, 216, 217.

66) 미셸 푸코, 〈봉기는 무용한가? Inutile de se soulever?〉, 《르 몽드 Le Mond》, 1979년 5월 11일, 밀러, 《열정》, 313에서 재인용; 《정치 · 철학 · 문화》, 84.

67) 푸코, 《감시와 처벌》, 32; 《권력/지식》, 80; 《지식에의 의지》, 126; 《정치 · 철학 · 문화》, 219.

6· 결론

1) 리처드 로티, 〈격변과 정치 Paroxysms and Politics〉, 《*Salgamundi*》 97(1993): 63-64.

2) 탈먼, 《전체주의적 민주주의》, 107, 115; 벌린, 《네 가지 단상》, 162, 167; 퓌레, 《혁명의 해석》, 13; 이저 올로크, 〈반자유주의〉, 1452-70.

3) 아롱, 《아편》, xv; 폴 존슨, 《지식인 *Intellectuals*》(New York: Harper Collins, 1988), 246; 주트, 《불완전한 과거》, 11; 웨이트먼, 〈치명적 유혹〉. 푸코의 이란 혁명 지지에 대한 반향에 대해서는 에리봉, 《미셸 푸코》, 287-91 참조. 근대 프랑스에서 지적 급진주의와 파시즘 사이의 관련을 비판적으로 다룬 문헌으로는 제브 스테른엘, 《혁명의 권리 1885-1914 *La Droite révolutionnaire 1885-1914*》(Paris: Seuil, 1978).

4) 키스 베이커 편집, 《공포정치》, xiii. 도미니크 라카프라도 비슷한 논지에서, 유대인 대학살은 현대의 사가들에게 프로이트적 방어 기제를 발동시켜 역사의 이해를

막는 트라우마적 '극한 사건'이라고 표현하였다.(《대학살을 생각하며 *Representing the Holocaust*》(Ithaca: Cornell University Press, 1994), 14)

5) 데이비드 코트, 《공산주의와 프랑스 지식인들, 1914-1960 *Communism and the French Intellectuals, 1914-1960*》(London: Andre Deutsch, 1964), 194에서 인용; 푸코, 《정치·철학·문화》, 59, 79.

6) 앨런 라이언, 〈푸코의 삶과 역경 Foucault's Life and Hard Times〉, 《*New York Review of Books*》, 1993년 4월 17일.

7) 전체주의에 대한 고전적 이론서로는 한나 아렌트, 《전체주의의 기원 *The Origins of Totalitarianism*》 개정판(New York: Meridian Books, 1958)이 대표적이다. 그 상세한 특징을 알려면, 예를 들어 카를 J. 프리드리히, 즈빙뉴 K. 브레진스키, 《전체주의 지배와 독재정치 *Totalitarian Dictatorship and Autocracy*》(Cambridge, MA: Harvard University Press, 1965); 마이클 커티스, 《전체주의 *Totalitarianism*》(New Brunswick, NJ: Transaction Books, 1979) 참조.

8) pp.163-77, 181, 185, 198, 200, 205, 206, 210, 211 참조.

9) pp.168-80 참조.

10) 밀란 쿤데라, 《웃음과 망각의 책 *The Book of Laughter and Forgetting*》, 마이클 헨리 하임 번역(New York: Penguin Books, 1981), 63.

11) 같은 관점의 견해로는 머쿼어, 《자유주의》, 11이 있다. 스탠리 호프먼도 비슷한 견지에서 근대 프랑스에서 '대면 타협'이 이루어지지 않는 이유를 '봉건주의의 유산인 개인적 의존의 연대에 저항'하기 위해서라고 설명한다.(호프먼, 《프랑스를 찾아서》, 10)

12) pp.113, 150, 165, 171-73, 191, 206-8 참조.

13) pp.186, 195-213 참조.

14) pp.191-95 참조.

15) 사다, 《자유정치의 형성》, 186. 사다는 로베스피에르와 자코뱅주의자들의 담론 내에서 권력과 국가에 대한 불신 요소를 자세히 분석하여, 그들이 20세기의 전체주의를 예기하고 있지 않음을 설득력 있게 제시하였다.(154-55, 191-92, 152, 185)

16) 푸코의 니체에 대한 관심, 특히 '디오니소스적' 위반과 '극한 경험'에 대해서는 밀러, 《열정》, 66-72, 231-39, 236 참조. 좀더 넓게 프랑스의 '니체주의' ──특별히 푸코와 들뢰즈의 '니체주의' ──에 대해서는 마이클 S. 로스, 《지식과 역사: 20세기 프랑스에서의 헤겔 전용 *Knowing and History: Appropriations of Hegel in Twentieth-Century France*》(Ithaca: Cornell University Press, 1988), 189-224. 바타유·블랑쇼·캉길렘·데리다에 끼친 영향에 대해서는 에리봉, 《미셸 푸코》, 148-52 참조. 마지막으로 조르주 소렐에게 끼친 니체의 영향에 대해서는 《폭력에 대한 고찰

Reflections on Violence》, T. E. 흄 · J. 로스 번역(Glencoe, IL: The Free Press, 1950), 257-60에 자세히 나와 있다.

17) 예를 들어 코트, 《공산주의》; 조지 리트하임, 《현대 프랑스의 마르크시즘 *Marxism in Modern France*》(New York: Columbia University Press, 1966); 토니 주트, 《마르크시즘과 프랑스 좌파 *Marxism and the French Left*》(New York: Oxford University Press, 1986) 등이 있다.

18) 프리드리히 니체, 《도덕의 계보학/이 사람을 보라 *On the Genealogy of Morals /Ecce Homo*》, 월터 코프먼 편역(New York: Vintage Books, 1967), 35, 54.

19) 미셸 크로지에, 《관료주의적 현상》; 《정체된 사회》.

20) 크로지에, 《관료주의적 현상》, 222n, 219.

21) 같은 책, 223, 224, 226; 《정체된 사회》, 96.

22) 같은 책, 112, 132.

23) 제3장 참조.

24) 크로지에, 《정체된 사회》, 120, 118; 〈문화의 혁명〉, 613-14.

25) 크로지에, 《정체된 사회》, 77, vii, 96, 123, 157. '프랑스적 예외의 종언'에 대해서는 프랑수아 퓌레 · 자크 쥘리아르 · 피에르 로장발롱, 《중도파 공화국: 프랑스적 예외의 종언 *La République du centre: la fin de l'exception française*》(Paris: Calman-Lévy, 1988) 참조. 이 논의에 대한 근래 학계의 역사적 개요를 위해서는 킬나니, 《혁명을 논하며》, 155-78 참조.

26) 크로지에, 《관료주의적 현상》, 223, 208.

27) 처음 이 방면으로 나의 관심을 돌리게끔 해준 동료 수잔 로자에게 감사를 표한다.

28) 엘러리 섈크, 《용맹에서 혈통으로 *From Valor to Pedigree*》(Princeton: Princeton University Press, 1986), 6, 21, 29, 195, 115.

29) 조나턴 데월드는 섈크가 정의한 '귀족적 도덕'에 반론까지는 아니나 구체제 시대에 그것이 거의 실천되지 않았다는 데 주목한다. (《귀족적 체험과 근대 문화의 기원: 프랑스, 1570-1715 *Aristocratic Experience and the Origins of Modern Culture: France, 1570-1715*》(Berkeley: University of California Press, 1993), 10, 18, 45, 146, 207.)

30) 토크빌, 《구체제와 프랑스 혁명》, 118-19.

31) 스탕달, 《적과 흑》, 490, 107, 100, 310, 460.

32) pp.56, 62-64, 85-86, 89-91 참조. 사르트르, 《말》, 134, 137, 105, 142; 〈실존주의의 의도: 초점을 맞추어 À propos de l'existentialisme: Mise au point〉, 《사르트르 글모음 *Les Écrits de Sartre*》, 미셸 콩타 · 미셸 리발카 편집(Paris: Gallimard, 1970), 657.

33) pp.96-99, 100, 186-87, 195, 202-3 참조. 페기, 《산문 전집》, 3: 147, 151.

34) 노먼 햄프슨, 〈프랑스 혁명과 전국민의 명예화 The French Revolution and the Nationalisation of Honour〉, 《전쟁과 사회 War and Society》, M. R. D. 풋 편집(New York: Barnes and Noble, 1973), 199-212; 로버트 A. 니에, 《근대 프랑스에서 명예의 남성성과 남성 코드 Masculinity and Male Codes of Honor in Modern France》(New York: Oxford University Press, 1993), 217.

35) 같은 책, vii, 8.

36) 스탕달, 《적과 흑》, 49, 128, 442, 423.

37) pp.196-201, 203-5, 211 참조. 사르트르, 〈실존주의의 의도〉, 656; 푸코, 《정치·철학·문화》, 123, 12. 새도매저키즘 행위에 대한 푸코의 논평은, 데이비드 메이시, 《미셸 푸코 전기 The Lives of Michel Foucault》(New York: Vintage Books, 1995), 369에서 인용하였다. 특별히 주목해야 할 점은 푸코가 '쾌락의 탈성교화'를 강조했으며, '생식기 중심화'——특히 '남성 생식기'——를 거부했다는 사실이다.(밀러, 《열정》, 263, 269) 그럼에도 불구하고 성적 극한 경험에 대한 그의 설명이 분명히 남성——상징적으로나 실제적으로나——에 치우쳐 있음은 부인할 수 없다.

38) pp.50, 61, 103-4 참조.

39) p.61 참조. 인용된 루소의 말은 디나 굿맨, 《문인 집단》, 55에서 재인용. 루소의 남성적 영역과 여성적 영역으로의 사회 구분에 대해서는 니에, 《남성성》, 48-49; 조엘 슈바르츠, 《장 자크 루소의 성정치학 The Sexual Politics of Jean-Jacques Rousseau》(Chicago: University of Chicago Press, 1984) 참조.

40) pp.41, 101, 121, 135, 192-94 참조. 로버트 단톤, 《라무레트의 입맞춤 The Kiss of Lamourette》(New York: Norton, 1990), 10; 주트, 《불완전한 과거》, 51. 사르트르의 전기작가인 로널드 헤이먼은 사르트르가 '의식(민활하고 능동적이며, 남성적 성격을 지닌 것으로 묘사)과 육체(느리고 탄력이 없으며 의존적이고, 여성적 성격을 지닌 것으로 묘사)의 양극적 구도를 상정' 하고, '전자' 의 '능력'을 '자유'와 '통찰'을 위하여 '보호' 하고자 했다고 언급한다.(《대항하여 글쓰기》, 193)

41) 예를 들어 퓌레, 《혁명의 해석》, 1; 퓌레·쥘리아르·로장발롱, 《중도파 공화국》 참조.

참고 문헌

1차 참고 문헌

Bergson, Henri. *Essai sur les données immédiates de la conscience*. Paris: Presses Universitaires de France, 1927. [*Time and Free Will*. 1910. Translated by F. L. Pogson. New York: Harper, 1960.]

——. *L'Évolution créatrice*. Paris: Presses Universitaires de France, 1941. [*Crestive Evolution*. Translated by Arthur Mitchell. New York: Henry Holt and Company, 1911.]

d'Alembert, Jean. 〈Essai sur la société des gens de lettres et des grands〉. In *Oeuvres complètes de d'Alembert*. Vol. 4. Paris: A. Belin, 1822.

Diderot, Dénis. 〈The Definition of an Encyclopedia〉. In *The Old Regime and the French Revolution*. Vol. 7. of *Readings in Western Civilization*, edited by Keith Michael Baker. Chicago: University of Chicago Press, 1987.

Foucault, Michel. *L'Archéologie de savoir*. Paris: Gallimard, 1969. [*The Archeology of Knowledge and the Discourse on Language*. Translated by M. Sheridan Smith. New York: Pantheon, 1972]

——. *The Foucault Reader*. Edited by Paul Rabinow. New York: Pantheon, 1984.

——. *Language, Counter-Memory, Practice*. Edited by Donald F. Bouchard and translated by Donald F. Bouchard and Sherry Simon. Ithaca: Cornell University Press, 1977.

——. *Madness and Civilization: A History of Insanity in the Age of Reason*. Translated by Richard Howard. New York: Vintage Books, 1965.

——. *Les Mots et les choses*. Paris: Gallimard, 1966. [*The Order of Things: An Archaeology of the Human Sciences*. Edited by R. D. Laing. New York: Vintage Books, 1970.

——. *Politics, Philosophy, Culture: Interviews and other Writings, 1977-1984*. Edited by Lawrence D. Kritsman and translated by Alan Sheridan. New York: Routledge, Chapman, and Hall, 1988.

——. *Power/Knowledge: Selected Interviews and Other Writings, 1972-1977*. Edited by Colin Gordon and translated by Colin Gordon et al. New York: Pantheon Books, 1980.

——. 〈The Subject and Power〉. In *Michel Foucault: Beyond Structuralism and Hermeneutics*, edited by Hubert L. Dreyfus and Paul Rabinow. Chicago: University of Chicago Press, 1982.

——. *Surveiller et punir*. Paris: Gallimard, 1975. [*Discipline and Punish: The Birth of the Prison*. Translated by Alan Sheridan. New York: Vintage Books, 1977.

——. *La Volonté de savoir*. Vol. 1 of *Histoire de la sexualité*. Paris: Gallimard, 1975. [*An Introduction*. Vol. 1 of *The History of Sexuality*. Translated by Robert Hurley. New York: Vintage Books, 1978.]

Kundera, Milan. *The Book of Laughter and Forgetting*. Translated by Michael Henry Heim. New York: Penguin Books, 1981.

Michelet, Jules. *Écrits de jeunesse*. Edited by Paul Viallaneix. Paris: Gallimard, 1959.

——. *Histoire de la révolution française*. 2 vols. Paris: Robert Laffont, 1979. [*History of the French Revolution*. Edited by Gordin Wright and translated by Charles Cocks. Chicago: University of Chicago Press, 1967.]

——. *Le Peuple*. Paris: Flammarion, 1974. [*The People*. Translated by John P. McKay. Urbana: University of Illinois Press, 1973.]

——. *Du Prêtre, de la femme, et de la famille*. Paris: Hachette, 1845. [*Spiritual Direction and Auricular Confession*. Philadelphia: James Campbell, 1845]

Nietzsche, Friedrich. *On the Genealogy of Morals/Ecce Homo*. Edited and translated by Walter Kaufmann. New York: Vintage Books, 1967.

Péguy, Charles. *Le Choix de Péguy*. Paris: Gallimard, 1952.

——. *Oeuvres en prose 1898-1914*. 2 vols. Paris: Gallimard, 1957-59.

——. *Oeuvres en prose complètes*. 3 vols. Paris: Gallimard, 1992.

——. *Souvenirs*. Edited by Pierre Péguy. Paris: Gallimard, 1938.

Robespierre, Maximilien. *Oeuvres de Maximilien Robespierre*. 10 vols. Paris: Société des Études Robespierre, 1950-1967. [*The Ninth of Thermidor: The Fall of Robespierre*. Edited by Richard Bienvenu. New York: Oxford University Press, 1968; *Robespierre: Great Lives Observed*. Edited by George Rudé. Englewood Cliffs, NJ: Prentice-Hall, 1967.]

Rousseau, Jean-Jacques. *Les Confessions*. Paris: Gallimard, 1964. [*The Confessions*. Translated by J. M. Cohen. Harmondsworth, UK:Penguin Books, 1954.]

——. *Du Contrat social*. Paris: Garnier-Flammarion, 1966.

——. *Discours sur l'origine et les fondements de l'inégalité parmi les* hommes/Discours sur les sciences et les arts. Paris: Garnier-Flammarion, 1971. [*The Social Contract and Discourses*. Translated by G. D. H. Cole. London: J. M. Dent & Sons, 1973.]

——. *Discours sur les sciences et les arts/Lettre à d'Alembert sur les spectacles*. Paris: Garnier-Flammarion, 1987. [*Politics and the Arts: Letter to M. d'Alembert on the Arts*. Translated by Allan Bloom. Ithaca: Cornell University Press, 1960.]

——. *Émile, ou de l'éducation*. Paris: Garnier-Flammarion, 1966. [*Émile*. Translated by Barbara Foxley. London: J. M. Dent & Sons, 1974.]

——. *Julie ou La Nouvelle Héloïse*. Paris: Garnier-Flammarion, 1967. [*La Nouvelle Héloïse: Julie, or the New Eloise*. Translated by Judith H. McDowell. University Park: Pennsylvania State University Press, 1968.]

Sartre, Jean-Paul. 〈À propos de l'existentialisme: Mise au point〉. In *Les Écrits de Sartre*. Edited by Michel Contat and Michel Rybalka. Paris: Gallimard, 1970.

——. *L'Age de raison*. Paris: Gallimard, 1945. [*The Age of raison*. Translated by Eric Sutton. New York: Vintage Books, 1974.]

——. *The Communists and the Peace*. Translated by Martha H. Fletcher and Phillip R. Beck. New York: George Braziller, 1968.

——. *Critique de la raison dialectique*. Paris: Gallimard, 1960. [*Critique of Dialectical Reason*. Edited by Jonathan Rée and translated by Alan Sheridan-Smith. London: NLB, 1976.]

——. *L'Etre et le néant*. Paris: Gallimard, 1943. [*Being and Nothingness*. Translated by Hazel E. Barnes. New York: Citadel Press, 1956.]

——. *L'Existentialisme est un humanisme*. Paris: Éditions Nagel, 1970. [*Existentialisme and Human Emotions*. Translated by Bernard Frechtman and Hazel E. Barnes. New York: Philosophical Library, 1957.]

——. *Huis clos/Les Mouches*. Paris: Gallimard, 1947. [*No Exit and Three Other Plays*. Translated by Stuart Gilbert and Lionel Abel. New York: Vintage Books, 1976.]

——. *La Mort dans l'âme*. Paris: Gallimard, 1949. [*Troubled Sleep*. Translated by Gerard Hopkins. New York: Vintage Books, 1978.]

——. *Les Mots*. Paris: Gallimard, 1964. [*The Words*. Translated by Bernard Frechtman. New York: George Braziller, 1964.]

——. *La Nausée*. Paris: Gallimard, 1938. [*Nausea*. Translated by Lloyd Alexander. New York: New Directions Publishing, 1964.]

——. *Plaidoyer pour les intellectuels*. Paris: Gallimard, 1972.

——. Preface to *The Wretched of the Earth*, by Frantz Fanon. Translated by Constance Farrington. New York: Grove Press, 1963.

——. *Saint Genet, comédien et martyr*. Paris: Gallimard, 1952. [*Saint Genet: Actor and Martyr*. Translated by Bernard Frechtman. New York: George Braziller, 1963.]

——. *Sartre on Cuba*. New York: Ballantine Books, 1961.

——. *Situations*. 10 vols. Paris: Gallimard, 1948.

——. *Le Sursis*. Paris: Gallimard, 1972. [*The Reprieve*. Translated by Eric Sutton. New York: Vintage Books, 1947.

Sorel, Georges. *Reflection on Violence*. Translated by T. E. Hulme and J. Roth. Glencoe, IL: The Free Press, 1950.

Stendhal. *Le Rouge et le noir*. Paris: Garnier-Flammarion, 1964. [*Red and Black*. Translated by Robert M. Adams. New York: Norton, 1969.]

——. *Vie de Henri Brulard*. Paris: Garnier frères, 1961. [*The Life of Henry Brulard*. Translated by Jean Steward and B. C. G. Knight. Chicago: University of Chicago Press, 1958.]

Voltaire. *Letters on England*. Translated by Leonard Tancock. New York: Penguin Books, 1981.

2차 참고 문헌

Arendt, Hannah. *The Origins of Totalitarianism*. Rev. ed New York: Meridian Books, 1958.

Aron, Raymond. *The Opium of the Intellectuals*. Translated by Terence Kilmartin. New York: Doubleday, 1957.

Baker, Keith Michael. *Inventing the French Revolution*. Cambridge, UK: Cambridge University Press, 1990.

——, ed. *The Political Culture of the Old Regime*. Vol. 1 of *The French Revolution and the Creation of Modern Political Culture*. Oxford: Pergamon, 1987.

——. *The Terror*. Vol. 4 of *The French Revolution and the Creation of Modern Political Culture*. Oxford: Pergamon, 1994.

Barthes, Roland. *Michelet*. Translated by Richard Howard. New York: Hill and Wang, 1987.

Benichou, Paul. *Le Sacre de l'ecrivain 1750-1830*. Paris: Libraire José Corti, 1973.

Berlin, Isaiah. *Four Essays on Liberty*. Oxford: Oxford University Press, 1969.

Blanchard, William H. *Rousseau and the Spirit of Revolt*. Ann Arbor: University of Michigan Press, 1967.

Blum, Carol. *Rousseau and the Republic of Virtue*. Ithaca: Cornell University Press, 1986.

Bourdieu, Pierre. *Distinction*. Translated by Richard Nice. Cambridge, MA: Harvard University Press, 1984.

——. *Homo Academicus*. Translated by Peter Collier. Stanford: Stanford University Press, 1988.

Brombert, Victor. *The Intellectual Hero: Studies in the French Novel, 1880-1995*. New York: J. F. Lippincott, 1960.

——. *Stendhal: Fiction and the Themes of Freedom*. New York: Random House, 1968.

Campbell, Joseph. *The Hero with a Thousand Faces*. Princeton: Princeton University Press, 1968.

Caute, David. *Communism and the French Intellectuals, 1914-1960*. London: Andre Deutsch, 1964.

Charle, Christophe. *Naissance des 〈intellectuels〉 1880-1900*. Paris: Éditions de Minuit, 1990.

Chevalier, Jacques. *Henri Bergson*. Translated by Lilian A. Clare. New York: Macmillan, 1928.

Clark, Priscilla. *The Battle of the Bourgeois*. Paris: Didier, 1973.

——. *Literary France*. Berkeley: University of California Press, 1987.

Clark, Terry N. Prophets and Patrons: *The French University and the Emergence of the Social Sciences*. Cambridge, MA: Harvard University Press, 1973.

Cobban, Alfred. *Aspects of the French Revolution*. New Yerk: George Braziller, 1968.

Cohen, Paul. 〈Heroes and Dilettantes: The Action Française, Le Sillon, and the Generation of 1905-14〉. *French Historical Studies* 4 (Fall 1988): 673-87.

——. *Piefy and Politics*. New York: Garland Press, 1987.

Cohen-Solal, Annie. *Sartre: A Life*. Edited by Norman Macafee and translated by Anna Cancogni. New York: Pantheon Books, 1987.

Colletti, Lucio. *from Rousseau to Lenin*. Translated by John Merrington and Judith White. New York: Monthly Review Press, 1972.

Crouzet, Michel. *Nature et société chez Stendhal.* Lille: Presses Universitaires de Lille, 1985.

Crozier, Michel. *The Bureaucratic Phenomenon.* Translated by Michel Crozier. Chicago: University of Chicago Press, 1964.

――. 〈The Cultural Revolution: Notes on the Changes in the Intellectual Climate in France〉. In *A New Europe?* edited by Stephen R. Graubard, 604-29. Boston: Houghton Mifflin, 1964.

――. *The Stalled Society.* Translated by Michel Crozier. New York: Viking Press, 1973.

Curtis, Michel. *Totalitarianism.* New Brunswick, NJ: Transaction Books, 1979.

Darnton, Robert. *The Great Cat Massacre.* New York: Viking Books, 1984.

――. *The Kiss of Lamourette.* New York: Norton 1990.

Delhez-Sarlet, Claudette. 〈L' Académie Française et le Mécénat〉. In *L' Age d' or du Mécénat(1598-1661)*, edited by Roland Mousnier and Jean Mesnard, 241-46. Paris: Éditions du Centre national de la recherche scientifique, 1985.

Derrida, Jacques. *Of Grammatology.* Translated by Gayatri Chakravorty Spivak. Baltimore: Johns Hopkins University Press, 1974.

de Tocqueville, Alexis. *The Old Regime and the French Revolution.* Translated by Stuart Gilbert. Garden City, NJ: Doubleday Anchor, 1955.

Dewald, Jonathan. *Aristocratic Experience and the Origins of Modern Culture: France, 1570-1715.* Berkeley: University of California Press, 1993.

Dieckmann, Herbert. 〈The Concept of Knowledge in the *Encyclopédie*〉. In *Essays in Comparative Literature*, edited by Herbert Dieckmann, Harry Levin, and Helmut Motekat, 73-107. St. Louis: Washington University Studies, 1961.

Eribon, Dirtier. *Michel Foucalk.* Translated by Betsy Wing. Cambridge, MA: Harvard University Press, 1991.

Fehér, Ferenc. *The Frozen Revolution: An Essay on Jacobinism.* Cambridge, UK: Cambridge University Press, 1987.

Friedrich, Carl J., and Zbignew K. Brezinski. *Totalitarian Dictatorship and Autocracy.* Cambridge, MA: Harvard University Press, 1965.

Furbank, P. N. 〈On Not Knowing Thyself: The UnresrHved Conflict between Voltaire and Rousseau〉. *Times Literary Supplement*(London), 7 October 1994.

Furet, François. *Interpreting the French Revolution.* Translated by Elborg Forster. Cambridge UK: Cambridge University Press, 1981.

Furet, François, Jacques Julliard, and Pierre Rosanvallon. *La République du centre: la fin de l'exception française.* Paris: Caiman–Lévy, 1988.

Gay, Peter. *Voltaire's Politics: The Poet as Realist.* Princeton: Princeton University Press, 1959.

Gerassi, John. *Protestant or Protestor?* Vol. 1 of *Jean–Paul Sartre: Hated Conscience of his Century.* Chicago: University of Chicago Press, 1989.

Giraud, Raymond. *The Unheroic Hero in the Novels of Stendhal, Balzac and Flaubert.* New Brunswick, NJ: Rutgers University Press, 1957.

Goodman, Dena. *The Republic of Letters: A Cultural History of the French Enlightenment.* Ithaca: Cornell University Press, 1994.

Gordon, Danier, David Bell, and Sarah Maza. 〈The Public Sphere in the Eighteenth Century: A Forum〉. *French Historical Studies* 17 (Fall 1992): 882–956.

Gossman, Lionel. *Between History and Literature.* Cambridge, MA: Harvard University Press, 1990.

Grogin, R. C. *The Bergsonian Controversy in France 1900–1914.* Calgary, Canada: University of Calgary Press, 1988.

Guy, Basil. 〈Rousseau Imprev'd: The Prince de Ligne's *Fragments de l'histoire de ma vie*〉. *Romanic Review* 71 (1980): 281–94.

——. 〈Notes on Péguy the Socialist〉. *French Studies* 15 (1961): 12–29.

Habermas, Jürgen. *The Structural Transformation of the Public Sphere: An Inquiry into a Category of Bourgeois Society.* Translated by Thomas Burger and Frederick Lawrence. Cambridge, MA: Harvard University Press, 1989.

Halévy, Daniel. *Péguy and the Cahiers de la Quinzaine.* Translated by Ruth Bethel. New York: Longman's, Green, and Co., 1947.

Hampson, Norman. 〈The French Revolution and the Nationalisation of Honour〉. In *War and Society*, edited by M. R. D. Foot. New York: Barnes and Noble, 1973.

——. *The Life and Opinions of Maximilien Robespierre.* London: Duck–worth, 1974.

Harlan, David. 〈Intellectual History and the Return of Literature〉. *American Historical Review* 94 (June 1989): 581–609.

Hayman, Ronald. *Writing Against: A Biography of Sartre.* London: Weiden–feld and Nicolson, 1986.

Hayward, Jack. *After the French Revolution.* New York: New York University Press, 1991.

Hazareesingh, Sudhir. *Political Traditions in Modern France.* New York: Oxford University Press, 1994.

Helliung, Mark. *The Autocritique of the Enlightenment: Rousseau and the Philosophes.* Cambridge, MA: Harvard University Press, 1994.

Henri-Lévy, Bernard. *Les Aventures de la liberté: une histoire subjective des intellectuels en France.* Paris: Gallimard, 1991.

Hoffmann, Stanley. *Decline or Renewal? France since the 1930s.* New York: Viking Press, 1974.

——, ed. *In Search of France.* New York: Harper and Row, 1963.

Hunt, Lynn. *Politics, Culture, and Class in the French Revolution.* Berkeley: University of California Press, 1984.

Jardin, André. *Histoire du libéralisme politique: de la crise de l'absolutisme à la constitution de 1875.* Paris: Hachette, 1985.

Jaume, Lucien. *Le Discours jacobin et la démocratie.* Paris: Fayard, 1989.

Jennings, Jeremy, ed. *Intellectuals in Twentieth-Century France.* New York: St. Martin's Press, 1993.

Johnson, Paul. *Intellectuals.* New York: Harper Collins, 1988.

Jordan, David. *The Revolutionary Career of Maximilien Robespierre.* Chicago: University of Chicago Press, 1985.

Judt, Tony. *Marxism and the French Left.* New York: Oxford University Press, 1986.

——. *Past Imperfect: French Intellectuals 1944-1956.* Berkeley: University of California Press, 1992.

Julliard, Jacques. *La Faute à Rousseau: essai sur les conséquences historiques de l'idée de souveraineté populaire.* Paris: Seuil, 1985.

Kettering, Sharon. *Patrons, Brokers and Clients in Seventeenth-Century France.* New York: Oxford University Press, 1986.

Khilnani, Sunil. *Arguing Revolution: The Intellextual Left in Postwar France.* New Haven: Yale University Press, 1993.

Kippur, Stephen A. *Jules Michelet.* Albany: State University of New York Press, 1981.

Klaits, Joseph, and Michael H. Halzel, eds. *Liberty/Liberté: The American and French Experiences.* Baltimore: Jhns Hopkins University Press, 1991.

Koselleck, Reinhart. *Critique and Crisis.* Translated by Berg Publishers. Cambridge,

MA: Harvard University Press, 1988.

Krieger, Leonard. *The Geman Idea of Freedom*. Chicago: University of Chicago Press, 1957.

LaCapra, Dominick. *Representing the Holocaust*. Ithaca: Cornell University Press, 1994.

──. 〈Rethinking Intellectual History and Reading Texts〉. In *Modern European Intellectual History*, edited by Dominick LaCapra and Stephen Kaplan, 47-85. Ithaca: Cornell University Press, 1982.

Lejeune, Philippe. *L'Autobiographie en France*. Paris: Armand Colin, 1971.

Lichtheim, George. *Marxism in Modern France*. New York: Columbia University Press, 1966.

Lottman, Herbert R. *The Left Bank*. Boston: Houghton Mifflin, 1982.

Lough, John. *Writer and Public in France*. Oxford: Oxford University Press, 1978.

Lucas, Colin, ed. *The Political Culture of the French Revolution*. Vol. 2 of *The French Revolution and the Creation of Modern Political Culture*. Oxford: Pergamon Press, 1988.

Macey, David. *The Lives of Michel Foucault*. New York: Vintage Books, 1995.

Maritain, Raissa. *Les Grands Amitiés*. Paris: Desclée de Brouwer, 1958.

May, Gita. *Stendhal and the Age of Napoleon*. New York: Columbia University Press, 1977.

McDonald, Joan. *Rousseau and the French Revolution*. London: Athlone Press, 1965.

Merquioi, J. G. *Liberalism Old and New*. Boston: Twayne, 1991.

──. *Rousseau and Waber: Two Studies in the Theory of Legitimacy*. London: Routledge, 1980.

Miller, James. *The Passion of Michel Foucalt*. New York: Simon and Schuster, 1993.

──. *Rousseau, Dreamer of Democracy*. New Haven: Yale University Press, 1984.

Mornet, Daniel. *Les Origines intellectulles de la révolution française*. Paris: Armand Colin, 1933.

Nicolet, Claude. *L'Idée républicaine en France(1789-1924)*. Paris: Gallimard, 1982.

Nye, Robert A. *Masculinity and Male Codes of Honor in Modern France*. New York: Oxford University Press, 1993.

Orr, Linda. *Jules Michelet: Nature, History, Language*. Ithaca: Cornell University Press, 1976.

Ozouf, Mona. *Les Mots des Femmes*. Paris: Fayard, 1995.

Petrey, Sandy. *Realism and Revolution*. Ithaca: Cornell University Press, 1988.

Polin, Raymond. *La Politique du solitude*. Paris: Sirey, 1970.

Porter, Dennis. *Rousseau's Legacy*. New York: Oxford University Press, 1995.

Poster, Mark. *Critical Theory and Poststructuralism*. Ithaca: Cornell University Press, 1989.

——. *Existential Marxism in Postwar France: From Sartre to Althusser*. Princeton: Princeton University Press, 1976.

——. *Foucault, Marxism, and History*. Cambrige, UK: Polity Press, 1984.

Prost, Antoine. *Histoire de l'enseignement en France, 1800-1967*. Paris: Armand Colin, 1968.

Ranum, Orest. *Artisans of Glory: Writers and Historical Thought in Seventeenth-Century France*. Chapel Hill: University of North Carolina Press, 1980.

Reader, Keith. *Intellectuals and the Left in France since 1968*. London: Macmillan, 1987.

Rémond, René. *L'Anticlericalisme en France*. Paris: Fayard, 1976.

Rigney, Ann. ⟨Icon and Symbol: The Historical Figure Called Maximilien Robespierre⟩. In *Representing the French Revolution*, edited by James Heffernan, 106-22. Hanover: Dartmouth University Press, 1992.

Ringer, Fritz K. *Education and Society in Modern Europe*. Bloomington, IN: University of Indiana Press, 1979.

——. *Fields of Knowledge*. Cambridge, UK: Cambridge University Press, 1992.

Rorty, Richard. ⟨Paroxysms and Politics⟩. *Salgamundi* 97 (Winter 1993): 60-69.

Rosenblum, Nancy. *Another Liberalism*. Cambridge, MA: Harvard University Press, 1987.

Roth, Michael S. *Knowing and History: Appropriations of Hegel in Twentieth-Century France*. Ithaca: Cornell University Press, 1988.

Rudé, George. *Robespierre, Portrait of a Revolutionary Democrat*. New York: Viking Press, 1975.

Ryan, Alan. ⟨Foucault's Life and Hard Times⟩. *New York Review of Books*, 8 April 1993.

——, ed. *The Idea of Freedom: Essays in Honor of Isaiah Berlin*. Oxford: Oxford

University Press, 1979.

Sa'adah, Anne. *The Shaping of Liberal Politics in Revolutionary France*. Princeton: Princeton University Press, 1990.

Schalk, Ellery. *From Valor to Pedigree*. Princeton: Princeton University Press, 1986.

Schwartz, Joel. *The Sexual Politics of Jean-Jacques Rousseau*. Chicago: University of Chicago Press, 1984.

Shklar, Judith. *Men and Citizens*. Cambridge, UK: Cambridge University Press, 1969.

Sirinelli, Jean-François, and Pascal Ory. *Les Intellectuels en France de l'affaire Dreyfus a nos jours*. Paris: Armand Colin, 1986.

Smith, Robert. *The École Normale Supérieure and the Third Republic*. Albany: State University Press of New York, 1982.

Starobinski, Jean. *Jean-Jacques Rousseau: Transparency and Obstruction*. Translated by Arthur Goldhammer. Chicago: University of Cicago Press 1988.

Sternhell, Zeev. *La Droite révolutionnaire 1885-1914*. Paris: Seuil, 1978.

Stuart Hughes, H. *Consciousness and Society*. New York: Vintage Books, 1958.

Talmon, J. L. *The Rise of Totalitarian Democracy*. Boston: Beacon Press, 1952.

Taylor, Marjorie. *The Arriviste*. Wales, UK: Dragon Books, 1972.

Tharaud, Jean, and Jérome Tharaud. *Notre cher Péguy*. Paris: Plon, 1927.

Toews, John E. 〈Intellectual History after the Linguistic Turn: The Autonomy of Meaning and the Irreducibility of Experience〉. *American Historical Review* 92 (October 1987): 879-907.

Trahard, Pierre. *Les Maitres de la sensibilité francaise au XVIIIe siècle(1715-1789)*. Vol. 1. Paris: Boivin, 1931.

Van Kley, Dale, ed. *The French Idea of Freedom: The Old Regime and the Declaration of Rights of 1789*. Stanford: Stanford University Press, 1994.

Viala, Alain. *Naissance de l'écrivain*. Paris: Éditions de Minuit, 1985.

Weightman, John. 〈Fatal Attraction〉. *New York Review of Books*, 11 February 1993.

Weisz, George. *The Emergence of Modern Universities in France, 1863-1914*. Princeton: Princeton University Press, 1983.

White, Hayden. *Metahistory*. Baltimore: Johns Hopkins University Press, 1973.

────. 〈Method and Ideology in Intellectual History: The Case of Henry Adams〉.

In *Modern European Intellectual History: Reappraisals and New Perspectives*, edited by Dominick LaCapra and Stephen L. Kaplan, 280-310. Ithaca: Cornell University Press, 1982.

———. *Tropics of Discoures*. Baltimore: Johns Hopkins University Press 1978.

Wolocll, lsser. 〈On the Latent Illiberalism of the French Revolution〉. *American Historical Review* 95 (December 1990): 1452-70.

Zeldin, Theodore. *Intellect and Pride*. Vol. 2 of *France 1848-1945*. Oxford: Oxford University Press, 1977.

색 인

최하영
건국대학교 법학과 졸업
건국대학교 영문학과 석사
미국 신시내티대학교 영문학과 박사과정 재학중

문예신서
209

자유의 순간

초판발행 : 2002년 10월 30일

지은이 : 폴 **M**. 코헨
옮긴이 : 최하영
펴낸이 : 辛成大
펴낸곳 : 東文選

제10-64호, 78. 12. 16 등록
110-300 서울 종로구 관훈동 74
전화 : 737-2795

ISBN 89-8038-172-7 94160
ISBN 89-8038-000-3 (문예신서)

【東文選 文藝新書】

36 禪宗과 中國文化	葛兆光 / 鄭相泓·任炳權	8,000원
37 오페라의 역사	L. 오레이 / 류연희	절판
38 인도종교미술	A. 무케르지 / 崔炳植	14,000원
39 힌두교의 그림언어	안넬리제 外 / 全在星	9,000원
40 중국고대사회	許進雄 / 洪 熹	22,000원
41 중국문화개론	李宗桂 / 李宰碩	15,000원
42 龍鳳文化源流	王大有 / 林東錫	25,000원
43 甲骨學通論	王宇信 / 李宰碩	근간
44 朝鮮巫俗考	李能和 / 李在崑	20,000원
45 미술과 페미니즘	N. 부루드 外 / 扈承喜	9,000원
46 아프리카미술	P. 윌레뜨 / 崔炳植	절판
47 美의 歷程	李澤厚 / 尹壽榮	22,000원
48 曼茶羅의 神들	立川武藏 / 金龜山	19,000원
49 朝鮮歲時記	洪錫謨 外/李錫浩	30,000원
50 하 상	蘇曉康 外 / 洪 熹	절판
51 武藝圖譜通志 實技解題	正 祖 / 沈雨晟·金光錫	15,000원
52 古文字學첫걸음	李學勤 / 河永三	14,000원
53 體育美學	胡小明 / 閔永淑	10,000원
54 아시아 美術의 再發見	崔炳植	9,000원
55 曆과 占의 科學	永田久 / 沈雨晟	8,000원
56 中國小學史	胡奇光 / 李宰碩	20,000원
57 中國甲骨學史	吳浩坤 外 / 梁東淑	35,000원
58 꿈의 철학	劉文英 / 河永三	22,000원
59 女神들의 인도	立川武藏 / 金龜山	19,000원
60 性의 역사	J. L. 플랑드렝 / 편집부	18,000원
61 쉬르섹슈얼리티	W. 챠드윅 / 편집부	10,000원
62 여성속담사전	宋在璇	18,000원
63 박재서희곡선	朴栽緖	10,000원
64 東北民族源流	孫進己 / 林東錫	13,000원
65 朝鮮巫俗의 研究(상·하)	赤松智城·秋葉隆 / 沈雨晟	28,000원
66 中國文學 속의 孤獨感	斯波六郎 / 尹壽榮	8,000원
67 한국사회주의 연극운동사	李康列	8,000원
68 스포츠인류학	K. 블랑챠드 外 / 박기동 外	12,000원
69 리조복식도감	리팔찬	절판
70 娼 婦	A. 꼬르뱅 / 李宗旼	22,000원
71 조선민요연구	高晶玉	30,000원
72 楚文化史	張正明 / 南宗鎭	26,000원
73 시간, 욕망, 그리고 공포	A. 코르뱅 / 변기찬	18,000원
74 本國劍	金光錫	40,000원
75 노트와 반노트	E. 이오네스코 / 박형섭	절판
76 朝鮮美術史研究	尹喜淳	7,000원
77 拳法要訣	金光錫	20,000원

78 艸衣選集	艸衣意恂 / 林鍾旭	14,000원
79 漢語音韻學講義	董少文 / 林東錫	10,000원
80 이오네스코 연극미학	C. 위베르 / 박형섭	9,000원
81 중국문자훈고학사전	全廣鎭 편역	23,000원
82 상말속담사전	宋在璇	10,000원
83 書法論叢	沈尹默 / 郭魯鳳	8,000원
84 침실의 문화사	P. 디비 / 편집부	9,000원
85 禮의 精神	柳 肅 / 洪 熹	20,000원
86 조선공예개관	沈雨晟 편역	30,000원
87 性愛의 社會史	J. 솔레 / 李宗旼	18,000원
88 러시아미술사	A. I. 조토프 / 이건수	22,000원
89 中國書藝論文選	郭魯鳳 選譯	25,000원
90 朝鮮美術史	關野貞 / 沈雨晟	근간
91 美術版 탄트라	P. 로슨 / 편집부	8,000원
92 군달리니	A. 무케르지 / 편집부	9,000원
93 카마수트라	바짜야나 / 鄭泰爀	10,000원
94 중국언어학총론	J. 노먼 / 全廣鎭	18,000원
95 運氣學說	任應秋 / 李宰碩	8,000원
96 동물속담사전	宋在璇	20,000원
97 자본주의의 아비투스	P. 부르디외 / 최종철	6,000원
98 宗敎學入門	F. 막스 뮐러 / 金龜山	10,000원
99 변 화	P. 바츨라빅크 外 / 박인철	10,000원
100 우리나라 민속놀이	沈雨晟	15,000원
101 歌訣(중국역대명언경구집)	李宰碩 편역	20,000원
102 아니마와 아니무스	A. 융 / 박해순	8,000원
103 나, 너, 우리	L. 이리가라이 / 박정오	12,000원
104 베케트연극론	M. 푸크레 / 박형섭	8,000원
105 포르노그래피	A. 드워킨 / 유혜련	12,000원
106 셸 링	M. 하이데거 / 최상욱	12,000원
107 프랑수아 비용	宋 勉	18,000원
108 중국서예 80제	郭魯鳳 편역	16,000원
109 性과 미디어	W. B. 키 / 박해순	12,000원
110 中國正史朝鮮列國傳(전2권)	金聲九 편역	120,000원
111 질병의 기원	T. 매큐언 / 서 일 · 박종연	12,000원
112 과학과 젠더	E. F. 켈러 / 민경숙 · 이현주	10,000원
113 물질문명 · 경제 · 자본주의	F. 브로델 / 이문숙 外	절판
114 이탈리아인 태고의 지혜	G. 비코 / 李源斗	8,000원
115 中國武俠史	陳 山 / 姜鳳求	18,000원
116 공포의 권력	J. 크리스테바 / 서민원	23,000원
117 주색잡기속담사전	宋在璇	15,000원
118 죽음 앞에 선 인간(상 · 하)	P. 아리에스 / 劉仙子	각권 8,000원
119 철학에 대하여	L. 알튀세르 / 서관모 · 백승욱	12,000원

120	다른 곳	J. 데리다 / 김다은 · 이혜지	10,000원
121	문학비평방법론	D. 베르제 外 / 민혜숙	12,000원
122	자기의 테크놀로지	M. 푸코 / 이희원	16,000원
123	새로운 학문	G. 비코 / 李源斗	22,000원
124	천재와 광기	P. 브르노 / 김웅권	13,000원
125	중국은사문화	馬 華·陳正宏 / 강경범·천현경	12,000원
126	푸코와 페미니즘	C. 라마자노글루 外 / 최 영 外	16,000원
127	역사주의	P. 해밀턴 / 임옥희	12,000원
128	中國書藝美學	宋 民 / 郭魯鳳	16,000원
129	죽음의 역사	P. 아리에스 / 이종민	18,000원
130	돈속담사전	宋在璇 편	15,000원
131	동양극장과 연극인들	김영무	15,000원
132	生育神과 性巫術	宋兆麟 / 洪 熹	20,000원
133	미학의 핵심	M. M. 이턴 / 유호전	14,000원
134	전사와 농민	J. 뒤비 / 최생열	18,000원
135	여성의 상태	N. 에니크 / 서민원	22,000원
136	중세의 지식인들	J. 르 고프 / 최애리	18,000원
137	구조주의의 역사(전4권)	F. 도스 / 이봉지 外	각권 13,000원
138	글쓰기의 문제해결전략	L. 플라워 / 원진숙·황정현	20,000원
139	음식속담사전	宋在璇 편	16,000원
140	고전수필개론	權 瑚	16,000원
141	예술의 규칙	P. 부르디외 / 하태환	23,000원
142	"사회를 보호해야 한다"	M. 푸코 / 박정자	20,000원
143	페미니즘사전	L. 터틀 / 호승희·유혜련	26,000원
144	여성심벌사전	B. G. 워커 / 정소영	근간
145	모데르니테 모데르니테	H. 메쇼닉 / 김다은	20,000원
146	눈물의 역사	A. 뱅상뷔포 / 이자경	18,000원
147	모더니티입문	H. 르페브르 / 이종민	24,000원
148	재생산	P. 부르디외 / 이상호	18,000원
149	종교철학의 핵심	W. J. 웨인라이트 / 김희수	18,000원
150	기호와 몽상	A. 시몽 / 박형섭	22,000원
151	융분석비평사전	A. 새뮤얼 外 / 민혜숙	16,000원
152	운보 김기창 예술론연구	최병식	14,000원
153	시적 언어의 혁명	J. 크리스테바 / 김인환	20,000원
154	예술의 위기	Y. 미쇼 / 하태환	15,000원
155	프랑스사회사	G. 뒤프 / 박 단	16,000원
156	중국문예심리학사	劉偉林 / 沈揆昊	30,000원
157	무지카 프라티카	M. 캐넌 / 김혜중	25,000원
158	불교산책	鄭泰爀	20,000원
159	인간과 죽음	E. 모랭 / 김명숙	23,000원
160	地中海(전5권)	F. 브로델 / 李宗旼	근간
161	漢語文字學史	黃德實·陳秉新 / 河永三	24,000원

【기 타】

東文選 文藝新書 137

구조주의의 역사

프랑수아 도스 / 이봉지 外 옮김

80년대 중반 이래 포스트모더니즘의 유행이 불어닥치면서 한국의 지성계는 포스트모더니즘의 이론적 기반을 제공한 포스트 구조주의라는 용어를 '후기 구조주의'와 '탈구조주의'의 둘로 번역해 왔다. 전자는 구조주의와의 연속성을 강조한 것이고, 후자는 그것과의 단절을 강조한 것이다. 그런데 파리 10대학 교수인 저자는 《구조주의의 역사》라는 1천여 쪽에 이르는 저작을 통하여 구조주의의 제1세대라고 할 수 있는 레비 스트로스·로만 야콥슨·롤랑 바르트·그레마스·자크 라캉 등과, 제2세대라 할 수 있는 루이 알튀세·미셸 푸코·자크 데리다 등의 작업이 결코 단절된 것이 아니며, 유기적인 연관을 맺고 있다는 것을 밝힘으로써 이에 대한 하나의 해답을 제시하고 있다.

그는 지난 반세기 동안 프랑스 지성계를 지배하였던 구조주의의 운명, 즉 기원에서 쇠퇴에 이르는 과정에 대한 전체적인 조망을 통해 우리가 흔히 구조주의와 후기 구조주의라고 구분하여 부르는 이 두 사조가 모두 인간 및 사회·정치·문학 그리고 역사에 관한 고전적인 개념의 근저를 천착하여 우리로 하여금 그것들의 정당성을 의문시하게 만드는 탈신비화의 과정에 참여하였다는 것을 밝혔으며, 이런 공통점들에 의거하여 이들 두 사조를 하나의 동일한 사조로 파악하였다.

또한 도스 교수는 민족학·인류학·사회학·정치학·역사학·기호학, 그리고 철학과 문학에 이르기까지 프랑스에서 흔히 인간과학이라 부르는 학문의 모든 분야에 걸쳐 이룩된 구조주의적 연구의 성과를 치우침 없이 균형 있게 다룸으로써 구조주의의 일반적인 구도를 제시한다. 뿐만 아니라 구조주의의 몇몇 기념비적인 저작에 대한 심층적인 분석을 통하여 주체의 개념을 비롯한 몇몇 근대 서양 철학의 기본 개념의 쇠퇴와 그 부활의 과정을 보여 줌으로써, 옛 개념들이 수정되고 재창조되며 또한 새로운 개념으로 다시 태어나는 과정을 파노라마처럼 그려낸다.

東文選 現代新書 81

영원한 황홀

파스칼 브뤼크네르

김웅권 옮김

"당신은 행복해지기 위해 사는가?"

당신은 왜 사는가? 전통적으로 많이 들어온 유명한 답변 중 하나는 "행복해지기 위해서 산다"이다. 이때 '행복'은 우리에게 목표가 되고, 스트레스가 되며, 역설적으로 불행의 원천이 된다. 브뤼크네르는 그러한 '행복의 강박증'으로부터 당신을 치유하기 위해 이 책을 썼다. 프랑스의 전 언론이 기립박수에 가까운 찬사를 보낸 이 책은 사실상 석 달 가까이 베스트셀러 1위를 지켜내면서 프랑스를 '들었다 놓은' 철학 에세이이다.

"어떻게 지내십니까? 잘 지내시죠?"라고 묻는 인사말에도 상대에게 행복을 강제하는 이데올로기가 숨쉬고 있다. 당신은 행복을 숭배하고 있다. 그것은 서구 사회를 침윤하고 있는 집단적 마취제다. 당신은 인정해야 한다. 불행도 분명 삶의 뿌리다. 그 뿌리는 결코 뽑히지 않는다. 이것을 받아들일 때 당신은 '행복의 의무'로부터 해방될 것이고, 행복하지 않아도 부끄럽지 않게 될 것이다.

대신 저자는 자유롭고 개인적인 안락을 제안한다. '행복은 어림치고 접근해서 조용히 잡아야 하는 것'이다. 현대인들의 '저속한 허식'인 행복의 웅덩이로부터 당신 자신을 건져내라. 그때 '빛나지도 계속되지도 않는 것이 지닌 부드러움과 덧없음'이 당신을 따뜻이 안아 줄 것이다. 그곳에 영원한 만족감이 있다.

중세에서 현대까지 동서의 명현석학과 문호들을 풍부하게 인용하는 저자의 깊은 지식샘, 그리고 혀끝에 맛을 느끼게 해줄 듯 명징하게 떠오르는 탁월한 비유 문장들은 이 책을 오래오래 되읽고 싶은 욕심을 갖게 한다. 독자들께 권해 드린다. — 조선일보, 2001. 11. 3.

東文選 文藝新書 211

토탈 스크린

장 보드리야르
배영달 옮김

　우리 사회의 현상들을 날카로운 혜안으로 분석하는 보드리야르의 《토탈 스크린》은 최근 자신의 고유한 분석 대상이 된 가상(현실) · 정보 · 테크놀러지 · 텔레비전에서 정치적 문제 · 폭력 · 테러리즘 · 인간 복제에 이르기까지 현대성의 다양한 특성들을 보여 준다. 특히 이 책에서 보드리야르는 오늘날 우리를 매혹하는 형태들인 폭력 · 테러리즘 · 정보 바이러스와 관련하여 기호와 이미지의 불가피한 흐름, 과도한 커뮤니케이션, 프로그래밍화된 정보를 분석한다. 왜냐하면 현대의 미디어 · 커뮤니케이션 · 정보는 이미지의 독성에 의해 증식되며, 바이러스성의 힘을 지니기 때문이다.

　보드리야르는 현대성은 이미지의 독성과 더불어 폭력을 산출해 낸다고 말한다. 이러한 폭력은 정열과 본능에서보다는 스크린에서 생겨난다는 의미에서 가장된 폭력이다. 그리고 그것은 스크린과 미디어 속에 잠재해 있다. 사실 우리는 미디어의 폭력, 가상의 폭력에 저항할 수가 없다. 스크린 · 미디어 · 가상(현실)은 폭력의 형태로 도처에서 우리를 위협한다. 그러나 우리는 스크린 속으로, 가상의 이미지 속으로 들어간다. 우리는 기계의 가상 현실에 갇힌 인간이 된다. 이제 우리를 생각하는 것은 가상의 기계이다. 따라서 그는 "정보의 출현과 더불어 역사의 전개가 끝났고, 인공지능의 출현과 동시에 사유가 끝났다"고 말한다. 아마 그의 이러한 사유는 사유의 바른길과 옆길을 통해 새로운 사유의 길을 늘 모색하는 데서 비롯된 것일 터이다. 현대성에 대한 탁월한 통찰력을 보여 주는 보드리야르의 이 책은 우리에게 우리 사회의 현상들을 비판적으로 읽게 해줄 것이다.